中国特色
新闻学
研究丛书

新闻宣传论：
观念史的研究

叶俊 著

中国国际广播出版社

图书在版编目（CIP）数据

新闻宣传论：观念史的研究 / 叶俊著. --北京：中国国际广播出版社，2024.8. --ISBN 978-7-5078-5583-8

I. G210

中国国家版本馆CIP数据核字第2024LH2153号

新闻宣传论：观念史的研究

著　　者	叶　俊
责任编辑	万晓文
校　　对	张　娜
版式设计	邢秀娟
封面设计	王广福

出版发行	中国国际广播出版社有限公司［010-89508207（传真）］
社　　址	北京市丰台区榴乡路88号石榴中心2号楼1701
	邮编：100079
印　　刷	天津市新科印刷有限公司
开　　本	710×1000　1/16
字　　数	270千字
印　　张	18
版　　次	2024年8月 北京第一版
印　　次	2024年8月 第一次印刷
定　　价	48.00元

版权所有　　盗版必究

本书为国家社科基金青年项目"中国共产党新闻宣传观念变迁与发展路径研究"(项目批准号:17CXW001)研究成果。

目 录

自　序　作为中国自主知识体系标识性概念的新闻宣传 / 001

绪　论 / 017

　　一、新闻宣传的概念内涵 / 017

　　二、新闻宣传的主要内容 / 027

　　三、新闻宣传的实践原则 / 029

　　四、新闻宣传的方法与效果 / 033

　　五、新闻宣传的核心：准确把握新闻与政治的关系 / 040

溯源篇

第一章　中国新闻观念的起源及其现代化路径 / 045

　　一、传统新闻的观念自觉 / 045

　　二、传教士来华的西式解读 / 047

　　三、西学东渐中的旧词新意 / 050

　　四、中日交流中的词汇回流 / 053

第二章　宣传观念的思想溯源 / 057

　　一、宣传观念的思想来源 / 057

　　二、宣传观念的历史来源 / 068

　　三、宣传观念的实践来源 / 081

第三章　新闻宣传的观念形成及其认知逻辑 / 093

　　一、新闻宣传的观念形成 / 093

　　二、新闻宣传的观念构成 / 099

　　三、新闻宣传的认知逻辑 / 104

历史篇

第四章　新闻宣传观念的变迁轨迹 / 111

　　一、利用新闻做宣传：宣传主导下的新闻宣传观念 / 111

　　二、用事实说话：党报理论主导下的新闻宣传观念 / 119

　　三、遵循传播规律：互联网时代的新闻宣传观念 / 124

第五章　新闻宣传的话语变迁与演变逻辑 / 129

　　一、新闻宣传的话语变迁 / 129

　　二、新闻宣传的观念演变 / 137

　　三、新闻宣传观念变迁逻辑 / 144

第六章　新闻宣传的组织观念变迁 / 153

　　一、早期宣传组织系统 / 153

二、新中国成立之初的宣传组织网络 / 157

三、新时期新闻宣传的组织变革 / 161

路径篇

第七章　新闻宣传的事实观念变迁 / 167

一、事实命题与价值命题：事实的观念层次 / 168

二、"请看事实"：新闻宣传中的事实观念 / 170

三、"用事实说话"：新闻宣传中的事实逻辑 / 175

四、事实如何说话：新闻宣传中的事实运用 / 181

第八章　新闻宣传的生态变迁与观念转型 / 183

一、新闻宣传的生态变迁 / 183

二、新闻宣传的观念转型 / 186

三、新闻宣传观念的转型路径 / 189

创新篇

第九章　党的新闻舆论工作：新时代新闻宣传的话语创新 / 195

一、宣传与新闻：党性与人民性及规律性 / 195

二、宣传与舆论：导向、斗争与监督 / 198

三、宣传与传播：互动、传播与传播力 / 200

四、党的新闻舆论工作：新闻宣传的话语创新 / 201

第十章　中国特色新闻学：新时代新闻宣传的理论发展 / 207

　　一、新时代背景下马克思主义新闻理论创新与发展 / 207

　　二、新观念背景下新闻理论创新与发展 / 212

　　三、新技术背景下新闻理论创新与发展 / 216

　　四、新闻理论范式和理论体系的创新与发展 / 219

　　五、新闻理论创新的动力、问题与方向 / 222

第十一章　县级融媒体中心：新时代新闻宣传的基层实践创新 / 227

　　一、对话主义与新宣传 / 228

　　二、政党、国家意识与宣传下乡 / 230

　　三、县级融媒体中心与宣传下乡新范式 / 233

　　四、全媒体时代的宣传下乡与乡村动员新机制 / 236

结　语　从新闻宣传到新宣传——新闻宣传的观念走向 / 239

　　一、新宣传提出的背景及理论溯源 / 240

　　二、范式与理论：新宣传的可能及理论突围 / 244

　　三、权力与权利：新宣传的主体协商 / 249

参考文献 / 255

后　记 / 277

自 序
作为中国自主知识体系标识性概念的新闻宣传

在中国特色新闻传播学自主性知识体系中，"新闻宣传"是一个具有标识性的概念，也是一种颇具中国特色的新闻观念。在学术界，新闻与宣传的关系一度纠缠不清、争论不休，但如今基本明确新闻与宣传是两个概念，两者之间或许存在一定的交叉之处，但在理念和方法上是不同的两套体系。尽管如此，"新闻宣传"这个概念在中国新闻实践中有着非常重要的地位，新闻宣传的观念也深入很多新闻工作者的内心，新闻宣传的方法则以诸多方式嵌入新闻工作和新闻教育中。

作为一个具有特色的学术概念，学术界专门从学术、学理上论述"新闻宣传"概念的并不多。作为学术概念，"新闻宣传"与"新闻"、"宣传"之间的关系是什么？作为一种新闻观念，"新闻宣传"有何成长的文化土壤，又是如何在实践中逐渐形成的？在新闻、传播、宣传、舆论、信息等众多概念丛中，新闻宣传这个概念是短暂的历史现象，还是新闻实践不可避免的必然现象？随着互联网的发展和新闻观念的发展，新闻宣传的学术价值是否能够延续？该何去何从？在探讨构建中国特色新闻传播学自主知识体系时，回答这些问题很有必要。

▶ 新闻宣传论：观念史的研究

一

理解"新闻宣传"这一概念，必须从新闻学与政治的关系入手。新闻学是一门实践性很强的学科，与政治、历史、文化等的联系也非常密切。在不同国家，人们对新闻学及新闻的理解既有共同之处，也有与其历史文化和政治制度相适应的个性化理解。这正是构建中国特色新闻学的一个重要原因，即我们要在普遍性和特殊性中探索构建中国特色新闻学。

新闻与政治的关系是新闻学认知的一个前置基础。1871年9月21日，恩格斯在伦敦代表会议上的发言摘要《关于工人阶级的政治行动》中指出："绝对放弃政治是不可能的；主张放弃政治的一切报纸也在从事政治。问题只在于怎样从事政治和从事什么样的政治。"[①] 彼时，阶级意识崛起，工人阶级运动兴盛，报刊作为新闻活动的主要渠道发挥着重要功能，媒体成为各种政治势力追逐的斗争工具，新闻与政治就已发生了密切联系。恩格斯的论述深刻阐释了两者之间的关系，而成为后人认识新闻与政治关系的思想基础与理论来源。以新闻活动为研究对象的新闻学，必然也无法忽视其与政治之间的密切关系。其后，尽管新闻学作为一门学科的诞生试图从理论上明晰新闻与政治的关系，传播学作为一门学科的诞生试图从话语上再造新闻与政治的关系，事实却表明政治依然深深嵌于新闻学及新闻活动中。

新闻学的政治化源于新闻的政治化，新闻的政治化则归结于其传播渠道与传播效果对政党、政权、阶级、意识形态的巨大影响力。当新闻学的政治化命题被提出之时，就必须溯源至新闻的政治化以及新闻学诞生的时代背景及其政治渊源。

新闻的政治属性获得源于大众报刊与阶级意识的觉醒。 理论上讲，新

---

① 中共中央马克思恩格斯列宁斯大林著作编译局. 马克思恩格斯全集：第17卷[M]. 北京：人民出版社，1965：449.

▶自 序
作为中国自主知识体系标识性概念的新闻宣传

闻活动自人类诞生以来就已经存在，但现代意义的职业新闻及其载体——大众媒体却只有数百年历史。作为现代新闻活动的第一种传播载体，也是最早的一种现代媒体形态，现代报刊最早出现于欧洲。恩格斯考察15世纪末欧洲与世界的状况，对现代报刊在欧洲得以产生提出了五个相互依存的条件：（1）世界地理大发现使得欧洲的商业和工业从地中海贸易转向全球贸易，因此造成对新闻传播的规模化需求。（2）此时，欧洲地理上正在形成连成一片的文明地区，地理上进行贸易的关卡减少，传递信息的障碍也随之减少。（3）六个主要的欧洲民族经过文艺复兴运动，无形中形成了各自的标准语言和文字，奠定了规模化新闻传播的语言文字基础。（4）1450年前后古腾堡印刷术的发明，提供了规模化新闻传播的新技术条件。（5）文艺复兴后，文化从僧侣阶层的垄断下逐步解放出来，转向世俗社会，最初办大学，后来办中学、小学，为规模化新闻传播提供了一定的读者群。[①] 由此可以看出，现代新闻及现代报刊的诞生，重要原因是现代贸易的产生及商品信息流通的需求，与政治及意识形态并无多大关联。然而，随着现代报刊的发展以及现代社会的转型，新闻很快就获得了其政治与意识形态属性。这主要源于以下几个方面：

第一，新闻活动作为人的一种社会行为方式，天然具有内在的主观因素制约，一旦时机成熟就会表现出其政治属性和政治功能。新闻的本源和本体是事实，但新闻自身则是一种事实的表现形式，无论是民间形态抑或是职业新闻的新闻，都会夹杂着人的认识和解读，从而蕴含人的主观性。当新闻与政治发生关系时，这种主观性就会放大进而上升为新闻的政治属性。

第二，大众化报刊的出现，使得各种利益集团发现了新闻作为政治斗争工具的重要性，从而突出了新闻的政治属性。随着现代报刊的发展，特别是大众化报刊的出现，新闻对人们日常生活的影响日益增大，且逐渐成

---

① 陈力丹.恩格斯论证现代报刊起源的五因素［J］.新闻界，2015（19）：67-68.

为人们认识外在世界及自我塑造人生观、价值观、世界观的主要渠道之一。因此，在利益集团及其作为利益集体代表的政党政治斗争过程中，新闻媒体成为斗争的重要渠道，以往潜在的政治功能被激发，进一步彰显了新闻的政治属性。

第三，阶级意识的觉醒，使得无产阶级与资产阶级之间进入了"有意识"的阶级斗争中，作为政治斗争工具的报刊自然成为一种阶级斗争工具，在使新闻的政治属性加强之同时，强化了新闻的意识形态属性。相比政党之间的斗争来说，阶级斗争不仅是利益之争，更是政权之争，因此显得更为激烈，报刊的政治功能也不再仅仅是新闻与评论的彼此攻击，更表现为革命、战争中的宣传之战。

新闻学与政治的密切关系也源于阶级、政党与政权对新闻媒体的利用。当新闻事业发展到一定程度时，人们发现了新闻在社会系统中的巨大作用，从而产生了研究的兴趣，也促使新闻学开始萌芽并逐渐形成一门学科。在新闻学发展的初始阶段，新闻学相对而言离政治较远，更多的是关注新闻业自身的历史、规律及新闻业务原则。然而，随着政治斗争、阶级斗争形势的加剧，新闻媒体成为争夺政权或稳定政权的重要工具，其政治属性和意识形态属性愈发明显。针对作为意识形态的新闻，美国学者马克·迪耶兹（Mark Deuze）曾指出："将新闻理解为一种意识形态（而非……一种职业、一种产业、一种文学类别、一种文化或者一个复杂的社会系统等），意味着主要是从新闻工作者如何给其新闻作品赋予意义的角度来理解新闻。"[1] 在这种情况下，以新闻和新闻活动为研究对象的新闻学不可能撇开政治。无论是19世纪中后期美国出现的"新闻专业主义"萌芽，还是20世纪初期的新闻学教育出现，其核心价值无不围绕新闻与政党、利益集团之间的关系展开。

在中国，现代新闻业的诞生同样蕴含着丰富的政治元素。从传教士在

---

[1] 迪耶兹.新闻是什么？——对新闻工作者职业身份与意识形态的再思考[J]. 周俊，李玉洁，译.国际新闻界，2009（12）：33-38.

自 序
作为中国自主知识体系标识性概念的新闻宣传

华创办报刊传播西方思想和价值观，做西方侵略者的先遣队，到王弢、梁启超、孙中山拿起报刊的武器，通过政论文章宣传革命或改革的政治主张，政治始终是其中重要的脉络。中国共产党的诞生，在继承中国报刊政论传统的同时，也引入并丰富了马克思主义报刊思想，并在引入并宣传阶级意识中赋予了中国报刊的阶级斗争工具角色，也逐渐凸显了新闻的意识形态属性。

经过20多年的新闻实践，中国共产党人在1942年整风之际，由《解放日报》带头，率先完成了从"不完全党报"到"完全党报"的转型，党性、阶级性、政治性等深深注入了中国共产党的新闻思想之中。从延安《解放日报》改版和陆定一的《我们对于新闻学的基本观点》，到毛泽东的《对晋绥日报编辑人员的谈话》和刘少奇的《对华北记者团的谈话》，中国共产党新闻理论在走向成熟的过程中，把"党性""人民性"等政治话语嵌入其中，处于新闻中隐匿状态的政治被摆在了桌面上。相比之下，西方新闻界自19世纪末政党报刊结束之后，"新闻与政治的关系开始隐匿化"而又"从来没有脱离其政治立场"的另一道路。[①]

二

作为一个学术概念，新闻宣传体现了特殊性与普遍性的结合。

构建中国特色新闻传播学，需要"激活中国新闻传播学的政治意味与思想活力"，"科学解释中国的新闻传播实践并为其提供一套安身立命的价值依托"，[②]离开政治关怀、权力关系、阶级存在与意识、社会实践与生活的新闻传播理论，会遮蔽重大的政治意味和社会关系。鉴于中国的历史文化、政治制度、新闻实践等有着自身特殊性，尽管其中必然也有诸多普遍

---

① 叶俊.构建中国特色新闻学话语体系[N].中国社会科学报，2017-04-20（3）.
② 李彬，黄卫星.从去政治化到再政治化：读赵月枝《传播与社会：政治经济与文化分析》[J].新闻大学，2012（1）：1-9，27.

性意义的规律、原理，但这种特殊性也决定了不可能照搬舶来的任何一种理论，而需要构建一套与国情匹配的学科体系、学术体系与话语体系。

事实上，当我们以一个全球视野考察新闻学再建构的时候会发现，新闻学在每一个不同的国家，其学科基础、地位、作用并不完全相同。倘若要使中国特色新闻传播学既能指导中国新闻实践，也能对全球范围内的新闻实践具有理论示范意义，就必须处理好"中国特色"与"普遍意义"的关系。在这里，"中国特色"既突出中国共产党的领导、马克思主义的指导、中国特色社会主义的制度等政治逻辑，也包含中国的文化传统、新闻传统与实践经验等实践逻辑；而"普遍意义"，意味着要遵循新闻活动的基本规律、基本原则，但不意味着去照搬外来的理论或为了得到认可而盲目地迎合外来理论及其理论倾向与学术旨趣。

马克思主义的影响是中国新闻学特殊性获得的思想根源。时代环境为中国共产党早期的马克思主义传播创造了条件。20世纪初，中国面临着内忧外患的局面，代表资产阶级改良派的《新民丛报》与代表资产阶级革命派的《民报》就"中华民族前途的问题"展开了一场论争。为了论争的需要，《新民丛报》和《民报》均发表多篇文章介绍马克思的生平及其学说，并对《共产党宣言》《资本论》等马克思主义著作的主要内容进行了简述。这场论争构成了马克思主义在中国早期传播过程中的重要一环，奠定了马克思主义在中国广泛传播的思想基础。中华民国成立之后，孙中山多次在演讲以及文章中赞扬社会主义和马克思主义学说。1914年，孙中山给社会党国际局写信，信中呼吁他们给予中国帮助，让中国成为世界上第一个社会主义国家，为马克思主义在中国的进一步传播创造了条件。

十月革命后，李大钊、陈独秀等人全力投入报刊宣传，开始了马克思主义在中国真正意义上的传播[1]。1919年，李大钊将《新青年》第六卷第五号编辑成"马克思研究专号"，并在该号发表长文《我的马克思主义

---

[1] 朱成甲.五四时期马克思主义传播与李大钊历史作用问题的探讨：兼评石川祯浩《中国共产党成立史》的有关论述[J].中共党史研究，2009（8）：87-96.

自 序
作为中国自主知识体系标识性概念的新闻宣传

观》[1],该文系统地介绍了马克思主义理论体系,推动了列宁主义在中国的传播,《新青年》由此正式拉开了宣传马克思主义的序幕。除此之外,新闻传播专业化与办报活动也为马克思主义思想在中国的传播奠定了基础。1918年,北京大学新闻研究会成立,研究会的理念是"根据我国报业现状,引进欧美理论",同时还要根据"我国社会的新闻经验与外国有特别不同之点……本特别之经验而归纳之"。[2] 北京大学时任校长蔡元培担任研究会会长,时任北大教授徐宝璜、《京报》记者邵飘萍作为导师进行常规授课。北大学生高君宇、陈公博、罗章龙,以及当时在图书馆做管理员的毛泽东均是研究会的学员[3]。为将马克思主义传播至各地,1919年毛泽东回到湖南创办了《湘江评论》;1920年,陈公博回到广东创办了《群报》;1921年,罗章龙、高君宇则创办了中国劳动组合书记部的机关报《工人周刊》,专门服务工人运动。此时,马克思主义新闻思想中国化的轨迹已经逐渐清晰起来,马克思列宁主义新闻思想开始进入中国,成为指导中国共产党新闻工作的重要思想。

在十月革命的影响下,马克思列宁主义在中国被越来越多的人所接受,逐渐成为中国革命的指导思想和理论基础,也为中国新闻理论注入了新元素。1919年,为打破帝国主义国家对苏俄的封锁,列宁在莫斯科召开了共产国际成立大会。共产国际成立之后,一项重要的使命就是推动马克思主义在世界各国的传播,尤其重视在中国的传播。列宁认为,中国工人更加需要马克思主义,以提高阶级意识和革命自觉[4]。1920年,列宁通过共产国际派遣维经斯基等人来华宣传马克思主义,并指导和帮助中国建立

---

[1] 方汉奇.中国新闻传播史:第2版[M].北京:中国人民大学出版社,2009:138.

[2] 蔡元培.蔡元培文集:第3卷[M].台北:锦绣出版事业股份有限公司,1995:198.

[3] 程曼丽,赵晓航.马克思主义在中国的早期传播及其新闻思想的形成[J].兰州大学学报(社会科学版),2018,46(5):26-32.

[4] 丁俊萍.马克思主义中国化史·第一卷1919—1949[M].北京:中国人民大学出版社,2015:120-121.

无产阶级政党。维经斯基一行以俄文报纸《生活报》记者的名义在中国进行活动，传来了国际无产阶级的办报经验、新闻思想和新闻宣传政策。他们指导建立中国共产党的同时，也指导创办了一系列党报党刊。自此，中国共产党新闻理论的发展便与苏联新闻思想产生了一种天然的联系。在共产国际的指导和俄共（布）的帮助下，马克思主义指导下的中国无产阶级新闻事业应运而生，如上海的《劳动界》、北京的《劳动音》、广州的《劳动者》、中俄通讯社等[①]。

受此影响，中国共产党创办的党报必须由党直接领导，党报工作者必须严格遵守党的纪律。列宁在1905年发表的《党的组织和党的出版物》一文中，对党报为什么要坚持党性原则以及如何坚持党性原则做了详细的论述。这一思想在早期中国共产党党报中得到体现。1921年，中国共产党第一次全国代表大会通过的《中国共产党第一个决议》中规定：任何出版物，无论是中央的或地方的，都不能刊载违背党的方针、政策和决定的文章。[②] 1922年，党的第二次全国代表大会又专门讨论了党报宣传问题。1926年，中共中央设立编辑委员会，编辑委员会主要负责定期审查中央各出版物，一方面使各机关报与党组织保持密切的联系，另一方面使中央能对地方的各种出版物提供指导。1927年，毛泽东强调党应该绝对领导新闻宣传事业，认为中央对新闻宣传事业的管理具有权威性，强调新闻宣传事业对革命事业的无条件服从。他还鲜明指出，党的各级组织要经常抓报纸工作，党委要把办报看成大事，不断提出改进报纸的办法。随着时代的变迁，党性原则的具体内涵也不断发生着改变，但其思想内涵始终影响着中国新闻事业的发展。

中国共产党早期新闻活动对马克思主义的吸收既源于共产国际的帮

---

① 邓绍根，张文婷. 马克思主义在华早期传播与马克思主义新闻观中国化萌芽[J]. 新闻与传播评论，2018，71（3）：5-16.
② 中国社会科学院新闻研究所. 中国共产党新闻工作文件汇编：上卷（1921—1949）[M]. 北京：新华出版社，1980：1.

助，也来自中国新闻工作者的主动学习。维经斯基等人的在华宣传激发了中国新闻工作者对苏俄的热情，中国新闻工作者开始潜心研究并积极开展新闻活动。1920年，邵飘萍先后出版著作《综合研究各国社会思潮》《新俄国之研究》。1920年10月，瞿秋白担任北京《晨报》和上海《时事新报》特派记者赴苏俄采访，1922年底回国，是十月革命后最先到苏俄采访的中国记者之一。在苏俄采访期间，瞿秋白阅读了大量的苏联共产党报刊，接触了很多苏联新闻工作者，学习了创办报刊的经验。回国后，他成为早期新闻战线上的主要领导者，创办或主编多种党的报刊，主要有《向导》周报、《新青年》季刊、《前锋》月刊、《热血日报》、《布尔什维克》、《红色中华》等。与瞿秋白同行的记者还有俞颂华，在苏俄三个月期间，他采访了列宁、莫洛托夫、季诺维也夫等领导人，采写的《旅俄之感想与见闻》等通讯报道，对当时中国知识界了解俄国十月革命后的真实情况起到了重要作用。博古于1926年赴莫斯科中山大学学习，1930年回国，领导出版《中国工人》《劳工报》《赤色海员》等工人报刊。杨松于1927年赴莫斯科中山大学学习，在苏联期间参与编辑、主编过海参崴的《太平洋工人》杂志、莫斯科职工国际的《全民》杂志，1934年回国，1941年参与了《解放日报》的筹办，并在《解放日报》创刊之后担任了第一任总编辑。中国共产党早期报刊的创办者积极把他们学习到的马克思列宁主义新闻思想运用到报刊实践中，为中国共产党早期新闻理论的形成奠定了坚实基础。

马克思列宁主义元素是促使中国共产党新闻理论成熟的重要理论资源。俄国十月革命胜利之后的三十年间，新闻工作者通过一系列的办报活动将马克思主义新闻思想传入中国，又在访问苏联期间学习了系统的办报经验。在列宁新闻思想与苏联工作经验的影响下，中国新闻界对报刊的作用更加明确。在列宁波澜壮阔的革命生涯中，报刊作为重要的思想武器发挥了宣传动员的作用。"报纸不仅是集体的宣传员和集体的鼓动员，而且是集体的组织者。"这是列宁有关报纸的一个重要观点，强调了报纸在宣传无产阶级革命精神、动员广大人民群众积极投入革命工作等方面发挥的作用。1922年,《向导》在上海创刊。作为中共中央第一份政治机关报,《向导》在发刊期间集中力量宣传反帝反封建的民主革命纲领和以国共合作为中心的统一战线政策,为群众斗争指明了方向,被誉为"黑暗中的中国社会的一盏明灯"。土地革命期间多次发生"左"倾错误,使我国马克思主义事业遭受了沉重打击,为扭转这一形势,使更多的群众能够运用马克思主义的思维方式和方法处理实际问题,中国共产党新闻工作者十分重视报刊在革命战争中的宣传鼓动作用。延安时期,中华民族史上前所未有的群众动员和政治觉醒促进了革命理论的普及,中国共产党创立了一系列报刊,承担着宣传党的方针政策的职能,并在引导大众舆论走向、推动社会变革、传播意识形态等方面发挥了重要作用。

《解放日报》改版标志着中国共产党党报理论的成熟。1941年5月16日创刊的《解放日报》,每天大量刊载国外通讯社的消息,却很少刊载党领导的八路军和新四军英勇奋战的报道、陕甘宁边的消息,并且不登在一版显著位置。在延安整风的大背景下,1942年4月1日,《解放日报》于第一版发表社论《致读者》,总结过去的工作经验,检讨自身的不足,指明报纸未来努力的方向,提出了党报应具备党性、群众性、战斗性和组织性,奠定了中国共产党党报理论的基础框架。其中,党性原则是党报理论的核心原则,也是新闻事业发展的根本原则。同一时期,中共中央及其职能部门中央宣传部结合1942年全党的整风运动,并根据解放区新闻宣传中存在的问题和实际需要,就新闻工作的原则、方针、问题作出了一系列指示和规定,如《中宣部为改造党报的通知》(3月16日)、《中共中央关于根据地统一对外宣传的第二次指示》(4月1日)、《中共中央西北局关于〈解放日报〉工作问题的决定》(9月9日)以及《中共中央关于报纸通讯社工作的指示》(10月28日),以及毛泽东、胡乔木、陆定一等发表系列有关文章、讲话、指示等,对新闻事业的性质和作用、新闻工作的原则、新闻学的基本认识等重要议题作出明确阐释,尤其是对党性原则

▶自　序
作为中国自主知识体系标识性概念的新闻宣传

予以明确规定和论述。自此，中国共产党党报理论基本成熟，成为中国共产党新闻理论的核心部分，也是构建新闻传播学自主知识体系的宝贵资源。

与此同时，中国共产党在新闻实践活动中逐渐形成了一套较为完整的新闻宣传工作方法和根据事实说话的观念。在新闻真实性问题上，列宁提出了"镜子说"，指导党报党刊在业务上恪守真实性原则，不仅要在无产阶级和广大人民群众心目中树立较高的威望，也要在敌人心目中有威望。[①]这一理论为中国共产党的新闻宣传工作提供了方法指导。毛泽东也曾明确表示，"报社的人应该经常到下边去，呼吸新鲜空气……下去又做工作，又当记者"[②]，主张新闻工作要深入实际生活中，新闻工作者在工作中要真实、客观、全面地报道新闻。可见，中国共产党新闻宣传方法受列宁主义的影响，进而体现在新闻工作规范和新闻事业发展等各个方面，逐渐形成了中国共产党新闻工作的系列基本原则，这也是马克思列宁主义新闻思想同中国无产阶级新闻实践相结合产生的飞跃。

改革开放初期，拨乱反正还原了党报思想原有的面貌，同时兼顾社会主义现代化的建设。改革开放过程中，党中央对过去错误的新闻观进行清理，形成了具有中国特色社会主义的新闻理论。1978年，《实践是检验真理的唯一标准》一文发表之后，掀起一场思想解放运动，实事求是的唯物主义思想路线得到彰显。在此背景下，新闻改革再次掀起高潮，全国范围内开展了关于真理标准问题的讨论。作为中国共产党承上启下的一代领导人，邓小平在指导新闻事业坚持社会主义方向、宣传和推动改革开放、加强自身建设等方面起到了关键性的作用。邓小平提出，"党报党刊一定要无条件地宣传党的主张"；党的新闻事业应当坚持四项基本原则，成为"全国安定团结的思想上的中心"；新闻工作应当把工作重点转移到社会主

---

① 杨春华，星华.列宁论报刊与新闻写作[M].北京：新华出版社，1983：283.
② 中共中央文献研究室，新华通讯社.毛泽东新闻工作文选[M].北京：新华出版社，2014：255.

义经济建设的宣传上来，在服务"四化"建设方面发挥积极作用；新闻工作要坚持改革，要为党和国家改革开放的总方针服务；新闻工作要把社会效益放在第一位，坚持社会效益与经济效益的统一；思想、理论和宣传工作者要成为人类灵魂的工程师；等等。这些观点既是解放思想的产物，也推动了新闻界的思想解放，彻底扭转了照搬苏联新闻工作经验的做法，推动了中国共产党新闻理论的创新与发展。此后，在解放思想、实事求是的大背景之下，伴随着信息论、系统论、控制论及传播学引入中国，以及社会主义市场经济体制的确立，一个具有普遍性和特殊性的新闻传播学逐渐形成。

三

中国共产党的新闻理论创新，主要表现为党的主要领导人通过办报、办刊、指示、批示等形式指导新闻宣传工作，并在此过程中形成自己的思想原则和理论观点。这些都是在马克思列宁主义指导下，结合中国国情和新闻实践而提出的，为中国共产党新闻理论的发展提供了思想源泉。

新闻理论的创新与发展要结合实际、适当借鉴、推陈出新。首先，牢记历史，以史为鉴。历史启示我们，发展中国特色新闻理论，要建立在中国国情和中国新闻实践的基础上，按照"立足中国、借鉴国外、挖掘历史、把握当代、关怀人类、面向未来"的思路构建中国特色新闻学，在指导思想、学科体系、学术体系、话语体系等方面充分体现中国特色、中国风格、中国气派。其次，改革创新，迎接挑战。互联网的产生和普及带来了传播方式的革命性变化，已经深入人们日常生活和工作的方方面面，成为社会信息的集散地与社会舆论的放大器，成为意识形态领域斗争的主要战场。新闻理论创新过程中，要在继承传统新闻理论的基础上，充分融入互联网基因，把媒体融合发展、全媒体传播体系建设、国际传播能力建设作为新时期新闻理论创新的着眼点。再次，要创新与发展马克思主义新闻

自 序
作为中国自主知识体系标识性概念的新闻宣传

观。中国特色新闻学的创新与发展,要在马克思列宁主义指导下,继承马克思、恩格斯、列宁的新闻思想,系统研究中国共产党新闻理论和中国共产党新闻实践,不断丰富和发展马克思主义新闻观,把马克思主义新闻观作为构建中国特色新闻学的核心和关键。

其中,新闻宣传是一个基于实践而创造出的学术概念。新闻宣传概念的出现,与特殊时代背景下新闻界需要借助媒体这个重要渠道宣传思想观念的现实需求有关。无论是维新派、革命派,还是中国共产党,在宣传政治主张时都与报刊结下深厚关系,报刊成为近代国人探索救亡图存的思想工具。以报道新闻为使命的报刊与以宣传政治主张为使命的思想家、政治家相遇,注定新闻媒体将成为宣传的重要渠道。鉴于新闻的事实属性具有较强的说服力,"利用新闻做宣传"的理念也顺势出现。可以说,新闻宣传的概念集中体现了新闻与政治的密切关系。

四

新闻不是宣传,但新闻却是宣传的重要渠道,新闻宣传也因此成为一个值得研究的重要议题。毫无疑问,新闻宣传是一种重要的新闻现象和实践模式。如果把新闻宣传视为重要学术概念,它的理论依据和理论出路在哪里?回答这个问题,需要我们把新闻宣传作为一个学术概念进行系统研究。正是鉴于新闻宣传在中国特色新闻学概念体系、话语体系中的重要位置,笔者把新闻宣传观念作为研究对象,全面探讨了新闻宣传观念的形成、发展、演变、创新等议题。

首先从概念史的方法入手,考察"新闻宣传"相关概念的变迁和演进;从厘清新闻、宣传的概念及其相互关系入手,辨析新闻与宣传的概念关系,分析其共性、区别,提出不同于新闻也不同于宣传的新闻宣传概念,并对新闻宣传的概念内涵、特点与功能、主要内容、实践原则(党性原则、基本方针)、方法与效果等做了学理分析。

溯源篇中，从中国新闻观念的起源入手，从利用新闻进行宣传，到"假大空"式的僵化，再到审视新闻与宣传的关系，对新闻宣传的观念形成和历程进行了分析。然后，分别从中国新闻观念的起源及其现代化路径、宣传观念的来源、党的新闻宣传观念的形成与认知逻辑等方面逐步进行阐述，基本遵循从"新闻观念"到"宣传观念"再到"新闻宣传观念"的逻辑顺序逐层分析，层层推进。

历史篇中，对新闻宣传观念的变迁轨迹进行总体回顾和总结，剖析新闻宣传观念的逻辑，探讨新闻宣传观念的未来走向。认为中国共产党的新闻宣传观念经历了一个由"革命武器观"到"宣传鼓动观"，再到"新闻的宣传导向观"，最后到"舆论引导观"的演变过程。研究涉及新闻宣传中事实观念的变迁、新闻宣传的组织观念变迁、新闻宣传观念转型的基本路径、新闻宣传观念的整体转型等重要问题。

路径篇中，从事实观念、媒介生态的角度，对新闻宣传的观念变迁进行了论述。从利用新闻做宣传到用事实说话，再到遵循传播规律，从新闻宣传的话语表征和演变中透视新闻宣传观念的演变，探讨观念演变的具体社会历史背景和基本逻辑。媒介生态的变化是新闻宣传观念变化的动因，在移动互联网、社交媒体环境下，新闻宣传观念需要与时俱进，凸显舆论元素，重新审视传播主体间的关系。

创新篇中，探讨从新闻宣传到新闻舆论的话语转型，结合对习近平关于新闻舆论工作的重要论述，研究宣传与新闻（党性与人民性及规律性）、宣传与舆论（导向、斗争与监督）、宣传与传播（互动、传播与传播力）、新闻舆论（新闻宣传的话语创新）等重要问题。特别是提出在全媒体语境下，互动、沟通与对话意识日益强烈，如何突破新闻宣传观念的制约，实现新闻宣传观念的转型，是新闻宣传研究和实践必须思考的重大课题。本书的研究尝试建构"新宣传"的观念，认为宣传主体之间的对话、沟通与协商是新闻宣传的生命力所在。试图把宣传纳入现代民主思想范畴，作为民主政治的内容之一，提出在新闻宣传话语转型的同时转变新闻宣传观

自 序
作为中国自主知识体系标识性概念的新闻宣传

念,从而实现新闻宣传彻底的现代化发展。[1]

当前,构建中国特色新闻学三大体系(学科体系、学术体系、话语体系)是新闻学界的重要使命,而自主性知识体系建构是其中的核心。作为一个本土成长的概念,新闻宣传内涵丰富,新闻宣传现象在世界各国具有普遍性,不可能因为主观性忽略而消失。对新闻宣传的观念史进行研究,无论是对新闻工作还是对宣传工作来说,都具有学术意义和实践价值。笔者期待本书的讨论能够作为新闻宣传研究的一块"砖",引出更多高质量的"玉",助力中国特色新闻传播学知识体系之建构。

---

[1] 上述关于本书内容的总结与评价来源于国家社会科学基金匿名评审专家意见。在此对五位匿名评审专家的肯定和建议表示感谢。

绪　论

在中国共产党历史上，宣传工作、政治工作、思想工作、新闻工作、舆论工作这些概念始终没有缺席过。其中，新闻宣传的概念长期在新闻实践中得到运用，新闻宣传工作也在很长一段时期内作为新闻工作的代名词出现在官方文件中。这些概念被交替使用，看似没有规律，但从概念史的方法入手仔细考察就会发现，每一个概念的出现、发展及其变化都是社会环境变迁的结果，更是观念变迁的结果。当用"新闻舆论工作"代替"新闻宣传工作"之时，令人关注的不仅是概念本身的转变，而且是其背后的观念转型。尽管官方话语中，"新闻舆论"取代了"新闻宣传"，但这不意味着新闻宣传消失了，而是新闻宣传更加遵循新闻规律并以更加科学的方式存在。与新闻、宣传相比，新闻宣传的核心在于把握好新闻与政治的关系。

一、新闻宣传的概念内涵

新闻宣传的概念是新闻和宣传两个概念的结合体，融合了新闻的特点与宣传的特点，具有双重属性，也有其独特的一些表现和特征。尽管新闻宣传的概念在各类讲话和文件中出现较多，但在纯学术的探索中，对相关概念、观念、理论的研究还较为缺乏。认识新闻宣传，首先要从新闻、宣传的概念及其关系辨析入手，在科学把握新闻与宣传关系的基础上，才能对新闻宣传的概念有准确的认识。

（一）宣传的概念及定义

论及新闻宣传，首先必须搞清楚宣传的概念及定义。宣传有广义与狭义之分。广义的宣传，指"为达到说服、劝导或教育的目的，向个体或群体传播某种有说服力的观点或意识，以影响宣传对象的思想和行为，使之向所希望的方向发展的一种活动"[1]，包括个体的宣传行为、没有政治背景的个别宣传行为、社会集团和党派组织的宣传行为。狭义的宣传，专指政治性宣传。

宣传概念由其内涵与外延确定，只有明确宣传的概念内涵与外延，才能掌握宣传的规律和要求，从而更好地理解宣传的概念。《中国大百科全书》把"宣传"定义为："运用各种符号传播一定的观念以影响人们的思想和行动的社会行为。"[2]《不列颠百科全书》定义"宣传"为："一种借助于符号（文字、标语、纪念碑、音乐、服饰、徽章、发式、邮票及硬币图像等）以求左右他人的信仰、态度或行动的有系统的活动。"[3]《苏联大百科全书》中"宣传"的定义是："阐述思想、学说、政治观点和知识，是共产党和工人党对党员群众和全体劳动人民的思想——政治教育工作的组成部分。"[4]可见，不同语境下的宣传概念并不一致，其流露出对宣传的态度也各有偏重。有学者主张，不管何种宣传，都是从影响人们的思想、引导人们的行动出发去传播一定的观念、主张，离开了这些基本特征的传播

---

[1] 郑邦俊.宣传学概论［M］.沈阳：辽宁大学出版社，1987：2.

[2] 中国大百科全书总编辑委员会《新闻出版》编辑委员会，中国大百科全书出版社编辑部.中国大百科全书：新闻 出版［M］.北京：中国大百科全书出版社，1990：427.

[3] 中国大百科全书出版社不列颠百科全书编辑部.不列颠百科全书：第13卷［M］.北京：中国大百科全书出版社，1999：507.

[4] 苏联大百科全书［M］.北京：时代出版社，1958：1969.

绪　论

行为,并不能称为宣传。①沃纳·J.赛佛林(Werner J. Severin)等人则认为:"只有当行为对信源而不是对接受者有益时,这种行为或消息才被称为宣传。"②这都是给宣传的外延加以限定,使其不被无限扩大。

不同话语与语境下,宣传概念还存在比较与适应问题。"宣传"或"propaganda"词汇与其所表达的概念之间的关系是可以变化的。"宣传""propaganda""пропаганда"等不同语言下的概念符号本身内涵也不完全一致。早在20世纪80年代末就已有学者开始把宣传译为"communication",也有学者认为西方"传播学"概念就是中国的"宣传学",还有学者对中美官方话语研究后指出英文的"propaganda"应译为中文的"欺骗性宣传"比较准确。即便同一语境同一概念,有时也会有两种语言符号,如"publicity"和"propaganda"两个词汇均表达"宣传"的概念,但前者词根是public,带有公众信息、公之于众的意涵。换言之,"publicity"一词更强调平等视角下的"宣传"概念。因此,这两个语言符号实际上也是"伪等数"。

概念内涵集中体现在概念定义上。《宣传舆论学大辞典》把"宣传"定义为:一定社会组织运用各种思维方式传播事实和观点,用以引导、控制人们思想倾向的过程。③有学者认为:"宣传是有目的地传播某种事理以影响他人意识和行为的一种社会活动。"④还有学者认为:"宣传是运用各种有意义的符号传播一定的观念,以影响人们的思想、引导人们的行动的一种社会行为。"⑤

在国外,"宣传"的定义有所不同。李普曼给"宣传"下的定义是:

---

① 李良荣.宣传学导论[M].福州:福建人民出版社,1989:15.
② 赛佛林,坦卡德.传播理论:起源、方法与应用[M].郭镇之,孟颖,赵丽芳,等译.北京:华夏出版社,2000:107.
③ 刘建明.宣传舆论学大辞典[M].北京:经济日报出版社,1993:63.
④ 郑保卫.新闻与宣传关系浅探[J].新闻知识,1991(1):9-11.
⑤ 李良荣.宣传学导论[M].福州:福建人民出版社,1989:14.

"阶级意识和集团对人的改造和人们为之做出的反应。"[①]拉斯韦尔认为，宣传是"通过重要的符号，或者更具体但不那么准确地说，就是通过故事、谣言、报道、图片以及社会传播的其他形式来控制意见"[②]。1934年，拉斯韦尔将宣传的定义修正为：所谓宣传，其实就是思想对思想的战争。突出地反映了西方"宣传"概念的贬义倾向。在苏联，宣传的定义又有所不同。《苏联大百科全书》认为："马克思列宁主义的宣传以社会发展规律的知识武装共产党员和全体劳动人民，提高他们的政治警惕性。"[③]可见，苏联的宣传定义模式与中国、欧美各国有很大不同，明显表现出"宣传"的褒义色彩。

（二）新闻与宣传的概念关系

中国共产党新闻宣传观念的出现，基于中国共产党对新闻与宣传的重要性的认识，但这种认识在很长一段时期里是模糊的，不仅是党员干部，也有不少新闻工作者，甚至不少新闻学者，都认为新闻与宣传是等同的。这不但不利于做好新闻工作，也不利于做好宣传工作。有鉴于此，改革开放后，新闻学界对这一观念率先进行了反思。伴随着对新闻与宣传关系的科学认识，才出现了新闻宣传概念。这种反思基于传播观念和信息观念的引入，以及舆论观念的转变。改革开放后，传播学、信息论等科学相继被引入中国，使人们意识到，新闻不仅仅只是宣传，也是一种信息，是一种传播行为。更为重要的是，这种观念背后，对效果、受众、方法的科学研究，使得新闻工作本身也开始重视更加科学的学科体系和工作体系。在此背景下，新闻与宣传的关系逐渐进入了人们关注的视野。

---

① 李普曼.公众舆论[M].阎克文，江红，译.上海：上海人民出版社，2006：19.
② 拉斯韦尔.世界大战中的宣传技巧[M].张洁，田青，译.展江，校.北京：中国人民大学出版社，2003：22.
③ 苏联大百科全书[M].北京：时代出版社，1958：1969.

▶ 绪 论

1. 新闻与宣传的共性

新闻与宣传之间关系复杂，因为两者有很多相似之处。在实践中，新闻与宣传表现很多时候看起来是一样的，若不是专业的判断则很难将之区别开来。这些共性主要表现在以下几个方面。

首先，新闻与宣传都重视事实的运用。新闻需要事实作为基础，宣传在很多时候也需要借助事实作为支撑。当两者都通过新近发生的事实进行表达时，尤其是在通过媒体进行的事实宣传中，受众很难判断哪个是新闻哪个是宣传。

其次，新闻与宣传都属于传播的范畴。无论新闻还是宣传，两者都属于传播行为，传播的观念对新闻与宣传的现代化都起到了积极作用。因此，两者之间有着共同的属性。

最后，新闻与宣传都以不同程度、不同方式介入政治。现代新闻事业自诞生之后，一直被各种政党、阶级、利益集团等用作宣传，很难从实践上摆脱宣传作用。尽管专业的新闻观念认为新闻应该是独立、客观的，以报道事实为核心，但实践中新闻却大多在政党、资本、利益集团的控制之下发挥着宣传的作用。

可以说，新闻具有宣传属性，是开展宣传活动的一种重要方式。这也是新闻宣传得以产生和存在的客观基础。

2. 新闻与宣传的区别

新闻报道是宣传，但宣传活动不一定就是新闻报道，两者是两种不同的社会现象，有着明显的区别。具体来说，这些区别主要有以下几个方面。

① 传播目的不同

新闻讲究客观，出于受众需求，以消除不确定性，提供信息为目的；宣传是有意图的，出于宣传者的需要，以争取受众理解支持，达到预期目的。

② 传播内容不同

新闻传播的是基于事实的信息、观点等内容；宣传传播的是观点、观念、主张。

③ 传播方式不同

新闻讲究时效性，是一次性的传播；宣传注重重复性，价值在于传播的效果。

④ 传播要求不同

新闻讲究及时、真实、准确、全面、客观、公正；宣传要求观点和材料统一，观点正确、鲜明，材料真实、典型。

尽管从理论上看，两者差别较大，但实践中往往很难区分。换言之，这些区别是出于理论、专业化和职业理想所做的判断，实践中很多新闻报道和宣传并非如此，而是你中有我、我中有你的存在。

3. 新闻与宣传的关系

新闻与宣传是一对关系非常密切的概念。新闻与宣传曾经有段时间被等同起来。20世纪80年代，全国范围内掀起新闻与宣传关系的大讨论，并逐渐明确了新闻与宣传的关系。这一辨析首先从理论界的争论开始。复旦大学王中肯定了报纸具有"供给新闻"和"进行宣传"两大基本功能。王中认为，宣传与新闻两者的不同在于，宣传的目的在于使被宣传者产生一种信仰，接受宣传者的政治主张；而新闻不能使人深刻理解到政党的主义，新闻所提供的事实即便加入了报道者的观点立场，还是不能完全控制每个人的行动。[1] 甘惜分则认为，新闻是报道事实或传递信息，宣传是传播思想，是用一种思想去影响别人的思想，因此所有的新闻都是宣传。[2] 两人的争论引发了理论界对新闻与宣传的关系的大讨论。从已有争议来看，新闻与宣传的关系主要有以下几种。

① 等同论

持这种观点的人认为，人们的一切行为都是有目的的，新闻报道就是通过事实报道有目的地影响别人的一种传播活动，新闻都是带有宣传目的

---

[1] 王中. 论宣传 [J]. 新闻大学，1982（3）：5-10.
[2] 甘惜分. 新闻论争三十年 [M]. 北京：新华出版社，1988：101.

的，本质上是宣传。因此得出结论：新闻就是宣传，新闻等同于宣传。

② 对立论

持这种观点的人认为，新闻报道事实，追求真相，讲究客观公正；宣传传播思想和观点，有立场，讲究说服效果。因此，两者之间是两条平行线，没有交叉，甚至是对立的。新闻不应该用来做宣传，宣传不能假借新闻的名义。

③ 包含论

持这种观点的人认为，新闻与宣传是两个范围不同的概念。宣传是一个大概念，新闻是一个小概念。也就是说，宣传包含了新闻，新闻是宣传的一种。因此，一切新闻都是宣传，但一切宣传不都是新闻。

④ 交叉论

持这种观点的人认为，新闻与宣传既不是完全等同的，也不是完全对立的。它们既有区别，又有联系。新闻有宣传的属性，宣传可以依托于新闻。正是在这种观念影响之下，新闻宣传的概念受到了重视。

上述四种观点中，前两种显得有些绝对化，第三种容易混淆宣传与新闻的区别和界限，导致新闻被滥用，新闻规律得不到遵循。因此，交叉论是较为获得公认的。交叉论的意义在于，看到了新闻与宣传的关系，为新闻宣传提供了理论支撑；指出了新闻与宣传的区别，有利于新闻工作更好地坚持新闻价值原则和新闻传播规律。这对新闻实践、宣传实践的科学化，提升新闻传播效果和宣传工作效果都有积极意义。经过一番争论之后，新闻的本位逐渐得以回归，而不再依附于宣传。

针对两者之间的关系，郑保卫将之概括为"同一论""并行论""交叉论""包含论"，进而主张"交叉论"是比较符合实际的。[①] 刘海龙回顾这场争论时也指出，中国新闻学者对宣传并没有采取断然否定的态度，与"宣传一直以正面形象出现"、"民族国家团结的诉求压倒了个人自由的诉求"

---

① 郑保卫.新闻学导论［M］.北京：新华出版社，1990：124-125.

和"意识形态的控制与教育"密切相关。[①] 无论如何，新闻与宣传的交叉关系似乎已经得到了学界、业界的认可。

新闻本位的回归，使中国共产党开始重视新闻宣传的效果。"重视新闻宣传的效果"的提出，当然与此前长达20多年新闻宣传不重视效果有关，但更为重要的是，人们已经逐渐认识到新闻是新闻而不等同于宣传，有其内在的一些规律。如果新闻宣传过于偏重宣传，而不顾新闻传播规律，必然导致宣传效果十分有限。

（三）新闻宣传的概念内涵

何谓新闻宣传？《宣传舆论学大辞典》对新闻宣传的定义是："借助新闻报道的形式进行宣传活动，达到宣传目的。以新闻媒介为手段所发表的重要言论。"[②] 新闻宣传之所以不能等于新闻也不能等同于宣传，而又有必要成为一个单独的概念，原因在于，新闻与宣传在运用事实方面具有共性，又在如何使用事实及运用事实的程度上有差异。一方面，新闻不排斥观点，大多数情况下还通过事实表达某种意见；宣传也不排斥事实，大多数时候其观点要借助事实或通过事实进行暗示。

自现代报刊诞生以来，任何阶级、政党都把新闻工具视为宣传工具，都会通过形式多样的方式去控制一些新闻媒介以实现宣传的目的，但这不意味着新闻宣传是贬义概念。对于社会发展来说，以公共利益至上的新闻宣传则可以推动社会健康有序发展。因此，新闻宣传作为客观存在的一种现象，关键是看谁在用、为谁用、怎么用。

也有一些新闻不具备宣传价值。例如，天气变化、火山爆发、交通事故、夫妻离异的报道。但即便是这些新闻，在报道过程中也有记者的主观选择、动机在里面，很难做到纯粹的客观报道。当然，这不意味着受众在

---

① 刘海龙.宣传：观念、话语及其正当化[M].北京：中国大百科全书出版社，2013：335.

② 刘建明.宣传舆论学大辞典[M].北京：经济日报出版社，1993：78.

接触新闻时要把这些视为宣传品。受众接触新闻，多数时候是为了了解外部变动的事实，而不会主动去接受他人的空洞教化。因此，做好新闻宣传工作，主要应借助事实报道，而观点或评述只能起辅助作用。

（四）新闻宣传的特点与功能

新闻宣传作为新闻与宣传两者交叉作用而产生的概念，具备一些新闻的特点，也具有宣传的特点。把握这些特点，对做好新闻宣传工作有重要意义。具体来说，主要有以下几个基本特点。

一是真实性。真实性是新闻的生命。新闻宣传是宣传运用新闻的一种形式，必须基于新闻真实性这一基础。既然如此，新闻宣传的首要特点是真实性，造假的、欺骗的新闻不能视为新闻宣传。在实践中，个别新闻工作者没有到实地调查采访，就编造新闻、塑造典型，这种行为不应属于新闻宣传，而是虚假新闻。

二是时效性。时效性是新闻的基本特征。作为新闻的一种形式，新闻宣传也要以时效性作为基础，这是新闻宣传与其他宣传的最大区别。正因如此，好的新闻宣传往往善于借助最新发生的新闻事件，善于选取角度并及时报道，以第一时间或第一落点的报道引导人们观点的走向。

三是导向性。新闻宣传在遵循新闻基本规律的同时，也蕴含着宣传的一些特点。导向性是其中重要的一点。新闻宣传是有目的性地去做新闻报道，把目的和主张蕴含在新闻之中，让受众从新闻中自行得出宣传者的主张。这种导向性是看不见的宣传，也是新闻宣传的魅力所在。

四是权威性。新闻宣传活动中有党、政府等机构组织作为支撑，宣传者往往在该领域有较大的话语权、影响力和引导力，具有较高的权威。因此，这种情况下所产生的新闻宣传也具有权威性。权威性是新闻宣传能够起到积极效果的重要保障。

在社会发展进程中，新闻宣传扮演着非常重要的角色，对党、国家和人民的各项事业发展可以起到推动作用。这些作用主要表现在两个方面。

一是团结稳定鼓劲。社会的发展和人民群众幸福指数的提升，需要全国各族人民团结，需要社会稳定，也需要有努力奋斗的精神，新闻宣传的一个重要作用就是为团结稳定鼓劲提供可靠的渠道。新闻宣传可以凭借其优势，发挥团结稳定鼓劲的功能，以此推动社会发展。在中国革命、建设和改革事业不断取得胜利的历史进程中，新闻宣传的这一基本功能已经得到了充分体现。

二是动员和组织群众。在中国革命、建设与改革事业的历史进程中，每当遇到重大历史关头，新闻媒体总会第一时间发挥其传播真理、组织群众、推动工作的作用，从而形成强大合力，推进党和国家各项事业不断向前发展。随着社会主义各项事业的蓬勃发展，在一些重大事件或活动之际，新闻宣传的动员与组织群众作用仍然值得重视。

具体而言，新闻宣传的这两大基本功能又体现在以下几个方面。

一是新闻宣传的舆论引导功能。在复杂的国内外形势下，传播社会主义核心价值观，在多元化思潮中寻求共识，是我国面临的一项重大课题。通过新闻宣传，可以巩固壮大主流思想舆论，弘扬主旋律，传播正能量，调动各方面的积极性、主动性和创造性。做好新闻宣传特别是做好正面宣传，也可以对破除错误思潮影响，回击意识形态敌对势力破坏发挥积极作用。因此，在一些事关大是大非和政治原则的问题上，新闻宣传必须增强主动性、掌握主动权、打好主动仗，做到守土有责、守土负责、守土尽责。

二是新闻宣传的典型塑造功能。重视典型宣传，是我们党几十年来宣传工作中一条极其重要的宝贵经验，是经过我国革命和建设、改革和开放实践检验的，行之有效的政治优势。在加强思想道德建设，弘扬和培育以爱国主义为核心的民族精神，建设社会主义物质文明、政治文明和精神文明等方面，典型宣传在发挥示范、激励、引导作用，动员群众、组织群众、宣传群众，全面建设小康社会、实现中华民族伟大复兴中具有不可替代的作用。为此，新闻宣传战线要切实加强和改进典型宣传工作，坚持

"三贴近"原则，努力提高典型宣传的社会效果。

在长达一个世纪的国人办报生涯中，知识分子报刊特别是政党报刊，宣传始终是其办报目的。尽管中间也曾遭到外界的质疑，但宣传者自身观念上并无太多改变。能够自主、自觉地认清新闻与宣传的关系，在宣传之时考虑新闻规律，尤其是把其作为中央层面的指导方针，是中国共产党新闻宣传观念转型升级的表现。

二、新闻宣传的主要内容

在新闻宣传观念的影响下，新闻宣传工作逐渐形成了其核心内容，主要有主题宣传、形势宣传、政策宣传、成就宣传、典型宣传、对外宣传等六个方面。新闻界在这些方面已经积累了丰富的经验。

1. 主题宣传

主题宣传是以涉及全局的重大理论观点、重大战略思想、重要决策部署、重点中心工作为主题，以集中、连续的方式而开展的大规模宣传报道活动。主题宣传一般要求有重大主题，且报道成系列。因此，主题宣传的分量重、价值大、影响广，易受关注，是新闻报道的重要领域。

2. 形势宣传

形势宣传是一种政治宣传，以报道、说明或解释社会动态、政治动向、党和国家的中心工作等为主，旨在引导公众更加全面地理解当前形势，明确宣传者所提出来的斗争任务。[1]形势宣传具有周期性、多样化、统一性等特点。时事宣传的宣传手段和宣传形式多样，其主体往往不是媒体，而是由政治力量计划、组织和发动，需要一定的周期。

3. 政策宣传

政策宣传是国家、政党对其制定的方针政策进行宣传，使其迅速和广

---

[1] 刘建明.宣传舆论学大辞典［M］.北京：经济日报出版社，1993：57.

大群众见面，并变成群众的自觉行动的一种政治宣传方式。政策宣传的内容是宣传政策条文，使政策的实质和意义被广大群众了解，用政策武装群众的头脑。从理论上说明政策的正确性，阐述政策产生的社会条件和社会要求，使群众了解政策形成的依据和理论基础，加深执行政策的自觉性。[①] 政策宣传是党和政府在社会管理中的一项重要任务，既是向人民群众传播党和政府的政策的重要渠道，也是人民群众学习、执行政策的重要渠道，还是党和政府与人民在公共政策上沟通交流的重要桥梁。

4. 成就宣传

成就宣传是新闻媒体发挥"喉舌"作用，弘扬主旋律，传递正能量，正确引导舆论的基本途径。党的执政，国家的发展，人民群众的干劲，都需要通过宣传予以宣传、组织和动员，实现团结鼓劲、凝心聚力的目标，使得党、政府和人民群众心往一处想，劲儿往一处使。

5. 典型宣传

典型宣传是指对代表性的事件、人物等进行宣传的行为。一般来说，典型宣传要以事实报道为主，要善于用事实说话。典型宣传有正面典型与反面典型之分。正面典型宣传是指选择具有示范作用的先进人物和先进事例，给群众树立光辉的样板，显示观点、政策、经验或精神追求的正确性，引导人们向先进典型学习，接受观点、政策或经验的指导。反面典型宣传要结合揭露社会阴暗面中具有代表性的坏人坏事，指出错误事实的情节、性质和危害，引起人们的警戒，发挥抑制同类错误、对人的社会行为实行舆论监督的作用。[②] 值得注意的是，在典型宣传中，必须以事实为基础，坚持新闻真实性，不能任意拔高、制造典型，避免把神话典型化或把典型神秘化。

6. 对外宣传

对外宣传是面向国际社会的宣传，主要是向外国宣传本国的方针政

---

① 刘建明. 宣传舆论学大辞典 [M]. 北京：经济日报出版社，1993：62.
② 刘建明. 宣传舆论学大辞典 [M]. 北京：经济日报出版社，1993：60.

策、国内情况和本国对国际问题的立场。对外宣传是一项政治性、政策性、针对性、时效性很强的宣传活动,对外宣传工作关系到宣传、外事、旅游、外经贸、统战、侨务、经济、教育、科技、文化、卫生、体育、新闻、出版、文学、艺术、宗教等许多部门和单位,全党、全社会都负有责任。① 对我国来说,对外宣传的目的是向世界展示中国,发出国家声音,提高国家软实力。在实践中,对外宣传要善于讲好中国故事,传播好中国声音,善于做"看不见的宣传"。

三、新闻宣传的实践原则

把握新闻宣传的基本理念,了解新闻宣传的实践原则,可以为做好新闻宣传工作奠定基础。新闻宣传的基本理念是对新闻宣传基本要求的认知。这是做好新闻宣传工作的基础和前提。中国共产党领导的社会主义国家的新闻媒体的新闻宣传工作必须坚持宣传贯彻党的基本理论、基本路线、基本方略,要把围绕中心、服务大局作为基本职责,胸怀大局、把握大势、着眼大事,找准工作切入点和着力点,做到因势而谋、应势而动、顺势而为。新闻宣传工作是新闻工作的重要组成部分。在做新闻宣传工作时,既要遵循新闻工作的基本规律,也要遵循其独有的工作原则和基本方针。其中,党性原则是新闻宣传工作的最高原则,以正面宣传为主是新闻宣传工作的基本方针。

(一)新闻宣传工作的党性原则

党性原则是新闻宣传工作的根本原则,这一点在马克思主义经典作家和中国共产党领导人那里得到了充分的论述。尽管马克思和恩格斯在谈及报刊工作时并未明确使用"党性"概念,通常使用的是"党派性"这一概

---

① 刘建明.宣传舆论学大辞典[M].北京:经济日报出版社,1993:54.

念,并且在其报刊实践特别是党报实践中形成了较为系统的党报思想。列宁于 1905 年在《党的组织和党的出版物》一文中明确提出:写作事业应当成为整个无产阶级事业的一部分,成为由整个工人阶级的整个觉悟的先锋队所开动的一部巨大的社会民主主义机器的"齿轮和螺丝钉",成为社会民主党有组织的、有计划的、统一的党的工作的一个组成部分。①这篇文章是"党性"概念首次正式出现,并有较为系统的论述。

中国共产党始终坚持把党性作为新闻工作的一项重要原则,党的一大通过的第一个决议就明确规定党的报刊"须由中央执行委员会或临时中央执行委员会经办",并强调"应由党员直接经办和编辑"。②1959 年,毛泽东提出了要"政治家办报"的著名论断,为新闻工作的党性原则注入了新的内容。习近平多次强调,要坚持党性原则,坚持党对新闻舆论工作的领导。

在西方新闻事业发展史上,新闻与政治从来是形影不离的。只不过自 19 世纪末政党报刊结束之后,新闻与政治的关系开始隐匿化。尽管标榜"第四权力"和"独立"、"自由",但西方媒体从来没有脱离其政治立场。西方资产阶级的媒体总是遮遮掩掩,宣扬自己所谓的客观中立,宣扬无党派和超党派性,而实质上却是在维护资产阶级及其政党的根本利益。

新闻宣传工作的党性原则对各级党委、新闻媒体及其负责人、新闻工作者等都提出了明确的要求。只有牢牢坚持党性原则,才能掌握党对新闻舆论宣传工作的主动权,确保新闻舆论宣传的正确方向。

首先,坚持党性原则,最根本的是坚持党对新闻舆论工作的领导。党和政府主办的媒体是党和政府的宣传阵地,必须姓党,必须抓在党的手里,必须成为党和人民的"喉舌",无论时代如何发展、媒体格局如何变

---

① 中共中央马克思恩格斯列宁斯大林著作编译局. 列宁全集:第 12 卷[M]. 北京:人民出版社,1987:93.

② 中国社会科学院新闻研究所. 中国共产党新闻工作文件汇编:上卷(1921—1949)[M]. 北京:新华出版社,1980:1.

化，党管媒体的原则和制度不能变，党管媒体的原则必须得到全面贯彻，一切从事新闻信息服务、具有媒体属性和舆论功能的传播平台，都要纳入依法管理的范围。这就要求，各级党委要自觉承担起政治责任和领导责任，要认真践行党管宣传、党管意识形态、党管媒体的根本原则。

其次，要坚持政治家办媒体，坚持正确的政治方向。新闻舆论单位的领导班子和当家人要落实好抓党建、带队伍的责任，全面落实政治家办报要求，要坚持政治家办报，增强政治意识、大局意识、核心意识、看齐意识，善于把政治导向、政治要求体现到工作中去。

再次，新闻舆论媒体及其所有工作都要有看齐意识，体现党的意志、反映党的主张，维护党中央权威，维护党的团结，做到爱党、护党、为党，在思想上政治上行动上同党中央保持高度一致，不断巩固壮大主流思想舆论阵地，让党的主张成为时代最强音。

最后，党性和人民性从来都是一致的、统一的。长期的新闻宣传工作实践表明，无论理论上还是实践中都是坚持了党性和人民性的统一。新时期，新闻工作面临的使命更重，更要继续维持党性和人民性的一致性、统一性。党性是人民性的集中体现和升华。坚持党性，就是要坚持党是全心全意为人民服务、代表中国最广大人民根本利益、来自人民为了人民的马克思主义政党。从本质上说，坚持党性就是坚持人民性，坚持人民性就是坚持党性。人民性是党性的主要来源和根基。坚持人民性，就是要把实现好、维护好、发展好最广大人民根本利益作为出发点和落脚点，坚持以民为本、以人为本。党的一切正确决策的制定，在于它体现了最广大人民的心愿；党的一切奋斗目标的实现，在于它团结了可以团结的、依靠了可以依靠的最大多数的人民群众，这是党受到人民拥护的根本原因。

因此，坚持党性原则，要加深对党性和人民性相统一的认识。把党性和人民性对立起来，或主张人民性高于党性的观点，是错误的、有害的。党性寓于人民性之中，没有脱离人民性的党性，也没有脱离党性的人民性。坚持党性，新闻舆论工作才能有明确的立场和方向；坚持人民性，新闻舆论工作才能获得活力源泉和动力根基。这要求新闻工作要把对党负责和对人民负责统一起来，更好地把党的理论和路线方针政策变成人民群众的自觉行动，及时把人民群众创造的经验和面临的实际情况反映出来，丰富人民的精神世界，增强人民的精神力量。

（二）新闻宣传的基本方针

在中国共产党的新闻宣传观念中，"以正面宣传为主"至关重要，在各种场合反复被强调，也是影响新闻报道取向的指针。

第一，团结稳定鼓劲，以正面宣传为主，是新闻宣传工作的基本方针。新闻宣传工作是思想文化和意识形态传播的重要渠道，发挥着营造团结稳定鼓劲的良好舆论氛围、巩固壮大积极健康向上的主流舆论的重要作用，是党的新闻舆论机构的重要职责。为了更好地发挥新闻宣传的作用，要求新闻宣传工作必须坚持以正面宣传为主的原则。这也是新闻宣传工作的基本方针。

坚持正面宣传为主的基本方针，一方面要求新闻宣传工作必须坚持巩固壮大主流思想舆论，弘扬主旋律，传播正能量，营造良好的社会氛围。特别是当面临复杂的国内外形势与舆论生态时，面临巨大的挑战和困难时，新闻宣传工作更要坚持以正面宣传为主，激发全社会团结奋进的强大力量。

另一方面，要求新闻工作者不断提高新闻宣传工作的质量和水平，把握好时、度、效，引导广大群众多看主流，不受支流支配；多看光明面，不受阴暗点影响；多看本质，不受表面现象迷惑。在新闻报道中，要增强作品的吸引力和感染力，让群众爱听爱看，从而产生共鸣，充分发挥正面宣传鼓舞人、激励人的作用。同时，要确保新闻的真实性，必须深入实际采访，了解真正事实，既准确报道个别事实，又从宏观上把握和反映事件或事物的全貌。

第二，舆论监督与正面宣传的统一。在坚持以正面宣传为主的基本方针的同时，要充分认识到舆论监督和正面宣传是统一的。以正面宣传为主，绝不意味着不要舆论监督，而是要充分理解两者之间的统一关系，发挥好舆论监督的正向作用。

舆论监督是正面宣传的重要组成部分。新闻媒体要直面工作中存在的问题，直面社会丑恶现象，激浊扬清、针砭时弊，在发表批评性报道的同时一定要事实准确、分析客观。这是因为舆论监督通过对社会突出问题以及不良现象进行揭露与批评，或者发表人民群众对党和政府的某项工作的建议，反映群众呼声等，这些都能够起到表达民意、凝聚人心，促进党的方针、政策和国家法律法规的贯彻落实，维护社会稳定的作用。例如，舆论监督对某些工作漏洞、交通事故、医患关系等问题的真实客观的报道，揭示社会存在的或潜在的隐患，以此引起有关部门和人民群众的重视，促进工作的整改，在一定程度上避免或减少了损失，维护了社会的和谐稳定。

一些人在舆论监督的认识上存在着严重偏差，把舆论监督等同于负面报道，认为舆论监督揭露社会丑恶，呈现的都是负面新闻，会影响经济发展和社会稳定。这是一种认识上的误区。舆论监督中有相当部分属于正面报道，舆论监督只要实事求是、客观公正、鞭挞丑恶、弘扬正气，对社会进步产生积极、健康、向上的促进作用，理应属于正面报道，同样可以起到正面宣传的作用。这就要求新闻媒体在开展舆论监督之时，要善于运用传播技巧，积极发挥舆论监督的正向功能。

四、新闻宣传的方法与效果

新闻宣传既有新闻属性也有宣传属性，其本质是宣传活动，但实践中必须以新闻活动标准进行。因此，在新闻宣传实践中，必须要讲究宣传方式和宣传效果，才能最大化发挥新闻宣传的作用。

（一）新闻宣传的方法与技巧

做好新闻宣传工作，要从新闻价值与宣传价值的关系、"时度效"、讲故事、摆事实等方面入手，把新闻与宣传真正融合起来，避免两张皮。只有这样，才能真正发挥新闻宣传的作用，提升新闻宣传的预期效果。

1. 兼顾新闻价值和宣传价值

新闻宣传工作作为一种特殊的新闻工作和宣传工作的一种，必须兼顾新闻价值与宣传价值。那些越是具备新闻价值和宣传价值双重要素的新闻宣传，其效果也就越佳。

① 新闻价值及其要素

所谓新闻价值，指新闻事实本身所包含的引起社会各种人共同兴趣的素质。新闻价值主要由新鲜性、时效性、重要性、接近性、显著性、反常性等要素构成。其中，新鲜性和时效性是基本要素，如果没有这两个要素，事实就难以成为新闻；重要性、接近性、显著性、反常性是变量，其与新闻价值的大小之间呈正相关。把握好新闻价值，是提高新闻敏感，做好新闻工作的基本要求。

② 宣传价值及其要素

所谓宣传价值，就是事实本身所含有的、有利于新闻传播者能够证明和说明自己思想主张的素质。宣传价值主要由以下几个要素构成：一是针对性。针对当前社会生活中存在的问题和不良的思想倾向，或公开揭露，或提供有说服力的事实从正面加以引导。二是指导性。要求新闻工作者提供的新闻事实能够解决国家与人民生活中的实际问题，其中包括政治思想上的指导、业务性指导、技术性指导、生活性指导。三是思想性，即新闻事实所表达的思想倾向。社会主义新闻事业，要通过大众传播工具宣传党的路线、方针、政策，全面、准确地回答现实斗争中提出的问题，教育人民坚定正确的政治方向，把握正确的思想方法。四是鼓动性，即通过对客观事实的报道形成舆论，影响和引导人们的思想行动。新闻传播是面对社会大众的，具有较大的广泛性和鼓动作用，在某种程度上具有上下一世之风教、左右一国之文明的力量。

③ 新闻价值与宣传价值的关系

对党的新闻事业来说，新闻宣传的最终目的在于宣传思想、理论、纲领、路线、方针、政策，引导人们改造客观世界和主观世界。要想获得新闻宣传的最佳效果，就必须兼顾宣传价值与新闻价值。只强调宣传价值，不重视新闻价值，就无法引起人们兴趣；片面追求宣传价值，还可能使新闻走向虚假失实。片面强调受众兴趣，只讲新闻价值，就难以获得宣传的预期效果。一些片面追求受众兴趣、迎合受众兴趣的新闻报道，甚至走上了歧路，对社会价值观会有误导作用。

在新闻宣传工作中，如何摆正新闻价值与宣传价值的关系？首先，要明确宣传价值第一，新闻价值第二。不符合党的路线、方针、政策的新闻，新闻价值再高也不能发布。其次，宣传价值第一，但不是唯一。没有新闻价值只有宣传价值的内容，不是新闻，也不是新闻宣传，其效果也非常有限。最后，新闻价值与宣传价值的统一是新闻宣传的追求，两者越统一，就越适合做新闻宣传。总之，新闻宣传工作必须要兼顾新闻价值和宣传价值，追求两者的最大化统一。

对于任何一个政党、政府、机构或利益集团来说，新闻媒体都是一种重要的宣传工具。报纸、广播、电视、互联网中发表的言论是重要的宣传品。就新闻宣传而言，传播新闻的目的绝不仅仅是传播新近发生的事实，满足人们的信息需求，更重要的在于宣传自己的主张。作为一种重要而有效的宣传手段，新闻宣传就必须讲求宣传效果，遵循宣传价值的要求。

2. 把握好"时度效"

新闻报道讲究时效性，甚至还会经常发生"抢新闻"的现象。但对新闻宣传来说，除了时效性这一基础，更要讲究"时度效"原则。从当前的形势来看，"时度效"主要受到社会心态、话语形态、媒体格局、舆论生态的影响和制约，内涵十分丰富。①

---

① 陈寅.时度效的内涵、应用及着力点[J].新闻战线，2014（7）：23-26.

所谓"时",主要是指新闻传播的时势、时期、时机等。互联网改变了新闻传播时新性的认知,时效性由及时向即时、实时、全时转变,人们对新闻及时性的要求越来越高。在互联网环境下,传播方式由线性传播向裂变式传播转变,新闻报道一旦失时、失速,就难以抢占新闻舆论的制高点,赢得公信力、引导力和话语权。正因如此,要求坚持"第一时间原则"。要增强工作的预见性、针对性和创造性,审时度势,趁势而上,牢牢把握新闻传播与新闻舆论的主动权。

所谓"度",主要是指新闻传播的量度、尺度、程度等。在新闻舆论工作中,"度"的问题还常常涉及媒体的信度、舆情的热度、传播行为的法度等。在互联网环境下,新闻报道不受时间、地点的约束,内容数量可多可少,报道版面可大可小,节目时长可长可短,海量信息使得新闻传播的广度、频度远超过去,信息冗余度和内容含金量不同以往。因此,必须要科学谋划、深化部署,在深挖根治上下功夫,在全面纵深发展上见成效。

所谓"效",主要是指新闻传播的效率、效果和效益。新闻传播效果包含业务效果和社会效果两方面。传统媒体时代,新闻传播影响主要靠新闻接收者的口头相传,指标难以量化。互联网时代,网民可以以评论、转发等形式生成用户原创内容,相关指标也能够清晰量化。可以通过网民消费行为、网民生产行为和媒体反应行为三方面进行网络传播效果的评估。因此,要坚持效果导向,坚持社会效果与经济效果相统一,近期效果、中期效果、长期效果相衔接,追求无水分的实效,追求可持续的长效。

3. 善于用事实和数据说话

新闻宣传可以摆事实,也可以表观点,但必须要基于事实。事实是新闻与宣传的根基,事实最具有说服力,也是新闻宣传效果的重要保障。因此,新闻宣传要善于用事实说话、用数据说话,以小切口来折射大时代。所谓"说话",就是表达思想和观点。所谓"新闻要用事实说话",就是通过报道和传播事实向受众传播思想和观点。在具体做法上,要注意以下几点。

一是要有导向。新闻舆论导向正确，是党和人民之福；新闻舆论导向错误，是党和人民之祸。由于思想观点、价值立场不同，同样一个新闻事件，报道出来可能会出现两种截然相反的舆论导向。在选用事实时，要注意事实的导向性。

二是要讲技巧。用事实说话，意味着记者不能直接说话。记者的思想、观点和倾向性不能直接表达，而应把它隐藏在对事实的叙述、描写和传播之中，让受众接收新闻之后自行得出结论。

三是要客观呈现。新闻报道的事实使用，要客观呈现、平衡呈现、公正呈现，不应有所偏袒，更不能公器私用借助媒体打击报复。这就要求在采访和写作过程中尽可能搜集多方事实和观点。

在用数据说话方面，也要重视数据的运用技巧。首先，数据要真实、客观、全面，不能伪造数据，不能只拿片面数据。其次，数据要形象生动。要善于改造数据，尽可能做到可视化呈现，简洁明快。最后，要善于比较数据。通过对同类事物、相似事物进行纵向、横向、历史的比较，以此拓展用数据说话的深度。

4. 善于讲故事

讲故事是一种非常重要的新闻宣传技巧。一方面，故事性的内容对受众来说更加具有吸引力；另一方面，故事可以更好地蕴藏观点，起到"润物细无声"的作用。在信息化、民主化、网络化的趋势之下，讲故事更应得到重视。如何讲好故事呢？主要有以下几点。

一是要善于找到好的故事。这就要求新闻工作者有故事意识，寻找合适选题，发现故事线索。例如，有时从采访对象的有关总结、报告、汇报、讲话、日记、笔记等书面材料中，可以寻找到感人故事。对于一些道听途说的故事，则要小心谨慎、仔细采访、积极求证。

二是要多说事、少讲理。从小事入手，把道理融化在具体的说事中，受众更加容易接受。这些事可以是小事、生活的事、娱乐的事，而并非都是大而全的所谓大事。在叙述故事的过程中，要讲老百姓的话，放下架子，平等交流。

三是要掌握讲故事的技巧。用讲故事的方式写新闻报道，强调运用文字的魅力来叙述好故事。例如，在讲故事的进入、展开、描述、收拢等各个环节都要讲技巧，讲故事的语法、文法、逻辑、修辞等文字能力也很重要。而为了增强故事的吸引力，具体写作时要多用动词，少用形容词；单刀直入，开门见山；善于描写，谨慎评论。

（二）新闻宣传的效果评价

新闻宣传工作的最终目的是要获得宣传的效果。在新闻宣传工作中，不仅要看做了什么，更要看收获了什么。因此，对新闻宣传的效果进行考核与评价应是新闻宣传工作的一个重要部分。

1. 新闻宣传效果评价标准

全球化、民主化、信息化社会的到来以及互联网的普及，新闻宣传量比以前明显增多，新闻宣传产生的效果也不尽相同。面对全新的媒体格局与舆论生态，新闻宣传效果可以用入眼、入脑、入心三个标准考察。

一是入眼。新闻宣传要"入眼"，就要从提高新闻宣传覆盖面、创新宣传方式、找准宣传主题等方面入手。在宣传覆盖面上，要通过线上线下、全媒体方式，全面报道；在宣传方式上，要生动活泼，吸引人；在宣传主题上，要事关国计民生大事，事关人民群众需求与呼声。具体评估时，主要通过报刊发行量、广播收听率、电视收视率、网页点击率、视频播放量等进行考量。

二是入脑。新闻宣传要实现"入脑"，就要在宣传内容和宣传方式上下功夫。一般情况下，内容越生动，故事性越强，越吸引人，也越容易入脑；宣传时间越长，主题越明确，形式越活泼，越容易入脑。评估新闻宣传是否入脑，需要通过调查问卷和受众的行为反馈等入手。

三是入心。新闻宣传要实现"入心",就要求所宣传的内容必须为受众所认可和接受,进而转化为实际行动。这就需要同一主题不同话题的反复宣传,持续性宣传;也需要新闻宣传内容科学合理、说服力强,能够让受众产生共鸣效应。一般来说,只有受众产生"共鸣效应",发生"共振",才能真正产生震撼心灵的宣传效果。

2. 提升新闻宣传的传播力、引导力、影响力

面对媒体格局与舆论生态的巨变,做好新闻宣传工作,必须要转变宣传理念,创新传播方式,切实提升新闻宣传的传播力、引导力、影响力,牢牢把握舆论的主动权。

第一,转变新闻宣传观念,创新传播话语方式。要转变新闻宣传理论,善于讲故事,善于做"看不见的宣传",通过故事发挥潜移默化的宣传效果。要加强传播手段和话语方式创新,善于使用通俗易懂的词汇和表达方式,拉近新闻宣传与人民群众的距离,让新思想新理论"飞入寻常百姓家"。

第二,建设新型主流媒体,打造全媒体传播体系。要树立创新精神、强化创新意识,主动适应变革,大力推动变革,积极引领变革,着力打造形态多样、手段先进、竞争力强的新型主流媒体。深入推进媒体融合发展,推动新闻传播系统化创新,探索符合媒体特点的融合发展道路,建立和完善适应融合发展的组织架构、工作流程和业务模式,推动信息内容、技术应用、平台终端、人才队伍、管理服务共享融通,实现"你就是我,我就是你"的深度融合。

第三,与传播新技术同行,创新新闻宣传表现形态。要加强云计算、大数据、物联网、人工智能等网络信息前沿技术在新闻传播实践中的应用,积极推进智能化编辑部建设,制作更多基于人工智能技术的可视化产品。着力构建面向不同用户、满足多样需求的全媒体内容体系,提升个性化定制、精准化生产、智能化推送水平,为用户提供更多的短视频、微动漫、动新闻、数据图表等微传播、轻量化产品。

五、新闻宣传的核心：准确把握新闻与政治的关系

如果说新闻的核心在于报道事实，宣传的核心在于传播观点，那么新闻宣传的核心在于把握新闻与政治的关系。这是因为，新闻宣传首先是新闻，要求遵循新闻传播规律；其次是宣传，要遵循宣传规律，要讲政治、讲立场。在论述新闻与政治的关系时，习近平总书记强调："新闻学作为一门科学，与政治的关系很密切。"[①]但新闻又不等同于政治。这就要求在新闻宣传工作中，要处理好两者之间的关系，既要强调新闻宣传的党性，又不可忽视新闻工作自身的规律性。

一是要深刻认识新闻与政治的密切关系。新闻是媒体主观选择报道的结果，受一定的新闻制度和政治制度的制约。这就注定新闻具有强烈的意识形态属性和政治属性，新闻工作不可能脱离政治像"真空"一样存在。正如恩格斯在论述无产阶级的政治运动时所说，"放弃政治是不可能的"，媒体的政治态度也是政治，"问题只在于怎样从事政治和从事什么样的政治"。[②]西方媒体推崇的"独立媒体""新闻自由"，归根到底是用庞大的资本力量掩盖了其政治属性，但他们的政治立场却十分鲜明。作为党的新闻舆论工作者，要像毛泽东同志说的，宣传工作应当主动、鲜明、尖锐且"毫不吞吞吐吐"[③]，必须坚持坚定的政治立场，在关键时刻要敢于"亮剑"。

二是要牢牢坚持新闻工作的党性原则。新闻与政治的这种密切关系，决定了党的新闻舆论工作必须牢牢坚持党性原则。坚持党性原则，最根本的是坚持党对新闻舆论工作的领导，这是新闻舆论工作顺利健康发展的根本保证。这就要求各级党委要自觉承担起政治责任和领导责任，加强和改

[①] 习近平.摆脱贫困[M].福州：福建人民出版社，1992：84.
[②] 中共中央马克思恩格斯列宁斯大林著作编译局.马克思恩格斯全集：第17卷[M].北京：人民出版社，1963：449.
[③] 中共中央文献研究室，新华通讯社.毛泽东新闻工作文选[M].北京：新华出版社，2014：191.

进对媒体的领导，增强同媒体打交道的能力，克服"本领恐慌"，善于运用媒体推动实际工作。也要求新闻舆论工作坚持正确政治方向，站稳政治立场，要有政治意识、大局意识、核心意识、看齐意识，坚决同党中央保持高度一致，维护党中央权威。

三是要严格遵循新闻工作客观规律。新闻不等同于政治，新闻工作有其内在规律性，只有把握规律、顺应规律、利用规律，才能更好地推动党的新闻工作。在新的媒体格局和舆论生态中，新闻工作要遵循新闻传播规律，把握新兴媒体发展规律和互联网规律。当前，基于网络新媒体的舆论已成为舆论生态中的核心和关键，领导干部和新闻工作者要学网、懂网、用网，在认识规律的基础上确定方法，在把握规律的基础上做好工作，在遵循规律的基础上引导舆论。

与此同时，把握新闻与政治的关系，也要准确把握正面宣传与舆论监督的关系，坚持正确的舆论导向，发挥新闻舆论监督的正向作用；要在全面推动传统媒体与新兴媒体融合战略、构建全媒体传播格局的同时，坚持融合发展的正确方向；要在切实加强新闻舆论工作队伍建设的同时，使其能够做好党、政府和人民的"耳目喉舌"，而不是独立于政治之外的新闻工作者。新闻观是新闻舆论工作的灵魂。准确把握新闻与政治的关系是党的新闻舆论工作者的必备本领，这就要深入开展马克思主义新闻观教育，全面提高新闻舆论工作者对新闻、媒体、舆论的认识，积极引导广大新闻舆论工作者做党的政策主张的传播者、时代风云的记录者、社会进步的推动者、公平正义的守望者。

从观念认知到实践操作，从媒体建设到人才培养，尽管其内容有的与新闻较为接近，有的与政治较为接近，但都属于新闻宣传的重要内容。就新闻宣传来说，它们都遵循新闻规律，也都要讲政治。换言之，在新闻宣传的话语下，即便是纯粹的媒体业务和人才培养，其背后也不可能脱离政治因素，当然有政治因素也不意味着不要新闻工作、媒体发展和人才培养的内在规律，不意味着要时刻喊着政治的口号，更重要的是一种政治意识和底线思维。

溯源篇

第一章
中国新闻观念的起源及其现代化路径

理解中国新闻宣传观念的产生，首先要从中国新闻观念的起源入手，从中发挥其与西方新闻观念的不同之处。尽管新闻的概念研究已有不少，但这些研究或囿于新闻定义之上，或限于探讨"新闻"一词的来源，而关于现代新闻概念的产生与演变，却很少有关注。研究现代新闻概念的来源与演变，首先必须明确现代新闻概念成熟的几个标志。我们认为，现代新闻的概念可以从三个方面来考察。一是人们把"新闻"看作一种新信息，意识到新闻具有及时性、新鲜性的特征，重视时效性、重要性、显著性、接近性等新闻价值因素；二是"新闻"一词与现代新闻活动结合；三是"新闻"一词成为一个用来指代新闻现象的广泛使用的词语。以此入手，中国现代新闻概念的来源与演变路径是有迹可循的。通过这种历史的考察，我们既可以看到中国传统的文化与智慧，也可以看到中国在现代化过程中的曲折与复杂性。

一、传统新闻的观念自觉

一个观念的产生，往往有两种情形：一是先知后觉式，二是后知后觉式。前者是指由有识者先于社会发展而提出，后者是指自觉意识于社会发展之后产生。新闻现象是伴随着人类的产生而产生的，但新闻观念经过了较长的历史演变。这种观念经过历史的沉淀，最终在社会的现代化过程中逐渐成为一种"自觉"的新闻观念。因此，新闻观念的产生属于后知后觉式。

在"新闻"一词出现之前，新闻的现象已经存在，而且人们对新的信息的追求与渴望已有所显现。按照新闻史学家的研究，旧石器时代后期出现了"完全形成的人"，也就是古人类学上的新人或真人，标志着新闻传播条件的成熟。① 以此来算，新闻传播现象已有几万年历史。在日常生产、生活中，人类表现出了对新闻信息的渴求，但此时的新闻现象只作为一种"存在"而存在，并无新闻意识。根据已有史料记载，商周时期出现了人类有意识的新闻传播活动，他们通过歌谣的形式传播新闻信息。现发现最早的一首传播新闻信息的诗歌出现在《列子》中："尧乃微服游于康衢，闻儿童谣曰：'立我蒸民，莫匪尔极。不识不知，顺帝不则'。"② 但此时的新闻观念尚处于"懵懂时期"，"新闻意识"仍不具备。

"新闻"一词的出现，是国人新闻观念启蒙的一大突破。根据新闻史学家考证，"新闻"一词的出现始于南北朝时期。《弘明集》卷七《驳顾道士夷夏论（并书）》是现存资料中最早使用"新闻"这个词组的。③ 但此时的"新"与"闻"还是两个独立的语素，是指"新近了解的事物"。到唐朝时期，李咸用《春日喜逢乡人刘松》一诗中"新闻多说战争功"一句，已经明确地将"新闻"作为名词结构使用。此后，"新闻"一词的自觉使用逐渐增多，唐代尉迟枢还有专书《南楚新闻》。在历史文化的发展中，"新闻"一词的出现既有偶然因素，也有必然因素。"新闻"一词的出现，标志着我国本土新闻观念进入了启蒙时期，与此同时，新闻意识开始进入

---

① 方汉奇.中国新闻事业通史：第1卷[M].北京：中国人民大学出版社，1992：20.
② 汪英宾.中国本土报刊的兴起[M].王海，王明亮，译.广州：暨南大学出版社，2013：1.
③ 焦中栋."新闻"一词首次出现时间新考：兼论"新闻"词义的历史演进[J].国际新闻界，2009（7）：108-111.

自发阶段。

"新闻"一词出现后,其概念并非现代意义上的新闻,而是经历了较长的历史演变。早在西汉时期,史学家司马迁在《史记》一书中已使用"旧闻"一词。自唐朝作为名词正式使用后,"新闻"一词的概念在历史中不断演进。[①] 北宋时期,"新闻"一词具有新鲜、见闻等含义,现代新闻观念中的及时性、新鲜性特征已有所体现。南宋时期,"新闻"一词具有新鲜知识和见闻、新鲜重要的事情等含义,现代新闻观念中的重要性因素开始出现。到了元代,新闻已初步具备"新近发生事实的报道"这一具有现代性的新闻观念。清末,随着经济的发展与社会形势的变化,新闻信息的重要性逐渐凸显出来。在经历了唐进奏院状、宋邸报、明清《京报》之后,有意识的新闻活动已成为常态。可见,唐至清前中期,"新闻"一词的概念几经演变,逐渐向现代新闻观念转型。

中国本土"新闻"的概念演变,之所以未发展到现代新闻的概念,主要原因在两个方面。一是以大众传播为特征的现代新闻事业尚未出现,新闻现象、新闻活动尚不具备完全的现代意义的职业新闻活动。二是国人尚未把新闻现象、新闻活动与"新闻"一词结合。也就是说,"新闻"一词作为一个符号,其能指与所指尚未汇流。这直接影响到了新闻观念的进化。

二、传教士来华的西式解读

在中西文化交流中,传教士扮演着重要角色。早在明朝万历年间,就已有意大利天主教耶稣会传教士利玛窦来到中国居住,在中西文化交流中作出了贡献。清雍正年间,因传教士干预政治,主政者下了禁令,从此长期影响了传教士在中国的活动。

[①] 焦中栋."新闻"一词首次出现时间新考:兼论"新闻"词义的历史演进[J]. 国际新闻界,2009(7):108-111.

19世纪初，传教士活动进入一个新的历史阶段。此时的传教士传教活动有两大特征：一是边缘突破，在比邻国家或地区从事传教活动；二是通过现代报刊手段进行传教。当时，欧美国家已经产生了现代报业，现代新闻观念也基本成形。熟知现代新闻观念的传教士把西方的新闻观念逐渐引入中国。

在传教士中，马礼逊是一个关键性人物。在他传教的过程中，有不少涉及现代西方新闻事业及新闻观念。精通中西文化的马礼逊，把中国的《京报》传统与西方报刊传统巧妙地结合到一起，以达到传教的目的。在马礼逊的书信中，我们可以看到其多次提及清朝《京报》及西方报刊。

更具有历史意义的是《华英字典》的编撰和《察世俗每月统记传》的出版。两者不仅在中西文化交流中占据重要位置，也促使了中国传统新闻事业和传统新闻观念向现代转型。

《华英字典》或称《中英字典》《中国语言字典》《华英辞典》，是世界第一部英汉-汉英的对照字典，也是中国境内最早使用西方活字印刷术排印的第一部中文书籍，由马礼逊独立编著。此前，马礼逊曾翻译《三字经》和《大学》，编写过汉语语法书籍，对中国文化与汉语已有一定程度的认识。马礼逊编撰《华英字典》主要依据了《康熙字典》和当时流行的汉拉对照字典《汉字西译》，参考了上万卷之多的中文书。1823年，《华英字典》6册全部出版完毕，成为当时外来传教士学习中国的语言文化、社会政治和风俗习惯的重要资料。

《华英字典》对"新闻"一词具有深刻的影响，主要体现在两个方面。一是马礼逊结合自己的东西方文化与经验，在《华英字典》已有对"新闻"、"信息"和"news"的翻译。该书在Part Ⅱ的"新"条中有如下词条："新闻，newly heard—news。"Part Ⅲ有如下词条："news, something not heard before，新闻。"[①] 同时，在"信"词条下，有"信息，news"。二是

---

① 黄河清.近现代辞源[M].上海：上海辞书出版社，2010：826.

▶第一章
中国新闻观念的起源及其现代化路径

这些翻译为之后来华外国人提供了基础。其后由卫三畏所著的《英华韵府历阶》(1844年)、麦都思所著的《英汉字典》(1847年)均参考了此书。马礼逊对"新闻"、"信息"及"news"的翻译无疑对后世使用"新闻"一词具有重要影响。

学者在研究中国近代新闻事业的产生时,习惯于以《察世俗每月统记传》作为开始。然而,《察世俗每月统记传》只是一个宗教性的刊物,对于新闻观念来讲,《察世俗每月统记传》并非源头。此时的马礼逊本身是否已具备现代新闻观念尚无法考证,但其已经熟知现代新闻事业是有据可循的。比如,马礼逊在1822年给乔治爵士的一封回信中,提到了英国的《爱丁堡评论》与《评论季刊》两本杂志,也提到了中国的《京报》,并对《京报》"近来很少刊登皇帝的消息"表示不满,认为"在外国人看来,去年的《京报》索然无味"。[①] 可见,马礼逊实际上已经开始把中西报刊进行对比,并意识到了消息在报刊中的作用。

在考察现代新闻的概念演变中,《天下新闻》具有重要地位。1821年,《察世俗每月统记传》停刊后不久,伦敦布道会又继续在南洋地区出版两种中文报刊:一为《特选撮要每月统记传》,二为《天下新闻》。《天下新闻》虽是教会刊物,却是在两名英国商人资助下出版的。"这一事实,对刊物的性质发生了影响,它不再是一完全宗教性的刊物了。"[②]

新闻史学家从现代新闻事业发展角度,承认《天下新闻》的明显变化,却认为"没有代表性,不具备重要意义"[③]。但从现代新闻的概念产生来看,《天下新闻》无疑有突破性意义。受《华英字典》影响,汉语"新闻"与英语"news"之间的关系已经确立,并形成广泛影响。《天下新闻》是传教士首次明确在报刊中提出"新闻"一词。更难能可贵的是,《天下

---

① 马礼逊.马礼逊回忆录[M].影印版.郑州:大象出版社,2008:89.
② 方汉奇.中国新闻事业通史:第1卷[M].北京:中国人民大学出版社,1992:262.
③ 方汉奇.中国新闻事业通史:第1卷[M].北京:中国人民大学出版社,1992:262.

新闻》的主要内容以刊登欧洲各国和中国的新闻为主，宗教内容已退居其次，式样也突破了过去的书本式，改为散张。与《察世俗每月统记传》和《特选撮要每月统记传》相比，"它已接近一张近代报纸了"。[①] 这两者同时出现的意义是，"新闻"一词与现代报刊事业、现代新闻现象及新闻活动在《天下新闻》上实现了汇流，从而成功实现了"新闻"符号能指与所指的汇流，完成了中国本土新闻概念所留下的遗憾。

此外，马礼逊把"消息"译为"news"对后世也有影响。比如，1938年传教士麦都思创办的《各国消息》，主要以刊登国际新闻和航运消息、物价行情为主。更值得注意的是，在这份以"消息"命名的报刊中，"宗教性的内容完全消失了"[②]。可见，饱受西方现代新闻观念熏陶，又深受马礼逊翻译影响的麦都思，已经在新闻活动中把现代新闻观念引入中国，并逐渐实现新闻现象、新闻活动与新闻词汇的汇流。

三、西学东渐中的旧词新意

中国新闻观念的现代化，在传教士中虽然已初步引入，但在作为社会主流的士大夫阶层没有传播开。也就是，现代新闻观念经由传教士"引入"了中国，但并未真正"进入"中国。现代新闻观念真正"进入"中国，还是凭借近代中国有识之士在海外游历后耳濡目染带入中国的。

19世纪中后期，中国迎来了"数千年未有的变局"[③]。中国的悲剧一幕一幕地演出，"是由于我们的知识文化落后在人家的后面，赶不上了时代，何以落后，因素虽颇为复杂"，而无疑与此前"我们和西方失去联系，认

---

① 方汉奇.中国新闻事业通史：第1卷[M].北京：中国人民大学出版社，1992：262.
② 方汉奇.中国新闻事业通史：第1卷[M].北京：中国人民大学出版社，1992：270.
③ 在中国近代思想史上，冯桂芬、李鸿章、王韬、严复等人都相继指出并强调了这一观点。

▶ 第一章
中国新闻观念的起源及其现代化路径

识中断"有重大关系。① 正是意识到这种"失联"对中国之影响，有识之士纷纷参与到变革中来。其中一重要渠道就是出国留学或游历。现代新闻观念的引入、传播以及扩散，与国人游学密不可分。

早在1707年，樊守义前往罗马，写下了《身见录》，被誉为"国人撰写的第一部欧洲游记"，也是"第一篇中国人的美洲游记"。在那个现代报刊尚未出现的年代，《身见录》本身就相当于一系列海外长篇通讯，对国人了解欧美具有重要的价值。更为难得的是，樊守义在文中提出"目有未睹者，我姑弗道"的理念，这与中国古代以流言、传闻、新奇之事为主要内容的"新闻"，有了根本的区别。

当然，樊守义的游历意义不止于此，后续有诸多国人出使海外。谢清高、斌椿、张德彝、罗森等都是早期游历过西洋的国人。他们通过游记、笔记的形式记录在西方的所见所闻，并不断地把近代西方的新气象引入中国。此时的西方，现代新闻事业已经逐渐成长起来，出现了一系列现代报刊，可以猜想，这些人很可能已经见识过现代报刊。遗憾的是，由于此时的中国还未进入"变局"，报刊并未引起他们的重视。

由于时代背景的关系，这些游历于欧美的国人并未引进太多西方观念，即使有相关介绍亦未引起重视。因此，导致了"中国近代化的延误"②。与此同时，中国新闻观念之近代化也遭遇延误。国人接触现代报刊，始于梁发。但因身份与学识所限，他并没能把这种现代报刊形式转接于中国。与此相反，郑观应、洪仁玕等虽提出了"近似"现代的新闻观念，但并未能付诸实践。

真正意识到现代新闻报刊之重要性，并把其引入中国予以实践的还是王韬。王韬曾于1849年应英国传教士麦都思之邀，到上海墨海书馆工作，接触了现代西方文化及现代报刊。1867年冬至1868年春，王韬漫游法、英等国，更加深了对西方现代文明的了解。在19世纪60年代，欧美国家

---

① 郭廷以.近代中国的变局[M].北京：九州出版社，2012：19.
② 郭廷以.近代中国的变局[M].北京：九州出版社，2012：1.

新闻事业已经完成了现代化的过渡,现代新闻事业的影响已经显现,现代新闻观念已经基本形成。虽然王韬是否读过这些报刊尚无法考证,但在新闻事业如日中天的时期,很难想象游历欧洲的王韬没有接触过这些新鲜事物。在游历欧洲之后,王韬于1874年在香港集资创办《循环日报》,成为中国人自办成功的最早的中文日报。但鉴于当时国家所处之现实态势,王韬没有把《循环日报》定位为"新闻"报,而是定位为"言论"报,强调"强中以攘外,诹远以师长,变法以自强"的宗旨。

这一"文人论政"的传统随后得到了延续。在晚清"前所未有之大变局"中,国人已无暇于报刊发布新闻的角色,更无暇思考"新闻是什么",他们亟须做的是"开启民智""宣扬变法"。因此,在后续的维新派、革命派办报高潮中,报刊的"言论"功能被无限放大,并强调报刊应该有鲜明的立场,而发布新闻的功能只能在夹缝中生存。

国人对"言论"功能的重视,虽不能说是现代"新闻的概念",但已属于现代"新闻的观念"。这种强调报刊"言论"功能意识的背后,正是他们意识到了报刊、舆论、新闻对现代国家发展乃至"救亡图存"之重要性。而且,这种重视言论、把报刊作为"耳目喉舌"、强调新闻报道立场的做法一直延续至今。从这个意义上讲,现代新闻概念是经由国人引入并结合中国国情加以改造而实现本土化的。

在这种特殊的历史背景下,政治是第一要义。以"治国平天下"为己任的士大夫在引入现代新闻观念并结合中国国情加以改造上做了突破性贡献。可以说,"政治唤起并强有力地推动了新闻学在中国的启蒙,但达到一定程度,它又阻碍新闻学作为独立学科的确立"[①]。现代新闻观念在中国本土启蒙,经由传教士与士大夫的引荐,已初步具备。从新闻观念的主体来讲,这种新闻观念还是某一部分主流人群的新闻观念,尚未惠及广大公众。而现代新闻观念的一大特点是"面向大众的传播",只有公众意识到

---

① 陈力丹.论中国新闻学的启蒙和创立[J].现代传播(北京广播学院学报),1996(3):25-29.

第一章
中国新闻观念的起源及其现代化路径

"新闻是什么"时，才能说真正实现了新闻观念的现代化。

新闻观念的现代化为"新闻"一词具备现代新闻的概念奠定了基础，但不代表"新闻"一词具备现代意义的"news"概念。"新闻"一词具备"news"概念，要等到新闻观念发展到一定阶段。而"news"之所以被翻译为"新闻"，不仅与新闻观念有关，更与中国传统文化有关。其中一个重要因素是，近代汉语词汇发展中的"旧词新意"现象。正如金观涛、刘青峰所指出的："中国在接受西方观念时用音译作为新名词的数量相当少，大多数时采用中国文化中原有的词汇注入新意义来表达外来观念。"[①]

四、中日交流中的词汇回流

国人新闻观念的现代化，并没有使得"新闻"一词完全地现代化。真正使汉语"新闻"具备现代新闻的概念并被广泛使用，关键节点是日语新闻词汇的回流。"新闻"一词从在中国出现到流向日本，再到回流中国，经历了几个转折点，每一次转折其意义都发生了变化。

中日词汇交流是一种特殊的文化现象。16世纪末至19世纪80年代中期，中日词汇交流主要是"中→日"流向。19世纪80年代中期以后，日本初步完成了以人文、科学技术为主的现代化改革，成为中国学习的对象。从此，中日词汇以"日→中"流向为主，日语词汇成为汉语外来词的重要组成部分。

在中日词汇交流中，"新闻"属于中日互动词。中日互动词，即"首先产生于汉语，其后传入日语并定型，19世纪末又从日语回流汉语"，又被称为"词侨回国"或"回归词"。[②] 在这几次流动中，每一次流动的意义

---

① 金观涛，刘青峰. 观念史研究：中国现代重要政治术语的形成[M]. 北京：法律出版社，2009：12.
② 沈国威. 近代中日词汇交流研究：汉字新词的创制、容受与共享[M]. 北京：中华书局，2010：28.

是不一样的。

"新闻"一词首先出现在中国，并经过了几百年的演变。在流入日本之前，"新闻"已经具备一定的具有现代性的新闻概念，并且已经与西方"news"一词开始对接。这一点从马礼逊的《华英字典》中是有迹可循的。自1639年第五道"锁国令"的颁行起，日本经历了215年闭关锁国的历史，直至1854年被迫开国。此后，汉语"新闻"与英语"news"都被介绍到了日本。根据意大利汉学家马西尼的推测，"新闻"一词是经由中国翻译先驱魏源所著的《海国图志》传至日本的。[①] 英文"news"何时流入日本尚待考证。

日语中的"新闻"一词通过留日学生流向了中国。"现代汉语中意译词语，大多数不是中国人自己创译的，而是采用日本人的原译，换句话说，现代汉语吸收西洋词语是通过日本语吸收的。"[②] 马礼逊关于"news"的翻译显然并未进入主流知识界。"新闻"或"news"真正进入主流知识界的是受留日学生的影响。19世纪末，中国留学生大多是去往日本留学，在"新闻"一词被日语借用后，许多留日学生的文章中开始出现这一词语。经过这种规模化的、经常性的使用后，"新闻"一词最终在汉语中广泛使用。有学者从词源学角度考察指出，"新闻"一词实际上有两层概念。第一层概念是指"新近发生的事情"，这一层概念是在中国古代"新闻"一词"词汇化"过程中形成的。而第二层概念是指各类媒体报道的消息，这一层概念的产生与现代意义的"新闻"概念的输入是分不开的。[③] 第二层"新闻"概念主要是从日本回流的。因此，说"新闻"是日本"回流词"是有一定道理的，但也不完全如此。

严格来讲，具有现代性的"新闻"一词并非从日本回流。事实上，

---

① 马西尼.现代汉语词汇的形成：十九世纪汉语外来词研究［M］.黄河清,译.上海：汉语大词典出版社,1997：32.
② 王力.汉语词汇史［M］.北京：中华书局,2013：180.
③ 邵天松.也说"新闻"一词首先出现的时间及词源［J］.国际新闻界,2013,35（4）：32-37.

第一章
中国新闻观念的起源及其现代化路径

"新闻"在日语中是汉语"报纸"之意,而日语中的新闻(news)被称为"ニュース"。这也就是日本创办的报纸大多以"新闻"命名,而中国创办的报纸大多以"报"命名的原因。但"新闻"一词回流中国之后,演变为现代意义的"新闻"。1903年,松本君平的《新闻学》经过翻译传入中国之后,"新闻"两字更为广泛地被人们使用。所以,我们可以得出这样的观点:日语"新闻"一词的回流对其在汉语中被广泛使用起到了触发性的作用;"新闻"一词回流后经过中国人的修正,为我所用,辅以汉语"新闻"一词的"自觉",再结合传教士、西学东渐的观念演变,自然过渡到了现代意义的新闻。也就是说,词汇回流对"新闻"一词的广泛使用具有历史性意义,从而使得"新闻"一词与新闻意识、新闻现象、新闻活动等结合,实现了新闻观念的现代转型。

总之,新闻现象、新闻词汇、新闻媒介及现代新闻报刊具有历时性和共时性。在历时性上,人类先是有新闻现象,后又产生了新闻媒介,但此时的新闻现象和新闻媒介与现代意义的新闻现象和新闻媒介仍有区别。随着社会的发展,"新闻"词汇出现了。"新闻"词汇出现后,与新闻现象、新闻媒介具有共时性,但并不指代同一时代的新闻现象和新闻媒介中的内容。比如,人们并没有把唐代的新闻活动与进奏院状的内容称为"新闻"。到宋朝,"新闻"一词开始与报刊有了联系,但此时的联系具有偶然性,且并不普遍。在中国古代报刊的上千年历史中,人们没有自觉地用"新闻"来指报刊中的内容。

"新闻"词汇的产生及其与新闻现象、新闻媒介的联系,经过了漫长的历史演变。现代报刊的产生,改变了传统的新闻观念,新闻的社会功能日益凸显,现代新闻观念逐渐产生,使得社会各个阶层的人们不得不重视新闻。于是,用一个词语来固定对报刊中内容的称呼显得很有必要。在这种背景下,经过千年演变的汉语"新闻"一词与日语回流的"新闻"一词一触即合,过渡到了现代新闻的概念。从总体上看,中国现代新闻概念的形成与流行的过程,是中国人运用传统的"新闻"一词来应对和接纳西方现代"news"的概念，并使其内容彼此涵化、根本趋同的过程。

　　由此可见，中国的新闻观念自源头开始，与西方的新闻观念就存在巨大的不同，也存在着千丝万缕的关系，是中西文化合流的产物。此时，在西方新闻观念传入中国之初，英美本土的新闻观念还尚未产生新闻专业主义，传教士也是带着刺探消息或传播西方文明的使命开展其新闻活动，传统知识分子、士大夫则选择了利用报刊启民救国，尽管在19世纪中后期美国的新闻专业主义开始萌芽，但处于民族危难之际的首要仍然是救亡图存。因此，在中国语境中，现代新闻观念从入境之日起，始终承担着宣传以启蒙和救亡的重任。可以说，中国的新闻观念从一开始就与宣传观念水乳交融。

第二章
宣传观念的思想溯源

宣传观念是新闻宣传观念的源头所在，而中国共产党宣传观念的出现及其对宣传工作的重视，是有着深刻的历史、文化、思想和实践背景的，绝非偶然。在中国共产党诞生的20世纪20年代初，维新派与革命派为了宣传各自的主张，已开展过规模甚大的宣传活动和"舆论战"；马克思主义已得到较为广泛的传播，列宁领导的"十月革命"被中国共产党人高度重视；而中国共产党的早期领导人都经历过五四运动，大多数还亲自创办过报刊。这些成为中国共产党宣传观念产生的思想、传统与实践三个重要的源头。

一、宣传观念的思想来源

中国共产党是在传播马克思主义的基础上成立的，成立之初就已深受马克思主义影响。马克思、恩格斯、列宁等马克思主义经典作家对报刊宣传都曾有过丰富且精辟的论述。这些论述成为中国共产党宣传观念及其发展与演变的思想之源。

（一）马克思恩格斯的宣传思想

马克思与恩格斯两人既是伟大的无产阶级革命家、思想家和理论家，也是卓越的无产阶级报刊活动家。在其政治活动中,自始至终伴随着一系列报刊活动。他们创办、主编和参加编辑的报刊有10余家,先后为世界近百家报刊撰写稿件,所写的2000多篇文章和著作,有20%是在120多家各国报刊上发表的。[1] 在长期的报刊活动实践中,他们对宣传有着深刻的认识。他们的著作和文章中,大量使用了"宣传""宣传工作""政治宣传工作""鼓动""宣传鼓动工作""政治鼓动工作"等概念及相关论述。虽然他们在著作中并未给宣传下过具体的定义,但有学者研究统计,"宣传"这个概念在其论述中使用频率最高。[2] 这些概念及论述反映出马克思和恩格斯对宣传的重视程度。马克思恩格斯的宣传思想主要有以下几个部分。

一是宣传的思想。马克思和恩格斯在著述与文章中多次提及"宣传"一词,体现出他们对宣传的高度重视。恩格斯早在1843年就已意识到,通过宣传可以使社会主义事业深入人心。在《伦敦来信》中,恩格斯谈到,英国辉格党政府统治时期,原本非常希望惩治个别杰出人物,但是知道这样做只会有利于社会主义者,因为假如出现了为社会主义者的事业而殉难的人,"这样就会引起宣传鼓动,而宣传鼓动更是将他们的事业广而告之的一种手段"。[3] 恩格斯认为,共产主义之所以在德国有了迅速发展,原因在于"现在我们已经有几十个有才干的作家向成千个渴望知道有关这方面的一切的人宣传新的学说"[4]。因此,恩格斯重视利用报刊等一切宣传方法宣传社会主义。1845年2月,恩格斯在一封信中提到《莱茵社会改革年鉴》的"创刊号预计在今年五月里出版;它将全部用来宣传我们的思

---

[1] 郑保卫. 马克思恩格斯报刊活动与新闻思想研究:上[M].北京:高等教育出版社,2003:3.
[2] 董广安,周立顺. 马克思恩格斯新闻宣传思想的当代启示[J]. 新闻爱好者(理论版),2008(1):4-5.
[3] 中共中央马克思恩格斯列宁斯大林著作编译局. 马克思恩格斯全集:第3卷[M].北京:人民出版社,2002:436.
[4] 中共中央马克思恩格斯列宁斯大林著作编译局. 马克思恩格斯全集:第2卷[M].北京:人民出版社,1956:589.

想"①。恩格斯还意识到，在宣传社会主义这个问题上，德国画家许布纳尔的一幅画也能起到巨大的作用。②同时，恩格斯提出了具体的宣传方法。恩格斯表示要出版一个刊物，"这个刊物将全部用来刊载那些表明现代文明社会处于什么样的状况的事实，利用雄辩的事实来宣传彻底改造的必要性"③。可见，恩格斯已经意识到"用事实说话"对于实现宣传效果的重要性。为了确保共产主义同盟能够更好地宣传社会主义，马克思和恩格斯还在他们起草的《共产主义者同盟章程》中明确指出，加入共产主义同盟的盟员必须"具有宣传的能力和热情、坚定不移的信念、革命的活力"。④在中国共产党后来的宣传观念及宣传实践中，这些思想都有所体现并得到了发展。

二是鼓动的思想。在马克思和恩格斯的著述中，"鼓动"一词出现的次数较多。首先，马克思和恩格斯阐述了鼓动和动员的重要性，把宣传鼓动看作无产阶级取得彻底胜利所必需的武器之一。马克思在给阿道夫·克路斯的信中指出，英国的"自由贸易派不开展政治鼓动，因为工厂主们当生意兴旺的时候不希望有任何政治风潮和骚动"⑤。在国际工人协会的一次报告中，马克思还提到，正是"由于瑞士的国际会员们进行宣传鼓动工作才防止了瑞士的共和国政府把公社流亡者引渡给梯也尔"⑥。恩格斯则指出："借助新闻出版自由、集会权和结社权可以为自己争得普选权，而

---

① 中共中央马克思恩格斯列宁斯大林著作编译局. 马克思恩格斯全集：第2卷[M]. 北京：人民出版社，1957：594.

② 中共中央马克思恩格斯列宁斯大林著作编译局. 马克思恩格斯全集：第2卷[M]. 北京：人民出版社，1957：589.

③ 中共中央马克思恩格斯列宁斯大林著作编译局. 马克思恩格斯全集：第2卷[M]. 北京：人民出版社，1957：594.

④ 中共中央马克思恩格斯列宁斯大林著作编译局. 马克思恩格斯全集：第10卷[M]. 2版. 北京：人民出版社，1998：744.

⑤ 中共中央马克思恩格斯列宁斯大林著作编译局. 马克思恩格斯全集：第49卷[M]. 2版. 北京：人民出版社，2016：104.

⑥ 中共中央马克思恩格斯列宁斯大林著作编译局. 马克思恩格斯全集：第18卷[M]. 北京：人民出版社，1964：151.

借助直接的普选权,再加上上面所说的宣传鼓动手段相结合,就可以争得其余的一切。"[1] 恩格斯认为:"宣传鼓动无非就是把人民代表不受侵犯、出版自由和结社权,亦即以法律为基础的普鲁士现有的各种自由加以运用。"[2] 可见,马克思和恩格斯对于鼓动的功能已有了充分认识。其次,恩格斯还意识到宣传在动员和鼓动及壮大社会主义力量方面的作用。在考察英国工人状况时,恩格斯就指出,工人们广泛地掀起要求10小时工作制法案的运动,是因为"工会通过宣传使这个要求变成了所有工厂居民的共同要求"[3]。1844年,英国议员迈尔斯提出了一个调整主仆关系的法案,激起工人的无比愤怒。恩格斯说,由于"各地正在进行轰轰烈烈的宣传鼓动工作"[4],最终导致了该法案的破产。最后,马克思和恩格斯把"鼓动"视为自己工作的一部分。1847年,马克思与恩格斯一起,"抓住时机创立了德意志工人协会,从而开始了实际的鼓动工作"[5],当"共产主义者同盟的盟员在科隆被判罪以后,马克思离开了政治鼓动工作"[6]。此后10年间,马克思潜心研究政治经济学,同时为《纽约每日论坛报》撰稿,为日后的宣传鼓动工作积累了丰富的知识和实践经验。

三是马克思和恩格斯关于新闻宣传的思想。这是马克思恩格斯宣传思想中最丰富的一部分。新闻宣传是宣传工作最重要的渠道。马克思和恩格斯有着丰富的报刊活动经验,对新闻宣传更是有着深刻的认识。他们从宣

---

[1] 中共中央马克思恩格斯列宁斯大林著作编译局.马克思恩格斯全集:第21卷[M].2版.北京:人民出版社,2003:113.

[2] 中共中央马克思恩格斯列宁斯大林著作编译局.马克思恩格斯全集:第5卷[M].北京:人民出版社,1958:294.

[3] 中共中央马克思恩格斯列宁斯大林著作编译局.马克思恩格斯全集:第2卷[M].北京:人民出版社,1957:456.

[4] 中共中央马克思恩格斯列宁斯大林著作编译局.马克思恩格斯全集:第2卷[M].北京:人民出版社,1957:572.

[5] 中共中央马克思恩格斯列宁斯大林著作编译局.马克思恩格斯全集:第25卷[M].2版.北京:人民出版社,2001:129.

[6] 中共中央马克思恩格斯列宁斯大林著作编译局.马克思恩格斯全集:第25卷[M].2版.北京:人民出版社,2001:132.

第二章 宣传观念的思想溯源

传对象、宣传方法、宣传心理等多个角度对新闻宣传工作进行过论述。在宣传对象上，马克思和恩格斯认为，适当地迎合宣传对象的要求是取得宣传效果的重要方法。恩格斯给贝塔主编的《凉亭》杂志寄去《资本论》的书评，"尽可能按贝塔的方式，适应这种低级趣味报纸的要求"①，从而使得《资本论》第一卷被传播出去，实现了影响德国小资产阶级的目标。为了使新闻报道和各种通讯内容丰富，满足读者的需求，马克思和恩格斯在《新莱茵报》创刊号上用黑体字强调："最近一定能满足读者在这方面的一切要求。"② 在宣传方法上，马克思和恩格斯非常强调宣传艺术。其中，最为重要的一点是充分考虑到"事实"在新闻宣传中的作用。马克思和恩格斯认为："使读者确立无可争辩的信念，只有明显的、无可争辩的事实才能做到这一点，特别是在一个被无穷的'祖先智慧'迫使人们持怀疑论的世纪里，仅凭空洞的说教，哪怕是很高明的权威的说教，都不能使人产生这种信念。"③ 在宣传心理上，马克思和恩格斯强调宣传内容应尽量满足读者的兴趣。在答应为奥地利《新闻报》撰稿前，马克思最关心的就是读者的兴趣。他指出："试问，《新闻报》，或者更正确地说，它的读者，是否对这一切有足够的兴趣？"④ 同时，马克思还意识到不同媒介刊载同一内容在影响读者方面效果是不一样的，新闻宣传要选择合适的媒介形式。1852年4月30日，他致信给约瑟夫·魏德迈："我感到非常不愉快的是，普芬德的声明将以小册子形式发表。声明完全适合于周刊，因为周刊今天登的东西，明天就会随时间的流失而消逝。可是登在小册子上却会使它牢固地

---

① 中共中央马克思恩格斯列宁斯大林著作编译局.马克思恩格斯全集：第32卷[M].北京：人民出版社，1975：119.
② 中共中央马克思恩格斯列宁斯大林著作编译局.马克思恩格斯全集：第5卷[M].北京：人民出版社，1958：13.
③ 中共中央马克思恩格斯列宁斯大林著作编译局.马克思恩格斯全集：第42卷[M].北京：人民出版社，1979：277.
④ 中共中央马克思恩格斯列宁斯大林著作编译局.马克思恩格斯全集：第29卷[M].北京：人民出版社，1972：530.

留存下来，太像党的宣言。"①

马克思和恩格斯对于宣传、鼓动、新闻宣传的深刻认识，对其继承者列宁和中国共产党人都有着深远的影响。在中国共产党宣传观念的思想来源中，马克思恩格斯宣传思想扮演着重要角色。

（二）列宁的宣传思想

列宁继承了马克思和恩格斯的宣传思想，是世界无产阶级革命导师、伟大的马克思主义者、杰出的理论家和宣传家。在其革命生涯中，列宁先后创办、主持、编辑了《火星报》《前进报》《无产者报》《新生活报》《浪潮报》《回声报》《视觉报》《新光线报》《明星报》《工人报》《社会民主党人报》《真理报》《消息报》《思想》《启蒙》《共产党人》《青年国际》等一大批无产阶级革命报刊，同时还为很多无产阶级革命报刊撰写了大量稿件。列宁指导下的宣传活动为俄国无产阶级夺取政权和巩固苏维埃政权产生了巨大作用。在这一过程中，列宁提出了无产阶级党报理论等系列重要宣传思想。

长期的革命实践使列宁充分意识到了宣传的功能及其重要性。将党报办成"真正的政治报纸"，使其成为无产阶级革命事业集体的宣传员、集体的鼓动员和集体的组织者，这是列宁对无产阶级党报基本功能的定位。革命初期，全党处于分散状态，尚未出现统一政党，只有一些无组织的、分散的马克思主义小组和团体。列宁想到的是利用报刊的宣传、动员和组织作用。他提出："报纸的作用并不只限于传播思想、进行政治教育和争取政治上的同盟者。报纸不仅是集体的宣传员和集体的鼓动员，而且是集体的组织者。"②1900年，列宁同普列汉诺夫、克鲁普斯卡娅等人一起，在

---

① 中共中央马克思恩格斯列宁斯大林著作编译局.马克思恩格斯全集：第49卷[M].2版.北京：人民出版社，2016：116-117.
② 中共中央马克思恩格斯列宁斯大林著作编译局.列宁全集：第5卷[M].北京：人民出版社，1986：8.

第二章
宣传观念的思想溯源

德国的莱比锡创办了全俄第一份政治报纸《火星报》，并利用《火星报》开展建党工作，给这份报纸提出的首要任务是把全党的力量团结在它周围，在俄国建立一个统一的马克思主义的政党。在此基础上，列宁提出宣传事业是党的革命事业的一个有机组成部分。在《党的组织和党的出版物》中，列宁提出"出版物应当成为党的出版物"，"写作事业应当成为整个无产阶级事业的一部分，成为由整个工人阶级的整个觉悟的先锋队所开动的一部巨大的社会民主主义机器的'齿轮和螺丝钉'"。[①] 从而确定了无产阶级党报的党性原则。列宁指出，"写作事业不能是个人或集团的赚钱工具，而且根本不能是与无产阶级总的事业无关的个人事业"[②]，"报纸应当成为各个党组织的机关报"[③]。

在宣传实践中，列宁结合俄国无产阶级革命实际情况，提出了一系列宣传原则。列宁提出的第一个原则是，党报必须"以马克思主义为指针"。同时，列宁强调无产阶级报刊的指导方针就是马克思主义。他在《〈火星报〉编辑部声明》中明确提出，"我们不打算把我们的机关报变成一个形形色色的观点简单堆砌的场所。相反，我们将严格按照一定的方针办报。一言以蔽之，这个方针就是马克思主义"[④]。列宁提出的第二个原则是，出版物必须坚持党性原则，应当成为党的"齿轮和螺丝钉"。

在领导俄国无产阶级宣传事业中，列宁高度重视宣传艺术。列宁要求宣传内容、语言等要通俗易懂。由于当时俄国群众文化程度相对较低，列宁强调宣传工作"要善于用通俗易懂的语言，并且能够借助于日常生活中

[①] 列宁.列宁全集：第12卷［M］.2版（增订版）.中共中央马克思恩格斯列宁斯大林著作编译局，编译.北京：人民出版社，2017：93.

[②] 列宁.列宁全集：第12卷［M］.2版（增订版）.中共中央马克思恩格斯列宁斯大林著作编译局，编译.北京：人民出版社，2017：93.

[③] 列宁.列宁全集：第12卷［M］.2版（增订版）.中共中央马克思恩格斯列宁斯大林著作编译局，编译.北京：人民出版社，2017：94.

[④] 中共中央马克思恩格斯列宁斯大林著作编译局.列宁全集：第4卷［M］.北京：人民出版社，1984：316.

他们所知道的事实"[1]，并"希望中央机关报更多地发表宣传性的文章，文章要写得更加通俗，使工人也能看懂"[2]。为了能够使宣传刊物到达普通群众那里，列宁还对文章长短和刊物价格等方面作出了要求。在宣传马克思主义一事上，列宁要求，《马克思恩格斯通信集》"可以而且不应该印得那么讲究，书价可以便宜一些；此外，为了在工人中广泛传播，可以而且应该把最重要的原则摘要出版"[3]。同时，列宁还注意发动群众，以发挥其自我教育功能。列宁指出："我们应当既以理论家的身份，又以宣传员的身份，既以鼓动员的身份，又以组织者的身份'到居民的一切阶级中去'。"[4]此外，列宁还重视研究宣传对象，以更好地实现宣传效果。在对俄国反革命流亡者的宣传上，列宁指出，"系统地比较和研究他们是怎样组织起来的，是怎样利用这种或那种时机的，从宣传的角度来看对工人阶级会有很大的教育作用"[5]。他要求，"揭露资产阶级报纸的卖身投靠、制造谣言，等等，散发传单。鼓动到户。星期日游玩等等"[6]。最后，列宁还关注到了不同媒介在宣传、动员、鼓动中的作用是不同的。列宁认为，报纸适于鼓动，而期刊则适于宣传。[7]

社会主义经济宣传思想是列宁宣传思想的重要组成部分。列宁的经济宣传思想是在其领导苏联进行社会主义革命和建设时期提出来的，超越了

---

[1] 中共中央马克思恩格斯列宁斯大林著作编译局.列宁全集：第4卷［M］.北京：人民出版社，1984：27.

[2] 列宁.列宁全集：第21卷［M］.2版（增订版）.中共中央马克思恩格斯列宁斯大林著作编译局，编译.北京：人民出版社，2017：160.

[3] 列宁.列宁全集：第24卷［M］.2版（增订版）.中共中央马克思恩格斯列宁斯大林著作编译局，编译.北京：人民出版社，2017：278.

[4] 中共中央马克思恩格斯列宁斯大林著作编译局.列宁全集：第6卷［M］.北京：人民出版社，1986：79.

[5] 列宁.列宁全集：第42卷［M］.2版（增订版）.中共中央马克思恩格斯列宁斯大林著作编译局，编译.北京：人民出版社，2017：48.

[6] 列宁.列宁全集：第42卷［M］.2版（增订版）.中共中央马克思恩格斯列宁斯大林著作编译局，编译.北京：人民出版社，2017：20.

[7] 童兵.理论新闻传播学导论［M］.北京：中国人民大学出版社，2000：100.

马克思和恩格斯革命视角的宣传思想。苏联政权建立之后，面临的是如何发展社会主义生产力、提高新政权的经济实力问题，苏联共产党和国家工作重点也因此开始由政治斗争转向经济建设。为此，列宁要求党和苏维埃报刊将宣传报道的重点随之转到经济宣传上来。1918年，列宁在《苏维埃政权的当前任务》一文中，明确提出"报纸刊物应该成为社会主义建设的工具"[1]。列宁的经济宣传思想是非常丰富的，主要内容包括社会主义报刊要把生产宣传放在首位，要善于从政治上说明经济，经济宣传要有切实的经济内容，报刊要在组织经济竞赛中发挥作用，要善于运用典型和实例开展经济宣传，要善于运用表扬和批评的两种形式对群众进行经济教育，各级领导机关要善于运用报刊来指导经济工作等[2]。其中，"把生产宣传放在首位"是列宁经济宣传思想的核心。[3]

列宁的宣传思想大大丰富了马克思主义宣传思想，也成为后来中国共产党人学习的对象，是中国共产党宣传观念的重要思想来源之一。

（三）中国传统文化思想的延续

在中国，"近代新闻事业甫一落地，就担任了宣传鼓动教化的角色"[4]。近代中国的文人志士无不宣传维新思想、革命思想以实现"救国图存"的抱负。中国共产党自诞生之日起，亦担起宣传马克思主义以救中国的历史使命。而随着英文"propaganda"一词的污名化，中文"宣传"一词并未受到排斥，至今仍是官方主流用语。这背后其实有着深厚的文化渊源。五千年的中华文化，一直延续到鸦片战争前，"比较完整地保留民族传统，

---

[1] 列宁.列宁全集：第34卷[M].2版（增订版）.中共中央马克思恩格斯列宁斯大林著作编译局,编译.北京：人民出版社,2017：172.

[2] 郑保卫.列宁的经济宣传思想与我国当前的经济报道[J].郑州大学学报（哲学社会科学版）,1994（2）：4-11.

[3] 郑保卫.列宁的经济宣传思想与我国当前的经济报道[J].郑州大学学报（哲学社会科学版）,1994（2）：4-11.

[4] 梅琼林,郭万盛.中国新闻传播对宣传之偏重的文化探源[J].上海大学学报（社会科学版）,2007（1）：88-94.

获得前后递进、陈陈相因的延续性"[1]。在宣传领域,同样如此。

我国近代报刊是在资本主义经济发展及"开眼看世界"的社会环境中诞生的。无论是早期的传教士,还是近代中国的政治家、思想家、革命家,他们的报刊活动无不以宣传各自为目的,报刊成为一种重要的宣传工具。"尽管我国近代新闻事业是从西方移植过来,还是自诞生起其功能就产生了某种程度的异化,一个突出表现就是对宣传的偏重"[2],以至"在很长一个时期中,在中国人的观念中,新闻即宣传,宣传即新闻,新闻传播的功能就是单一的宣传功能"[3]。

宣传观念及"宣传新闻主义观念"[4]的出现,有着深刻的文化渊源,主要表现在"天人合一""文以载道""实用理性主义"[5]等传统文化思想的影响上。

"天人合一"是中国传统哲学的核心思想,"渊源于先秦时代",正式成为一种理论观点是"在汉代哲学及宋代哲学中"。[6]在"天人合一"的思想观念基础上,中国形成了大一统的政治观念,即"普天之下,莫非王土"。根据中国正统的政治理论,君王因为"德"而"受命于天",成为一国之君,国家的权威高于个人自由,责任高于权利。[7]在这种思想的影响下,普通民众的文化水平、政治觉悟极低,普遍没有民主意识。从早期报刊活动

---

[1] 冯天瑜,何晓明,周积明.中华文化史:上[M].上海:上海人民出版社,1990:86.
[2] 梅琼林,郭万盛.中国新闻传播对宣传之偏重的文化探源[J].上海大学学报(社会科学版),2007(1):88-94.
[3] 顾潜.中西方新闻传播:冲突·交融·共存[M].上海:复旦大学出版社,2003:12.
[4] 宣传新闻主义观念,即以宣传为本位的新闻观念。杨保军.新闻观念论[M].上海:复旦大学出版社,2014:53.
[5] 梅琼林,郭万盛.中国新闻传播对宣传之偏重的文化探源[J].上海大学学报(社会科学版),2007(1):88-94.
[6] 张岱年.天人合一评议[J].社会科学战线,1998(3):68-70.
[7] 梅琼林,郭万盛.中国新闻传播对宣传之偏重的文化探源[J].上海大学学报(社会科学版),2007(1):88-94.

第二章
宣传观念的思想溯源

实践来看,"天人合一"的文化传统从根本上影响了近代中国知识分子对待报刊的态度。王韬、梁启超等早期资产阶级报刊活动家,无不试图以报刊实现"开民智""启民德"的目的,报刊是他们实现理想抱负的重要宣传工具。近代中国报刊活动延续了"天人合一"思想,由于过于追求人的大同与伦理评判,这必然会给中国新闻思维带来负面影响,因强调教化功能而注重新闻传播中的灌输[①]。

"文以载道"实际上是强调文学的社会功能。现在人们理解的"道"是明代后作为统治思想的理学所提倡的,即"天理",亦即"三纲""五常"[②]的异化。"文以载道"的观念随着理学地位的巩固而普及,逐渐成为社会价值的标准。[③] 中国近代报刊活动家是传统文人士大夫转型而来的知识分子的重要组成部分。"文以载道"观念深深地影响了这些人办报的价值取向。中国近代报业诞生之际,正是中国社会处于内忧外患之时,这决定了政治在报刊活动家观念里的主导地位。一方面,在对报刊功能的认识上,把报刊看作教化民众的工具,赋予其沉重的政治功能。另一方面,报刊活动有着"文人论政"的传统,有"先天下之忧而忧"的秉性。国家存亡之际,中国近代先进知识分子始终把报刊作为宣传思想主张的工具。特殊的文化传统与历史背景下,"文以载道的精神传统突现了政治观念对中国记者新闻思维的影响,使他们既痴情又吃重地负荷新闻的政治教化功能"。[④]

中国传统文化的"实用理性主义","首先指的是一种理性精神或理性态度,这种理性具有极端重视现实实用的特点"[⑤]。这导致了中国文化中的

---

① 樊凡.中西新闻比较论[M].武汉:武汉出版社,1994:67.
② 三纲:君为臣纲,父为子纲,夫为妻纲。五常:仁、义、礼、智、信。
③ 谢桃坊.评新儒学派"文以载道"观念[J].社会科学研究,1995(5):128-134.
④ 樊凡.中西新闻比较论[M].武汉:武汉出版社,1994:23.
⑤ 王利红,宋浩.实用主义的基本精神与中国传统文化的实用理性[J].安徽农业大学学报(社会科学版),2002(2):62-65.

个体行为经常会采用实用的价值取向。在探索"救亡图存"的过程中，中国近代先进知识分子大多是从实用的角度接受和改造西方文化，强调报刊在政治斗争中的工具作用。他们利用报刊进行"宣传鼓动"，向民众传达变法或革命思想，借以达到宣传改良思想或革命主张的目的。可以说，近代中国报刊的产生，一开始就不可避免地被当成器物加以利用，从而致使新闻事业的宣传作用凸显出来。[①]

宣传在中国新闻实践中之所以能成为主流，除了与当时的历史条件有关，深层次的原因是"中西精神文化的差异在我国引进新闻事业中产生的碰撞"[②]。维新运动、辛亥革命之后，各政党在新闻实践上都是沿着"宣传鼓动"的思路走下去的。中国传统文化是中国共产党宣传观念的来源之一，更是推动了宣传观念及宣传新闻主义观念一直延续至今。

二、宣传观念的历史来源

从古代中国到近现代中国，宣传是一种传统，宣传活动始终伴随着政治、经济、文化、战争等活动。古代的宣传活动，特别是政治、军事领域的宣传，有的一直流传至今。近现代维新派和革命派的报刊宣传活动更是影响深远。这些宣传活动为中国共产党宣传观念的起源提供了肥沃的土壤，使其自诞生之日起便能够立即掌握宣传技巧，开展宣传活动，实现其政治目的。

（一）中国古代宣传活动及其影响

宣传活动几乎伴随着人类社会生活和生产活动的出现而产生。人类

[①] 梅琼林，郭万盛.中国新闻传播对宣传之偏重的文化探源[J].上海大学学报（社会科学版），2007（1）：88-94.

[②] 梅琼林，郭万盛.中国新闻传播对宣传之偏重的文化探源[J].上海大学学报（社会科学版），2007（1）：88-94.

第二章
宣传观念的思想溯源

在生活、生产中，需要掌握周围环境的变化，以便采取相应的行动，于是就需要传递信息，这种信息传递孕育了宣传活动。随着社会化程度及社会生产力的提高，宣传活动越来越多，而借助于技术发展的宣传渠道也日益丰富。

古代宣传活动的方式和手段十分丰富，并随着文明的进步而不断发展。人类的宣传方式先后经历了口头宣传、文字宣传。其中，文字宣传随着载体的变化经历了很多历史性阶段。一开始，文字宣传必须借助竹简等形式，后得益于造纸术和印刷术的出现，文字宣传突飞猛进。特别是汉唐时期进奏院状及宋代邸报的出现，使得各种宣传活动的时效性更强，效果更好了。除此之外，古代政治家、思想家、文学家还有意识地运用讲学、游说、图书、文学、雕刻、音乐、美术、戏剧、庆典等多种方式来进行宣传。这些宣传形式在近现代中国的宣传活动中，得到了较为完整的继承。

中国古代宣传活动种类繁多，主要集中在政治宣传、思想宣传及军事宣传上。特别是进入阶级社会后，"政治色彩极为浓厚，各集团、阶级、党派都把宣传当作重要的斗争工具"[1]。这些宣传活动为近代中国宣传观念的产生积累了丰富的实践经验。

一是政治宣传。古代的政治宣传活动形式多样，书籍、石刻、告示等都是经常使用的政治宣传手段。例如，春秋时期的"告事"制度[2]，就是国与国之间了解内政、外交、战争、自然灾害等信息的重要渠道。秦始皇时，还利用石刻的方式来宣传政绩。进奏院状和邸报这类初具现代报刊性质的媒体出现后，大大提高了政治宣传的效率。古代报刊刊登的内容主要是皇帝活动、诏旨、官吏任免、臣僚章奏等军事、政治方面的重要信息[3]，只在统治者内部发行，由专人负责。但从宣传角度看，"这种原始形式的

---

[1] 邓卓明.中国古代宣传活动初探[J].上饶师专学报（哲学社会科学版），1988（6）：41-46.

[2] 王醒.中国古代传播史[M].太原：山西人民出版社，2004：23.

[3] 方汉奇.中国新闻事业通史：第1卷[M].北京：中国人民大学出版社，1992：42-43.

报纸是被封建统治阶级用做政治宣传工具而开始出现的"[1]，所以说，古代报刊本质上是封建统治阶级用来实施专政的工具，新闻传播色彩并不浓厚。

二是思想宣传。在中国历史上，每一个思想家都在用不同的方式去宣传其思想和主张。春秋之前，知识只属于贵族阶层所有。孔子为把知识平民化，积极宣传"有教无类"思想，讲学成为其身体力行宣传教育理念的重要途径，成为开始把古代贵族宗庙里的知识来变换成人类社会共有共享的学术事业之第一人[2]。同时，为了宣传儒家思想，曾出游卫、宋、陈、楚等多个国家，以宣传其政治理念，同时通过讲学的方式积极宣传儒家思想。此后，历代帝王为维护其统治，无一不重视对封建伦理思想的宣传，"三纲五常""三从四德"等道德准则和规范深入人心，以此实现其维护封建统治秩序的目的。

三是军事宣传。在中国古代战争中，宣传行为无处不在。官方的宣传手段多种多样，比如烽燧、捷报、揭帖、军书等。现存最早的一份古代报纸《敦煌进奏院状》介绍的就是军事方面的内容。中国古代农民起义的宣传活动也十分丰富。古代农民投身起义多数是被压迫而产生的反抗，"起义的组织者往往通过各种方式制造舆论来激发人们的这种情绪，并以此鼓动人们去进行"[3]。其中，"口号宣传"尤其突出。例如，陈胜吴广起义的"王侯将相宁有种乎！""伐无道，诛暴秦"，黄巾军的"苍天已死，黄天当立；岁在甲子，天下大吉"，太平天国的"有田同耕，有饭同食，有衣同穿，有钱同使，无处不均匀，无人不饱暖"，义和团的"扶清灭洋"等，都非常注重宣传的技巧，从而获取群众的支持。

值得一提的是，虽然"宣传"一词在西晋、东汉年间便已出现，但

---

[1] 邓卓明.中国古代宣传活动初探［J］.上饶师专学报（哲学社会科学版），1988（6）：41-46.
[2] 钱穆.国史大纲：上［M］.修订本.北京：商务印书馆，1996：100.
[3] 邓卓明.中国古代宣传活动初探［J］.上饶师专学报（哲学社会科学版），1988（6）：41-46.

"20世纪之前中国人的概念里,基本没有人在现代意义上使用'宣传'概念"[1]。换句话说,"宣传"在中国古代的能指(宣传的词汇)与所指(宣传的行为)是分开的。"宣传"一词虽已出现,但不是现代意义的宣传;真正的宣传活动以"教化""浸润""向导"等传统的概念出现。

尽管如此,中国古代丰富的宣传活动是中国共产党宣传观念产生的重要源头,并且影响了中国共产党后续的宣传活动。在以毛泽东为首的中国共产党人在宣传实践中,很多地方都体现出了古代宣传的智慧,一些具体宣传技巧也有古代宣传留下的痕迹。

(二)维新派的报刊宣传活动及其影响

鸦片战争后,中国陷入内忧外患的局面。与此同时,一批先进知识分子开始寻找救亡图存的道路。这些近代先进知识分子以报刊为工具,积极宣传维新、革命思想,欲以此拯救民族于危难之际。

首先,维新派报刊的主要内容几乎都是政论性文章。从形式上看,这些报刊已与西方接轨,属于近代报刊。但近代知识分子在接纳西方报刊形式的同时,结合中国国情对办报理念、报刊内容进行改造,形成了具有中国特色的报刊活动。在维新派报刊中,新闻只是很小的一个部分。维新时期,国人自办报刊出现了第一次高潮。据不完全统计,自1895年至1898年,全国出版的报刊有120种左右[2],国人自办报刊占了80%以上。其中,《时务报》《知新报》《国闻报》《湘报》等资产阶级维新派创办的政论性报刊占据了主流。

其次,维新知识分子创办报刊的目的是宣传政治主张,而非报道新闻。自1815年中国第一份近代报刊出现到1874年第一份国人自办报刊出现,历经了60年。这60年间,主要是以传教士为主的外国人在华创办的

---

[1] 刘海龙.宣传:观念、话语及其正当化[M].北京:中国大百科全书出版社,2013:27.
[2] 黄瑚.中国新闻事业发展史[M].2版.上海:复旦大学出版社,2009:79.

报刊，这些报刊经历了从以宗教宣传为主到以新闻报道为主的转变。早期知识分子代表王韬意识到"主笔之所持衡，人心之所趋向"[①]的报刊功能，但在1874年创办《循环日报》时，看到了宗教报刊及西方报刊宣传方面的功能，而有意无意回避了其新闻报道功能，进而把报刊改造为以宣传政治主张为主的报刊。王韬公开宣称，借"日报立言"，以图"强中以攘外，诹远以师长"。[②]通过《循环日报》，王韬积极宣传其变法自强的政治主张，并首创"政论文体"。"办报立言""政论文体"的影响深远，成为我国早期国人自办报刊的主要传统之一。后来的维新派报刊延续了这一办报理念，宣传维新政治主张是梁启超等人办报最主要的目的。

最后，早期维新知识分子提出的一系列办报观念，"无不直接服务于维新运动"[③]。早期维新人物王韬、郑观应、陈炽、陈衍等人围绕着办报提出了一系列观点，但这些"与其说是研究报业，不如说是一种图强御辱的政治活动"[④]。维新运动时期，梁启超、严复、谭嗣同、唐才常等又提出了"通上下""通中外""鼓民力""开民智""新民德""民史""民口"等一系列观点，无不是围绕维新运动，其目的仍然是宣传其政治理念，即思想启蒙、救亡图存以及探索变法之路。

维新派报刊宣传活动的影响是十分深远的，一直延续至今。从宣传角度看来，主要表现在三个方面。

第一，"文人论政"传统的形成及其对中国共产党宣传观念的影响。以王韬、梁启超为代表的早期报刊活动家，身处一个变革的时代。一方面，国家面临生死存亡，传统知识分子"治国平天下""先天下之忧而忧"

---

① 王韬. 论日报渐行于中土［M］//王韬. 弢园文录外编. 楚流，书进，风雷，选注. 沈阳：辽宁人民出版社，1994：299.
② 王韬. 上潘伟如中丞［M］//王韬. 弢园尺牍. 北京：中华书局，1959：206.
③ 陈力丹. 论中国新闻学的启蒙和创立［J］. 现代传播（北京广播学院学报），1996（3）：25-29.
④ 陈力丹. 论中国新闻学的启蒙和创立［J］. 现代传播（北京广播学院学报），1996（3）：25-29.

第二章
宣传观念的思想溯源

的文人情怀爆发,希望通过其思想主张,推动国家的发展。另一方面,报刊的出现给传统知识分子提供了更广阔的平台,讲学与著书立说的思想宣传模式得到了前所未有的新变革。在继承传统的基础上,报刊推动了"文人论政"走向成熟。

但在中国共产党的宣传观念里,"文人论政"并不值得提倡。毛泽东等中国共产党领导人在青年时期就接触过报刊,并受到"文人论政"的影响。1919年7月14日,毛泽东主编的《湘江评论》创刊,"以宣传最新思潮为主旨",李大钊认为"这是全国最有分量、见解最深的刊物"。毛泽东在《湘江评论》第2期发表的《民众的大联合》一文中指出,"改造中国社会的根本办法在于民众的大联合"①。尽管如此,在革命年代到新中国成立后,毛泽东并不主张"文人办报"。②1956年6月,《人民日报》因发表《要反对保守主义,也要反对急躁情绪》及对鸣放宣传不到位,被毛泽东批为"书生办报"。从某种程度上讲,"文人论政"为中国共产党的宣传工作提供了反面经验教训,"书生办报"是与中国共产党宣传观念相斥的概念。

第二,"政治家办报"传统的形成及其对中国共产党宣传观念的影响。维新派报刊的创办者都是当时积极宣传维新变法的政治家,他们把办报与办学会、办学堂等政治活动结合起来,形成了"三位一体"的办报模式。③维新派的办报宣传活动,直接导致了"政治家办报"模式的出现。在维新运动时期,"政治家办报"模式逐渐成为主流,"文人办报"模式开始式微。

"政治家办报"的报刊宣传实践对中国共产党宣传观念具有较大的影响。革命战争年代,中国共产党在历史与实践的基础上,提出了"政治家

---

① 毛泽东.民众的大联合[J].湘江评论,1919(2).
② 从革命年代到新中国成立后,毛泽东经历了从唯心主义到唯物主义、从革命民主主义到马克思主义的转变,共产党经历了从无到有、从革命党到执政党的转变。
③ 黄瑚.中国新闻事业发展史[M].2版.上海:复旦大学出版社,2009:82.

办报"的概念。此后,"政治家办报"一直是中国共产党宣传观念的重要内容。

第三,"宣传新闻主义"的萌芽及其对中国共产党宣传观念的影响。"宣传新闻主义"观念虽然是从新闻观念角度提出,但其"本质上是一种'宣传观念',而非'新闻观念'"[①]。在"宣传新闻主义"观念中,新闻是实现宣传目的的手段而已。维新派的报刊活动中,新闻所占比例极少,即使有也是为了宣传维新派的政治主张。这一行为为后来的革命派所继承,导致了在19世纪末20世纪初的中国报刊活动中,新闻活动出现了"宣传的取向",进而产生了"宣传新闻主义"。

维新派的报刊宣传活动形成的这些传统,影响最为直接的是其后继者即以孙中山为首的革命派的报刊宣传活动。

(三)革命派的报刊宣传活动及其影响

"戊戌变法"失败后,八国联军进京与义和团起义被镇压,使国人开始意识到改良道路行不通,一些知识分子阶层开始走向革命道路。自1894年孙中山组建兴中会开始革命活动到1900年,改良呼声高过革命的呼声,改良派的报刊占据上风,革命派主要是集中力量组织小规模军事起义,并未重视报刊宣传活动。改良道路失败后,革命思想开始占据主流,革命派也逐渐开始重视革命宣传工作。

1901年,清廷宣布实行"新政"之后,开始允许民间办报和公开传布朝政信息。"报禁""言禁"放开,使得一批官绅士民自办的报刊纷纷创立。1906年,清廷宣布预备立宪,更促使国人办报进入了第二次高潮。据统计,从1901年至1911年,新创办的报刊超过1000种,政治性报刊"是当时民族报业发展的主流",而革命派创办的报刊"影响最大"。[②] 革命派报刊宣传活动主要分为两个阶段。

---

① 杨保军.新闻观念论[M].上海:复旦大学出版社,2014:53.
② 黄瑚.中国新闻事业发展史[M].2版.上海:复旦大学出版社,2009:88-89.

第二章
宣传观念的思想溯源

第一阶段，宣传"三民主义"阶段。1901年至1906年，革命派在海内外创办了一批报刊，办报人员大多是华兴会、光复会和龙华会会员，内容主要是宣传"三民主义"。在境内，有《大陆报》《苏报》《国民日日报》《警钟日报》《二十世纪大舞台》等报刊。在境外，1900年1月25日，《中国日报》在香港创刊，被称为"中国革命提倡者之元祖"。日本、新加坡、缅甸、美国等地留学生和华侨也创办了《国民报》、《湖北学生界》、《浙江潮》、《江苏》、《二十世纪之支那》（日本）、《图南日报》（新加坡）、《仰光新报》（仰光）等一批报刊。1905年同盟会成立后，在日本东京创办了总部机关报《民报》，同时整个革命派的报刊宣传活动也进入了新阶段。这些报刊围绕着宣传同盟会的政治纲领和孙中山的"三民主义"，做了大量的宣传工作，并利用报刊同改良派开展了激烈的论战，使得革命思想深入人心。

第二阶段，配合武装革命阶段。1907年以后，革命派开始致力于武装起义的组织和准备工作，革命派的报刊宣传活动开始向国内转移。1907年至1911年，革命派在北京、上海、广州、汉口等城市以及广西、湖南、贵州、河南、山东、四川、安徽等地创办了大量报刊。其中，于右任主办的《民呼日报》《民吁日报》《民立报》，詹大悲主办的《大江报》，负有盛名。这一时期的革命派报刊宣传活动，主要是配合国内的革命运动，"报社经常被用作革命党人联络集会和秘密活动的基地，有的报社实际上担当了武装起义的后勤机关"。

革命派通过丰富的报刊宣传活动，逐渐形成了较为成熟的宣传观念。这些宣传观念对其后中国共产党宣传观念的形成有着重要影响。主要表现在以下几个方面。

其一，率先从日本引进了西方新闻学及现代意义的"宣传"观念。鸦片战争后，在19世纪60年代至90年代间，中国掀起了一场引进西方军事装备、机器生产和科学技术，以维护封建统治的"自强""求富"的"洋务运动"。然而，甲午战争打破了洋务运动的强国之梦。此后，先进知识分子开始寻求其他道路，大半个中国处于对西方知识如饥似渴的状态，尤其是人文社科知识。此时，彼岸的"明治维新"已使日本走向了富强之路，知识分子纷纷把目光投向了日本，日本成为当时中国留学生最多的地方。早期革命派知识分子多数留学于日本，并在日本创办了大量报刊。日本的新闻事业及新闻学知识对革命派知识分子产生了较大影响。在知识引进方面，1903年，商务印书馆出版了日本学者松本君平1899年出版的《新闻学》一书。"作为西学知识体系的一部分，新闻学已被松本创造或改造成非常适合于中国人口味的'政治新闻学'。"[1]值得一提的是，松本君平《新闻学》一书的汉译早在1901年就已由留日学生译书团体译书汇编社编译完成。[2]译书汇编社社长戢翼翚，清末进士，湖北省最早留日学生，兴中会会员，曾创办《译书汇编》《国民报》《大陆》月刊，积极宣传"三民主义"，揭露清政府的黑暗腐朽，后被指"结交匪类，著即行革职"，而被押解回籍，交地方官管束。[3]由此可见，西方新闻学知识体系经日本传入中国的过程中，革命党人是最早的一批接触者。这些新闻学知识，经革命派知识分子结合中国国情而改造，使得"宣传新闻主义"更加成熟了，传统的宣传活动借助新闻学知识有了进一步升华。

必须指出的是，中国传统政治系统、文人士大夫，包括革命派在内，虽然宣传活动十分丰富，所起效果也非常明显，但中国传统的政治文化中缺乏现代的宣传观念。真正现代意义的宣传观念的产生，"与中国先进知

---

[1] 周光明，孙晓萌.松本君平《新闻学》新探［J］.新闻大学，2011（2）：37-43，36.

[2] 学者李开军认为，松本君平《新闻学》一书1899年初版时名为《新闻学》，次年重印精装时易名为《欧美新闻事业》，译书汇编社本和商务印书馆本都译作《新闻学》，以直译风格推测，二者所据当均为初版《新闻学》。此外，李开军推测商务印书馆版本《新闻学》一书即以译书汇编社汉译本为底本所重译，但没有线索证明。李开军.松本君平《新闻学》一书的汉译与影响［J］.国际新闻界，2006（1）：70-73.

[3] 范铁权，孔祥吉.革命党人戢翼翚重要史实述考［J］.历史研究，2013（5）：173-182.

第二章
宣传观念的思想溯源

识分子追求国家独立与富强的目标、不断唤醒民众的过程息息相关"[1]。同时，现代意义的"宣传"一词也是在这一时期进入中国的。词汇学研究表明，19世纪末20世纪初，有大批日语词经过留日学生翻译进入中国，其中包括"宣传"一词。"宣传"一词是古代汉语原有的词汇，但被日语借来意译英文"propaganda"一词，意义与古代汉语中原来的意思已经完全改变了。[2]

其二，明确提出"为革命办报"的主张，重视报刊宣传的政治斗争的功能。与维新派用报刊宣传维新政治主张一样，革命派一开始就重视报刊对革命宣传的作用。革命派认为，虽然革命举动有的需要保密，但革命所遵循的思想、主义并不能当作秘密。所以，应该把这些主义"直当普遍之于社会，以斟灌其心理而造成舆论"。[3] 同时，革命派办报过程中已充分吸收了西方新闻学著作中流行的"一家报馆犹如一支军队""报纸的威力胜过三千毛瑟枪"等观点，并大肆宣扬。基于这种认识，革命派报刊把揭露清政府的专制腐败、卖国虐民作为其宣传报道的主要内容。[4] 国民党元老、著名报刊活动家于右任对报社记者的希望就是，"利用手中的笔和报纸这个战场，为革命作舆论的先导，为人民作喉舌，为早日实现孙中山未竟之志"[5]。

其三，公开提出了"党报""机关报"的办报理念。孙中山对报刊的宣传功能是有比较全面的认识的。孙中山早在创建革命政党前，已经认识

---

[1] 刘海龙.宣传：观念、话语及其正当化［M］.北京：中国大百科全书出版社，2013：31.

[2] 刘正埮，高名凯，麦永乾，等.汉语外来词词典［M］.上海：上海辞书出版社，1984：370.刘海龙.宣传：观念、话语及其正当化［M］.北京：中国大百科全书出版社，2013：28-29.

[3] 胡汉民.民报之六大主义［M］//黄瑚.中国新闻事业发展史.2版.上海：复旦大学出版社，2009：133.

[4] 黄瑚.中国新闻事业发展史［M］.2版.上海：复旦大学出版社，2009：133.

[5] 杨荣，王劲.试论于右任的新闻实践及新闻思想［J］.西北师大学报（社会科学版），1996（2）：73-80.

到报纸具有党派性这一现实。[1]1894年兴中会成立后，孙中山随即将当地华侨创办的《檀山新报》改造为革命党的机关报。后在总结1895年广州起义的失败教训时，孙中山认为主要原因是革命宣传未能深入人心。[2]因此，孙中山委派陈少白于1900年创办了革命派的机关报《中国日报》，以此宣传革命活动。在孙中山的指导下，《中国日报》扮演了革命宣传机关和革命组织机关的双重角色。正是革命派报刊宣传的广泛动员，使得形势向有利于革命党的方向转变，"同时国内外出版物为革命之鼓吹者，指不胜屈，人心士气，于以丕变"[3]。

革命派的这些报刊宣传思想对中国共产党宣传观念的形成与发展影响非常大。在中国共产党诞生前夕，早期共产党员和共产党小组已经充分吸收了这些办报理念，并由此掀起了共产党早期办报高潮。

（四）新文化运动中报刊宣传活动及其影响

1915年9月15日《青年杂志》在上海创刊，拉开了新文化运动的序幕。新文化运动中，各种思想交替在报刊上出现，报刊成为宣传思想、文化、科学的主战场。据现有材料统计，五四运动期间，全国新创办报刊在1000种左右，全国进口纸张几乎翻了一番。[4]中国共产党早期领导人无不受此影响。这一时期，报刊宣传活动主要围绕"提倡科学，反对迷信；提倡民主，反对独裁；提倡白话文，反对文言文"，达到宣传西方进步文化的目的。其中，科学与民主、问题与主义的宣传对中国共产党影

---

[1] 黄瑚.中国新闻事业发展史［M］.2版.上海：复旦大学出版社，2009：133.

[2] 林溪声."以先知觉后知，以先觉觉后觉"：论孙中山的报刊思想［J］.中国广播电视学刊，2011（10）：40-42.

[3] 中国社会科学院近代史研究所中华民国史研究室，中山大学历史系孙中山研究室，广东省社会科学院历史研究室.孙中山全集：第7卷［M］.北京：中华书局，1985：64.

[4] 胡勇.五四时期报刊的发展及其在五四运动中的作用［J］.中共珠海市委党校珠海市行政学院学报，2014（5）：49-55.

> 第二章
> 宣传观念的思想溯源

响较大。

整个新文化运动中，宣传科学与民主是各类报刊的主要内容。宣传科学是清末民初时期知识分子做的主要事情之一，因此他们创办了大量的科技期刊。在1900年到1919年五四运动前不到20年的时间里，共有100多种科技期刊创刊。① 特殊的年代里，宣传科学并不是宣传科学本身，因为"科学是对先验的公理的揭示，而政治、教育、道德等等的合理性都是建立在这种公理之上"②。因此，这时期的科学宣传，实际上带有很强的政治宣传味道。同样，新文化运动中对"旧文化"的批判实质上也蕴含着浓厚的政治色彩。在宣传民主方面，"专制独裁"作为负面典型最先受到了批判，民权、平等、自由等理念得到了广泛传播。

新文化运动开始后，思想界"百花齐放"，各种主义纷纷出现。1917年俄国十月革命后，李大钊率先开始宣传马克思主义，此后马克思主义思想逐渐占据了主流。五四运动后，知识界的宣传活动从科学与民主转向了介绍、宣传和研究社会主义。但当时的思想界，改良主义、无政府主义、新村主义、合作主义、泛劳动主义、基尔特社会主义、社会民主主义、马克思主义等观点在各种刊物上纷然杂陈。在宣传观念上，新文化运动期间的主义宣传与维新派和革命派的宣传在根本上是相同的，即为了探索"富国"之路，但态度上是完全不一样的。此前的各类宣传多为一家之言，很少有争论。③ 新文化运动期间，宣传活动主体繁多，各成一家之言，营造出了民主的氛围。在这种宣传观念的指导下，宣传主体实际上只是宣传一方

---

① 汪晖. 现代中国思想的兴起：下卷 第2部 科学话语共同体[M]. 北京：生活·读书·新知三联书店，2008：1108.
② 汪晖. 现代中国思想的兴起：下卷 第2部 科学话语共同体[M]. 北京：生活·读书·新知三联书店，2008：1177.
③ 1905—1907年，以孙中山为代表的资产阶级革命派同以康有为、梁启超为代表的资产阶级改良派在思想理论战线上展开了一场革命与改良的大辩论。这一论战与新文化运动时期的论战相比，都是为了宣传各自的主张，但其背后体现的宣传观念是不一样的。

的主张，或与其他观点进行论争，与后来以"教化""灌输"为主的宣传观念有着很大的不同。

新文化运动中的报刊宣传活动，对中国共产党宣传实践及宣传观念的形成是最为直接的。

首先，新文化运动为早期共产党报刊宣传培养了人才。新文化运动中的代表性人物陈独秀、李大钊等后期均走上了马克思主义道路，其宣传观念影响了早期中国共产党宣传观念及宣传工作的走向。

其次，报刊宣传在新文化运动中扮演了重要角色，孕育了早期共产党人的宣传观念。新文化运动提倡白话文，使语言和文字更紧密地统一起来，为广大民众所接受，使报刊风貌有了很大的改变。这期间，报刊在宣传思想上的巨大功能，直接影响到了早期共产党人对报刊宣传的认识，使其在共产党诞生之前就延续了此前的报刊宣传观念，并利用报刊在宣传马克思主义方面做了很多工作。

最后，新文化运动中的一些报刊后期直接转为了共产党报刊。在五四运动前，只有《新青年》、《每周评论》和《新潮》等少数几种报刊，但五四运动后的一年里，全国新出版的期刊猛增至400余种。这些报刊活动宣传了马克思主义，促进了马克思主义同中国工人运动的结合，并为中国共产党的成立创造了条件。其中一些报刊在后期更是直接改组为共产党刊物，如《新青年》杂志，不仅刊登了大量关于马克思主义、十月革命和中国工人运动的文章，而且自1920年9月第8卷第1号起，《新青年》杂志成为上海共产主义小组的机关刊物，1923年6月复刊后成为中共中央正式理论性机关刊物。

新文化运动让中国共产党人认识到了宣传的功能，掌握了宣传的技巧，对中国共产党早期宣传观念的形成有着直接的影响。同时，在这一时期萌芽的新闻专业观念也使中国共产党对新闻有了新的认识。当然，中国共产党人与维新派、革命派一样，并没有全盘吸收西方新闻观念，而是在宣传实践中把西方新闻观念结合中国革命形势进行了改造。

三、宣传观念的实践来源

思想上的指导和宣传实践的历史延续，是中国共产党宣传观念形成的两个重要来源，但中国共产党宣传观念的发展与演变主要来源于其自身的宣传实践。从诞生前夕至今，中国共产党在思想、战争、经济、新闻等领域展开了形式多样的宣传活动。这些宣传活动促进了中国共产党宣传观念的发展，同时也是中国共产党宣传观念在实践中不断演变的源头。

有学者主张从政治传播、政治沟通、政治宣传等角度研究中国共产党的宣传。从实际研究对象来看，这些概念实则无法囊括中国共产党的"宣传"概念。政治传播是传播者"通过多渠道、多媒体、多符号传播政治信息，以推动政治过程、影响受传者的态度与行为的一种对策"[1]。这里强调的政治传播主要是传播政治信息，而政治沟通是"政治信息通过一定的通道进行交换与传递的过程"[2]，强调的也是政治信息。有人提出，中国共产党革命的胜利，"使用的法宝就是'政治宣传'"[3]。这里就把"政治宣传"扩大化了。这些其实都不能完整概括中国共产党的宣传。因为，中国共产党的宣传观念是一种总体性的宣传观。在中国共产党的宣传观念中，思想、军事、经济、文化、社会、新闻、教育等领域的宣传都具有政治属性，都关系着中国共产党的总体事业。从严格意义上讲，政治传播、政治沟通、政治宣传等概念只是中国共产党总体宣传的一部分而已。以强调政治信息传播为主的政治传播和政治沟通概念，与中国共产党的宣传概念并不对等。有学者提出，"政治传播就是为了达到某种特定的政治目的所进

---

[1] 邵培仁.政治传播学[M].南京：江苏人民出版社，1991：8.
[2] 谢岳.当代中国政治沟通[M].上海：上海人民出版社，2006：26.
[3] 陈慧.中国共产党政治宣传方法研究[D].徐州：徐州师范大学，2011：7.

行的传播活动"[①]。这一模糊传播内容、强化传播目的的定义，与宣传比较接近。但是，在中国共产党的宣传实践中，有很多宣传并不具有直接的政治目的。比如，在被纳入宣传范围的新闻工作，有时目的性并不强烈。因此，真正了解中国共产党的宣传观念，就要从总体上对其各领域的宣传工作进行总结。中国共产党的宣传实践几乎涵盖了思想理论、意识形态、政治、经济、文化、社会、法治等社会系统中的因素。从其宣传观念的来源来看，思想宣传、战争宣传、经济宣传和新闻宣传的影响较大。

（一）中国共产党思想理论宣传实践

中国共产党近百年的理论宣传实践，是其宣传观念形成与发展的重要来源。

新文化运动中的理论宣传促进了中国共产党的诞生。俄国十月革命后，李大钊相继在《新青年》《每周评论》等报刊上，发表了《法俄革命之比较观》《庶民的胜利》《布尔什维主义的胜利》《我的马克思主义观》《再论问题与主义》等大量宣传十月革命、马克思列宁主义的著名文章和演说，以此阐述十月革命的意义，讴歌十月革命的胜利，其本人成为中国共产主义的先驱、我国最早传播马克思主义的人。1920年3月，李大钊在北京大学组织了中国第一个马克思学说研究会，聚集了邓中夏、高君宇、黄日葵、何孟雄、罗章龙等一批具有共产主义思想的青年知识分子。通过报刊、研究会、演说等多种方式，马克思主义得到了广泛传播，被越来越多的知识分子所接受，也为建党做了充分的准备工作。

中国共产党诞生之初，理论宣传是其壮大发展的最主要途径。中国共产党诞生之后，面临的首要问题是如何壮大队伍，如何使其思想主张为普通民众所接受和认可。为此，中国共产党人通过多种宣传形式，开展了广泛的群众动员工作，以配合党的组织建设。组织领导工人运动是早期中

---

① 殷晓元.中国共产党政治传播研究［D］.长沙：湖南师范大学，2011：17.

> 第二章
> 宣传观念的思想溯源

国共产党的又一工作。在这一过程中,中国共产党以报刊为主,运用宣传单、演讲、集会等多种方式,宣传马克思主义理论①,鼓动工人阶级起来反抗,争取权利。早期中国共产党把理论宣传放在了非常重要的位置,对后来的中国共产党重视宣传是具有一定影响的。

在战争年代,理论宣传不但没有停止,反而抓住机遇加强了马克思主义宣传。中国共产党由于幼年期的不成熟,把大部分精力放在了鼓动与组织工人罢工上,理论上一直存在不足,由此导致革命过程中出现了种种问题,一直延续到延安整风,都未能得到很好解决。"西安事变"和平解决后,国共开始了第二次合作,并形成了抗日民族统一战线,这给中国共产党深入地进行马克思主义宣传教育提供了历史机遇。作为当时中共中央的理论刊物,《解放》周刊"是传播与普及马列主义理论的主阵地,发挥了无可替代的独特作用",通过《解放》周刊等报刊的大力宣传,"全党的理论水平普遍得到提高,并最终实现了马克思主义中国化的第一次飞跃"②。中国共产党领导人以《解放》周刊为主阵地,发表了大量文章,从多角度对马克思主义进行了阐述,"为'马克思主义中国化'命题的出场提供了理论准备"③。经过充分准备之后,1938年11月25日,毛泽东在《解放》周刊第57期上发表《论新阶段》一文,首次提出了"马克思主义中国化"的命题。1942年,中国共产党开始"整风运动"。在这一运动中,中国共产党利用报刊、书籍、学校、研究会等渠道进行了广泛的宣传,同时新闻界自身也进行整风。通过这一运动,最终肃清了"左"的余毒,并促使了党报理论的成熟。

新中国成立后,中国共产党把工作重心转移到经济建设和稳定政权上,理论宣传工作有了松懈。从1949年到1978年的20多年间,思想理

---

① 这一时期,马克思主义"剩余价值"理论得到了广泛传播。
② 王峰.《解放》周刊对马列理论的传播与普及[J].理论界,2013(2):10-12.
③ 李鹏,陈答才.《解放》周刊与马克思主义中国化[J].马克思主义研究,2014(1):42-48.

论宣传几乎处于停滞状态。

"文化大革命"结束后,思想领域关于"真理标准问题的大讨论"是中国共产党宣传史上的重要事件。1978 年 5 月 11 日,《光明日报》发表本报特约评论员文章《实践是检验真理的唯一标准》,掀起了一场关于真理标准问题的大讨论。文章指出,"检验真理的标准只能是社会实践""理论与实践的统一是马克思主义的一个最基本的原则""任何理论都要不断接受实践的检验"。[①]随后,各大中央媒体进行了转载,瞬间传播整个中国。这场大论"为冲破'两个凡是'的严重束缚,重新确立马克思主义思想路线、政治路线和组织路线奠定了理论基础,成为实现党和国家历史性伟大转折的思想先导"[②],是中国共产党理论宣传史上的重大事件,并影响了中国共产党总体宣传观念的变迁。1978 年 12 月 13 日,邓小平在中共中央工作会议闭幕会上做了《解放思想,实事求是,团结一致向前看》的讲话,为随即召开的中共十一届三中全会做了充分准备。"解放思想,实事求是"的提出,为中国共产党宣传观念的转型与发展提供了新的机遇。

中国共产党理论宣传实践不仅为理论宣传积累了经验,而且成为中国共产党宣传观念的重要来源,并促使其宣传观念的变革。

(二)中国共产党战争宣传实践

中国近现代历史几乎都处于战争之中,断断续续逾一个世纪。从中国共产党诞生到新中国成立的近 30 年里,除了最初 5 年时间[③],整个中国几乎都处于战争之中。而在世界范围内,宣传向来是战争的一部分。在战争

---

① 实践是检验真理的唯一标准[N].光明日报,1978-05-11(1).
② 中共中央党史研究室.中国共产党历史:第 2 卷 1949—1978(下册)[M].北京:中共党史出版社,2011:1029.
③ 从 1921 年中国共产党诞生到 1926 年"北伐"开始,中国土地上没有大规模的战争,处于相对和平状态。这一时期,中国共产党的主要工作是进行思想宣传、群众动员等,以扩大队伍,形成影响力。

第二章
宣传观念的思想溯源

中，中国共产党进行了大量的宣传活动。

1927年至1937年，第二次国内革命战争期间，中国共产党以中央苏区①为根据地，开展了大量的宣传工作。其中重要一项是创办了以《新中华报》、红色中华通讯社为主的中央媒体体系，开展广泛的宣传动员工作。同时，红军宣传工作也受到重视。1929年12月，毛泽东在其起草的《中国共产党红军第四军第九次代表大会决议案》（简称《古田会议决议》）中，把第四部分专门设为"红军宣传工作问题"，全面剖析了红军宣传工作的现状及问题，并对红军宣传的宣传对象、宣传形式、宣传技术、宣传内容、宣传人员要求等方面做了阐述。毛泽东认为："红军的打仗，不是单纯地为了打仗而打仗，而是为了宣传群众、组织群众、武装群众，并帮助群众建设革命政权才去打仗的，离了对群众的宣传、组织、武装和建设革命政权等项目标，就是失去了打仗的意义，也就是失去了红军存在的意义。"②刘海龙认为，在"红军宣传工作问题"中，毛泽东"把各种公开传播信息的形式，有声的和无声的，有形的和无形的，都囊括了进去"，"体现了毛泽东的'泛宣传观'"。③这种"泛宣传观"在后来的中国共产党宣传观念中影响甚大，成为中国共产党总体宣传观的一个重要来源。红军长征期间，中共中央创办了《红星》报，由邓小平任主编，是中国工农红军军事委员会最早的机关报，在宣传革命和马克思主义等方面做了大量宣传工作，对红军指战员有很大的影响。

在抗日战争期间，中国共产党充分发挥宣传的作用。1938年1月11日，《新华日报》在武汉创刊，成为中国共产党在国统区创办的唯一一份

---

① 在第二次国内革命战争（1927—1937年）中，在赣南、闽西革命根据地的基础上发展起来的中央革命根据地，一般称中央苏区。中央苏区是当时全国最大的革命根据地，是全国苏维埃运动的中心区域，是中华苏维埃共和国党、政、军首脑机关所在地。

② 毛泽东. 关于纠正党内的错误思想（1929年12月）[M] // 中共中央文献编辑委员会. 毛泽东著作选读：上. 北京：人民出版社，1986：26.

③ 刘海龙，张盖伦. 毛泽东论红军宣传工作 [J]. 新闻界，2013（5）：79-80.

公开发行的报刊。《新华日报》从创刊之日就声称:"愿为后方民众支持抗战参加抗战之鼓动者倡导者,愿在争取民族生存独立的伟大的史迹中作一个鼓励前进的号角。"①《新华日报》实际上成为中国共产党宣传抗日民族统一战线和与外部世界沟通的一个重要渠道,被毛泽东高度称赞为"新华军"②。在对日宣传方面,八路军把宣传放在了非常重要的位置。1937年8月,中共中央洛川政治局扩大会议明确指出,"动员一切力量争取抗战的胜利"③是党在抗战爆发后的中心任务。为此,毛泽东强调:"必须动员报纸,刊物,学校,宣传团体,文化艺术团体,军队政治机关,民众团体,及其他一切可能力量,向前线官兵,后方守备部队,沦陷区人民,全国民众,作广大之宣传鼓动。"④其间,八路军围绕抗日斗争做了大量宣传工作,在"动员和组织人民群众奋起抗日、配合敌后抗日斗争,推进全国抗日运动发展等方面发挥了重要的作用"⑤。而毛泽东战时提出的动员"一切可能力量",显示出中国共产党总体宣传观已初步形成。

中国共产党的宣传及瓦解工作,在解放战争的最终胜利中扮演着重要角色。在开展军事斗争的同时,共产党把宣传作为一支重要力量,对国民党展开了攻势。对于解放战争的胜利,中国共产党的宣传起了很大的作用。在当时的条件下,中国共产党除了传统的报刊,还充分运用了广播的力量,开展心理战、宣传战,以此实现"瓦解战"的目的。这一时期的战争宣传显示了宣传的巨大功能。

在朝鲜战争中,中国共产党的宣传在动员及战争中再次发挥了重要作用。1950年6月,朝鲜战争爆发。此时,国共战争结束才一年时间,刚

---

① 发刊词[N].新华日报,1938-01-11(1).
② 1945年毛泽东赴重庆谈判期间评价《新华日报》时称:"我们不仅有一支八路军、新四军,还有一支'新华军'。"
③ 中央档案馆.中共中央文件选集:第11册(1936—1938)[M].北京:中共中央党校出版社,1991:325.
④ 中央档案馆.中共中央文件选集:第11册(1936—1938)[M].北京:中共中央党校出版社,1991:605-606.
⑤ 李东朗.八路军宣传活动述论[J].理论学刊,2012(4):27-33.

刚成立的新中国是否有必要打这场战争？如何才能调动民众的积极性？这是首要解决的问题。经过分析，中共中央认为，"唇亡则齿寒，户破则堂危"，决定出兵朝鲜。中国国内掀起了"抗美援朝，保家卫国"运动，"抗美援朝，保家卫国"成为当时最有名的口号，既指出了参战的目的和必要性，又可以充分调动国内民众的支持和参与，是中国共产党战争宣传重要的经验积累。

中国现代史上的这些战争，规模大，时间久，涉及范围广。在战争中，中国共产党充分发挥了宣传的作用，积累的宣传经验及形成的战争宣传观念是中国共产党宣传观念的重要来源。

（三）中国共产党经济宣传实践

经济宣传存在的基础是经济建设，而经济建设的前提是政党掌握了政权。因此，中国共产党的经济宣传主要是在苏区、解放区和新中国成立之后。在中国共产党宣传观念中，经济宣传的宣传色彩是相对较弱的，大多数往往通过新闻宣传的形式得以展现，并没有明显的宣传痕迹。

早在江西瑞金的中央苏区时期，中国共产党就开始重视用报刊推动苏区经济建设。中央苏区所在的赣南闽西地区经济社会十分落后，后又受到国民党军事"围剿"和经济封锁，苏区经济更加举步维艰。因此，中央苏区的经济建设"是在一个以小生产为基础、被敌人长期包围和分割、处于频繁战争的农村根据地进行的"[1]。这一过程中，中国共产党充分运用了报刊、标语、诗歌、戏剧等宣传方式，对群众进行广泛的经济动员。例如，通过《红色中华》报发表社论和专题，还以"红版"的形式公布对经济工作搞得好的典型以做榜样，提出了"关心群众生活、注意工作方法"等经济宣传口号，创造和演出了《非人生活》《革命诗集》《革命歌集》等多种

---

[1] 余伯流.中央苏区经济建设的历史经验及其启示[J].江西财经大学学报，2008（3）：67-73.

戏剧和诗歌[①]，以动员群众投入经济建设，取得了很好的效果。

在陕甘宁边区，中国共产党带领边区群众开展了轰轰烈烈的大生产运动。这一时期以《解放日报》为代表的经济宣传已经逐渐成熟。1943年至1945年，边区开展了大生产运动，农业方面推行"减租减息""互助合作"政策，并通过向吴满有学习的运动树立了系列典型，以此激发了边区农民的劳动热情。整个边区建设过程中，《解放日报》一方面及时向公众解释、说明新颁布的经济政策，以取得公众的理解、支持与信任，另一方面一系列反映民意的经济报道提高了民众参与经济建设的积极性。由于当时边区"文盲高达99%"[②]，且学校分散，文化设施欠缺，边区建设的有关宣传会遇到一定阻碍。为此，1941年8月，中共中央西北局通过了《关于边区教育工作的决定》，强调了边区教育问题的重要性。此后，边区中小学有了显著发展，有了500多所民办小学、150所私立小学、2所中学、5所师范学校、3所中等专业学校。[③]教育水平的提高为边区政府开展经济宣传提供了坚实的基础。

新中国成立后，中国共产党围绕"三大改造"和社会主义工业化开展了大量宣传工作。1949年至1956年是一个过渡时期，中国共产党制定了过渡时期的总路线和总任务，要在一个相当长的时期内基本上实现国家工业化和对农业、手工业、资本主义工商业的社会主义改造。从1953年底开始，工矿企业和全国农村地区普遍开展了学习和宣传总路线活动。11月25日，中华全国总工会下发《关于学习、宣传与贯彻过渡时期总路线的指示》。11月间，《人民日报》连续发表《必须大张旗鼓地向农民宣传过渡时期的总路线》《领导农民走大家富裕的道路》等多篇社论。1953年12月，

---

① 刘贯宇.中央苏区经济政策过程中的经济动员及其策略论析[J].黑龙江史志，2013（19）：13，15.

② 李智勇.陕甘宁边区政权形态与社会发展：1937—1945[M].北京：中国社会科学出版社，2001：15.

③ 付建成，任晓伟.用民生建设统领经济建设：陕甘宁边区经济建设的历史经验新探[J].中国延安干部学院学报，2010（5）：89-94.

中共中央宣传部下发了《为动员一切力量把我国建设成为一个伟大的社会主义国家而争斗——关于党在过渡时期总路线的学习和宣传提纲》。在全面宣传总路线的活动中，中国共产党广泛运用了报刊、读报座谈、放映电影、图片展览等多种宣传形式。"学习和宣传过渡时期总路线，是新中国成立后在全党、全体人民中间普及社会主义观念的一次空前的学习活动"，使得"过渡时期总路线成为团结全党、全体人民为建设一个伟大的社会主义国家而共同奋斗的行动纲领"。①

经历过"文化大革命"的沉寂之后，改革开放带来了经济宣传的再次勃发。这期间，一方面是中国共产党对经济宣传的重新重视，另一方面表现为经济类媒体的大量出现，如1980年创刊的《世界经济导报》、1981年创刊的《经济参考报》、1983年创刊的《经济日报》、1985年创刊的《中国经营报》、1986年成立的珠江经济台、1989年创刊的《中华工商时报》等。1984年，邓小平专门为《经济参考报》做了"开发信息资源，服务四化建设"的题词，也反映出当时中国共产党对经济宣传与国家发展之间关系的重新认识。1992年社会主义市场经济体制确立后，全国范围内围绕着社会主义市场经济开展了大规模的宣传。一些新闻报道在新体制的确立与巩固中发挥了重要作用，如范敬宜采写的《分清主流为支流 莫把开头当过头》等。

在中国共产党的宣传观念里，经济宣传不仅是经济本身的宣传，还扮演了政治性宣传功能。在经济宣传过程中形成的宣传观念，对中国共产党宣传观念的演变中起着重要作用。

（四）中国共产党新闻宣传实践

几乎所有领域的宣传都把新闻宣传作为主要途径。因此，新闻宣传实践是中国共产党宣传实践的重点，也是最能反映中国共产党宣传观念的

---

① 中共中央党史研究室.中国共产党历史：第2卷 1949—1978（上册）[M].北京：中共党史出版社，2011：194.

领域。

中国共产党早期报刊宣传活动并非完全是新闻宣传。像毛泽东、高君宇、罗章龙等人学过新闻学，陈独秀、李大钊等新文化运动的旗手也接触过新闻学。但他们都延续了维新派、革命派的办报传统，把报刊当作宣传工具，早期共产党报刊以发表社论、政论文章等言论性文章为主，主要是起宣传、鼓动作用。其中，宣传马克思主义、进行群众动员、配合工人运动等是其主要使命，而新闻报道只是很小的一部分。可以说，早期共产党人意识到了报刊宣传的作用，但并未充分意识到新闻宣传的作用。

新闻宣传功能是在报刊宣传实践中逐渐意识到并得到重视的。有学者认为，"在很长一段时间里，媒介的新闻信息和宣传信息都是交织在一起传播的，人们对新闻和宣传之间的界限区别并清晰"[1]，这实际上并不符合事实。自西方新闻学传入中国，特别是徐宝璜《新闻学》一书的出版，新闻专业观念得到了传播，新闻与宣传已经有了区别。[2] 鉴于革命形势的需要，以宣传马克思主义为最终实践革命目的为主的共产党，不可能把新闻作为报刊的主要内容。当共产党开辟出自己的根据地、开展初步的政权建设时，一个较为完整的社会系统形成了，新闻也就有了生存的土壤和空间。在中央苏区，以《红色中华》报为代表的报刊中，新闻性内容和言论性内容都出现了。但不管在哪个根据地，共产党的报刊不可能完全以报道新闻为主，即使是报道新闻，很多新闻也具有宣传的目的。这一方面是为了巩固与建设根据地，另一方面是为了宣传共产党的施政纲领，以全面夺取革命胜利。

中国共产党新闻史上进行了两次重要的新闻改革，一次发生在1942年，另一次是在1956年。从新闻学角度看，前者初步奠定了党报新闻学

---

[1] 陈鹏. 制度与空间：中国媒介制度变革论[M]. 北京：中国书籍出版社，2011：2.
[2] 在国民党、共产党的党报党刊中，宣传仍然是报刊的主要内容，但在这期间的民办报刊中，新闻专业观念已得到了确立。

理论，后者重新回到重视文风、重视读者等优良传统中。但从宣传角度看，两次新闻改革实际上是共产党对新闻的宣传功能认识不断提升的过程。第一次改革是在延安时期。随着陕甘宁边区的成立，中国共产党成为区域内的执政党[①]，需要恢复报刊的新闻报道功能。与此同时，共产党仍不是全国范围内的执政党，且根据地也需要巩固政权开展经济建设。因此，不重视报刊宣传功能的行为是这一时期的政局所不允许的。经过改革后，党报新闻学理论实质上重申了报刊的宣传功能，并着重阐释了新闻的宣传功能，标志着共产党新闻宣传观念的成熟。1949年后，共产党已成为全国范围内的执政党，报刊功能随之发生了转变，要为社会建设及巩固政权服务，新闻工作也逐渐受到重视。1956年的新闻改革，某种程度上是主张新闻本位的回归，强调只有做好新闻工作，才能更好地为宣传服务。换句话说，1942年新闻改革和1956年新闻改革的共同点是如何改革新闻以服务宣传大局，不同点是两者的侧重点不同。

改革开放后，中国出现了第三次新闻改革。这一次新闻改革的重点是强调新闻本位的回归，某种程度上是1956年新闻改革的延续。这一时期出现的新闻宣传观念变化主要体现在对新闻与宣传关系的认识上。

新闻宣传观念是中国共产党宣传观念和新闻观念的综合体，也是中国共产党宣传观念的核心部分。在中国共产党宣传观念里，新闻宣传观念影响了其他领域的宣传观念，成为中国共产党宣传观念的重要来源之一。

[①] 西安事件和平解决后，国共初步形成了第二次合作，共产党把作为根据地的陕甘宁边区改为国民政府行政院的直辖行政区。但这片区域内，共产党仍然是实质上的执政党。

第三章
新闻宣传的观念形成及其认知逻辑

新闻宣传是中国共产党宣传工作中最重要的一部分，这一概念是在实践中不断摸索而成熟起来的。从利用新闻进行宣传的萌芽阶段，到新闻宣传理论及实践体系建立的成熟，再到审视新闻与宣传的关系，中国共产党新闻宣传概念的发展经历了较长的一段时间。而当"新闻舆论"概念出现时，更是一种巨大的观念变革。新闻与宣传的关系是新闻理论必须面对的一对关系。科学认识新闻与宣传的关系，准确把握新闻的宣传作用，既有助于新闻学学科发展，推动新闻工作更好地遵循新闻传播规律，也有助于更好地理解新闻宣传，做好宣传工作，推动各项事业的健康发展。

一、新闻宣传的观念形成

新闻宣传是颇具中国特色的一个概念。尽管它出现于20世纪80年代，但这种宣传形式和观念早已产生。这一概念之所以能在中国萌芽与发展，与中国传统文化及近代化过程中的政治、社会、文化环境密切相关。

(一)新闻宣传观念的起源

尽管如刘海龙所言,中国传统政治文化中并不具备现代宣传概念[1],但宣传的符号特别是宣传的观念在中国传统历史文化中源远流长。例如,梅琼林、郭万盛认为,"天人合一""文以载道""实用理性主义"等传统文化思想是宣传观念产生的文化渊源。[2]

在中国,"近代新闻事业甫一落地,就担任了宣传鼓动教化的角色"[3]。我国近代报刊是在资本主义经济发展及"开眼看世界"的社会环境中诞生的。无论是早期的传教士,还是近代中国的政治家、思想家、革命家,他们的报刊活动无不以宣传各自为目的,报刊成为一种重要的宣传工具:近代中国的文人志士无不宣传维新思想、革命思想以实现"救国图存"的抱负;中国共产党自诞生之日起,亦担起宣传马克思主义以救中国的历史使命。

五千年的中华文化,一直延续到鸦片战争前,"比较完整地保留民族传统,获得前后递进、陈陈相因的延续性"[4]。在宣传领域,同样如此。正如有学者指出的,"尽管我国近代新闻事业是从西方移植过来,还是自诞生起其功能就产生了某种程度的异化,一个突出表现就是对宣传的偏重"[5]。正是这样,以至"在很长一个时期中,在中国人的观念中,新闻即

---

[1] 刘海龙.汉语中"宣传"概念的起源与意义变迁[J].国际新闻界,2011,33(11):103-107.

[2] 梅琼林,郭万盛.中国新闻传播对宣传之偏重的文化探源[J].上海大学学报(社会科学版),2007(1):88-94.

[3] 梅琼林,郭万盛.中国新闻传播对宣传之偏重的文化探源[J].上海大学学报(社会科学版),2007(1):88-94.

[4] 冯天瑜,何晓明,周积明.中华文化史:上[M].上海:上海人民出版社,1990:86.

[5] 梅琼林,郭万盛.中国新闻传播对宣传之偏重的文化探源[J].上海大学学报(社会科学版),2007(1):88-94.

第三章
新闻宣传的观念形成及其认知逻辑

宣传，宣传即新闻，新闻传播的功能就是单一的宣传功能"[1]。

宣传在中国新闻实践中之所以能成为主流，除了与当时的历史条件有关，深层次的原因是"中西精神文化的差异在我国引进新闻事业中产生的碰撞"[2]。维新运动、辛亥革命之后，国民党、共产党在新闻实践上都是沿着宣传鼓动的思路走下去的。正因如此，从维新派到革命党再到共产党，其报刊活动主要以政论、理论文章为主，新闻成分极少。这反映出，在宣传观念上并未对新闻宣传有足够的认识。

在中国共产党的宣传史和新闻史中，新闻宣传可以说是这种交织文化的产物。这一概念萌芽于20世纪30年代初，可谓姗姗来迟，却影响深远。

中国共产党新闻宣传观念的出现，首先建立在传统鼓动宣传观念之基础上。中国共产党诞生之初，理论宣传是其壮大发展的最主要途径。中国共产党诞生之后，面临的首要问题是如何壮大队伍，如何使其思想主张为普通民众所接受和认可。为此，中国共产党通过多种宣传形式，开展了广泛的群众动员工作，以配合党的组织建设。组织领导工人运动是早期中国共产党的又一工作。在这一过程中，中国共产党以报刊为主，运用宣传单、演讲、集会等多种方式，宣传马克思主义理论[3]，鼓动工人阶级起来反抗，争取权利。早期中国共产党把理论宣传放在了非常重要的位置，对后来的重视宣传是具有一定影响的。

其次，新闻宣传观念的出现与中国共产党的地位变化密切相关。1931年11月，中华苏维埃共和国的诞生是推动中国共产党宣传观念升级的关键节点。共产党执政的政府成立后，不同层级的部门与机构相应成立，一大批报刊随之涌现，仅江西苏区就超过200多份。与先前的报刊相比，这

---

[1] 顾潜.中西方新闻传播：冲突·交融·共存［M］.上海：复旦大学出版社，2003：12.

[2] 梅琼林，郭万盛.中国新闻传播对宣传之偏重的文化探源［J］.上海大学学报（社会科学版），2007（1）：88-94.

[3] 这一时期，马克思主义"剩余价值"理论得到了广泛传播。

个时期的报刊更具备系统性和层次感。[①] 报刊活动除了党外宣传与鼓动,还要承担起根据地建设的使命,这就为新闻宣传提供了基础。

再次,民间报业的新闻活动刺激了新闻宣传观念的产生。此时,以《大公报》为代表的民间新闻业,在新闻业务上已十分成熟,但处于萌芽阶段的中国共产党新闻宣传在业务上还是不甚讲究的。时效性上一个月前的新闻也可以报道,标题制作上也很随意,版面安排上变动不定。考虑到此前刊发言论、论文为主,且当时根据地条件落后,这种突破还是具有一定意义的。因为地理位置偏僻,经济落后,报刊不可能承担全部宣传任务。因此,此时的新闻宣传载体不局限于报刊。一方面,中共中央强调编印发行画报、画册及通俗小册子。宣传要适合于一般工农群众的兴趣和工农群众的实际文化水平,强调"党报须注意用图画及照片介绍国际与国内政治及工农斗争情形,画册则用联锁画附加通俗解释编成小册子"[②],以此解释各种政治与革命的理论问题。中共中央还特别强调,此类小册子每种篇幅均不宜过长,内容不宜太繁复,做到工农群众都能了解,能散发到成千成万的工农群众中去。另一方面,中共中央要求尽量利用群众性的宣传组织与刊物,但"须切实审查给与正确的指导"[③],以求公开扩大党的政治影响。为此,中共中央要求,应当参加或帮助建立各种公开的书店、学校、通讯社、社会科学研究会、文学研究会、剧团、演说会、辩论会,开展编译新书刊物等工作。

(二)新闻宣传概念的发展

"新闻宣传"概念的萌芽于中共六届二中全会。此时,根据地尚未建立,但群众情绪渐高,而且日报在群众中又有很大的影响。中国共产党提

[①] 陈信凌.江西苏区报刊研究[M].北京:中国社会科学出版社,2012:30.
[②] 中国社会科学院新闻研究所.中国共产党新闻工作文件汇编:上卷(1921—1949)[M].北京:新华出版社,1980:55.
[③] 中国社会科学院新闻研究所.中国共产党新闻工作文件汇编:上卷(1921—1949)[M].北京:新华出版社,1980:55.

第三章
新闻宣传的观念形成及其认知逻辑

出要尽可能公开创办日报，且日报一定要严正代表党的意见，不能因迁就工作便利而违背修改或掩盖一部分党的主张。为了使报刊宣传能够深入人心，中共中央提出，要"从叙述新闻中宣传的主张"①。只有这样，才能使日报更加适合于群众的需要与兴趣，使日报的影响能深入广大群众。即便是不能办日报的地方，中共中央要求应当尽可能地办新闻式的定期刊物。

苏区创办的《红色中华》报、《青年实话》、《红星》报、红色中华通讯社等，很好地贯彻了这一要求，并使得新闻宣传观念及其实践模式逐渐成形。作为苏维埃临时中央政府的机关报，《红色中华》把自己视为中国苏维埃运动的喉舌②，担负着政府管理平台的角色③，主要以发布公文、法令法规、判决书、会议纪要及开展工作指导、进行工作总结为主，这一点与此前并无太多区别。但此时的《红色中华》上已有大量新闻出现，曾先后设立了"前线捷电传来""前线捷闻""前线捷电""重要消息"等栏目。在《青年实话》、《红星》报和红色中华通讯社中，新闻的比例也逐渐增加。

具体操作上，中国共产党强调新闻宣传要注重"用群众自己的态度"④。"用群众自己的态度"宣传，强调形式上生动活泼，内容上要符合群众的兴趣爱好，还要能够反映群众生产生活的情况及呼声。在之后的共产党报刊中，各类以谜语、游戏、歌谣、故事形式呈现的内容逐渐增多，《青年实话》还采用了配图、插画、画报、画刊、连环画等图画形式与文字内容呼应，使得内容更加形象与通俗。内容上除了刊发大量的前线新闻，还刊发根据地建设和群众生产情况，尽量满足群众的兴趣爱好。更值得一提的是，以《红色中华》为代表的共产党报刊还开始重视发挥报刊的

---

① 中国社会科学院新闻研究所.中国共产党新闻工作文件汇编：上卷（1921—1949）[M].北京：新华出版社，1980：55.
② 本报一周年的自我批评[N].红色中华，1932-12-11（4）.
③ 陈信凌.江西苏区报刊研究[M].北京：中国社会科学出版社，2012：103.
④ 中国社会科学院新闻研究所.中国共产党新闻工作文件汇编：上卷（1921—1949）[M].北京：新华出版社，1980：55.

舆论监督功能。据陈信凌研究，《红色中华》监督的范围很广，包括揭露苏区各类公务部门及其工作人员挥霍享乐、贪污腐化；抨击各级政府机构及其相关人员敷衍塞责、懈怠漂浮的工作作风；展现苏维埃基层组织及其相关人员对文化教育工作的抵触行径；批判苏区社会中存在的封建意识与迷信行为等内容。①

随着新闻工作的发展，其宣传价值得以彰显。经过抗日战争的宣传战之后，中国共产党深刻认识到新闻的宣传价值。1946年，胡乔木曾指出："新闻是今天最主要、最有效的宣传形式。"②

与鼓动性文章相比，新闻宣传的优势是明显的。一是其态度比较隐藏，能够起到"用事实说话"的效果，影响苏区群众及党外人士于无形之中；二是能够贴近苏区群众的实际需要和心理、文化水平，以群众喜闻乐见的形式宣传共产党的政治主张和根据地建设成绩；三是能够更好地反映根据地建设，以供中共中央决策参考使用。随着新闻宣传实践的深入，中国共产党在随后的宣传实践中逐渐摸索出一套成熟的实践与理论体系，成为其宣传观念中至关重要的一部分。

从"新闻宣传"这一概念符号的出现来看，笔者根据人民日报数据库检索发现，1946年《人民日报》上就已出现了"新闻宣传"字样。新华社对总社及全国分社发出的"电讯要简练"要求的文章中提到了"新闻宣传作风"问题（1946年5月27日）；1950年，中央政府各部门相继成立新闻秘书制度，新华社在报道中称其作用是"保证新闻宣传的统一性和真实性"（1950年6月30日）。不过，这些只言片语无法说明此时中国共产党新闻宣传观念的成熟，这一概念本身也未受到足够重视。因为，1949年至1989年，"新闻宣传"概念很少出现在领导人讲话或中央文件中。

---

① 陈信凌.江西苏区报刊研究［M］.北京：中国社会科学出版社，2012：175-186.
② 中国社会科学院新闻研究所.中国共产党新闻工作文件汇编：下卷［M］.北京：新华出版社，1980：224.

1989年，江泽民、李瑞环均做了关于新闻宣传工作的讲话。"新闻宣传""新闻宣传工作"逐渐成为对新闻工作的统一称呼。其后的领导人在视察人民日报社、解放军报社或在宣传工作会议上的讲话中，均以"新闻宣传工作"面貌出现，且每年记者会上，宣传部门领导的讲话中也多以"新闻宣传"或"新闻宣传工作"称呼。

二、新闻宣传的观念构成

在中国共产党新闻事业一百多年的发展历程中，新闻宣传始终是一项重要功能。而伴随宣传实践的新闻宣传观念，占据着重要地位。要理解这些新闻宣传实践及其观念，就要理解新闻宣传的观念构成。

（一）新闻宣传观念的构成要素

观念不同于概念，它不仅反映着已经客观存在的现实，而且包含着对现实的必然性和可能性的认知和判断。它是认知、情感、信念、意愿、判断等的结合与交融。具体而言，它既包含着对"是什么"的现实认知，又包含着对"应该是什么""可能或一定会怎样"的或感性或理性的判断、推理等，还包含着对"应当怎么做""一定要怎样"的方法思考。总的来说，一种观念一般由三种要素构成，即认知要素、价值要素和方法要素。

新闻宣传观念的认知要素，指的是关于新闻宣传、新闻宣传媒介、新闻宣传工作和活动等"是什么"的认知。它是客体在主体头脑中的能动反映。新闻宣传观念是以宣传为本位的新闻观念，具体而言指将新闻活动当作宣传手段，将新闻媒介作为宣传工具，将宣传功能作为新闻传播的重要属性，把宣传员或宣传家作为新闻工作者的重要角色等。这种认知观念不仅奠定了新闻宣传观念的总体基调和根本方向，而且成为其他新闻宣传观念得以形成的重要基础和首要前提。如前所述，该观念在保持其基本方向的情况下，经过新民主主义革命时期、社会主义革命和建设时期、改革开放和社会主义现代化建设新时期以及中国特色社会主义新时代的积淀，其具体内容不断丰富、发展和完善，构成了新闻宣传观念的基本框架。

新闻宣传观念的价值要素，是指对于新闻宣传、新闻宣传媒介、新闻宣传工作和活动等的应然性、必然性或可能性的判断。它是关于新闻宣传的认知、情感、信念、信仰、意志、想象等的总和。在中国共产党的思想观念里，新闻宣传事业是其整体事业的一个重要组成部分，被理所当然地认为是党、政府和人民的"耳目喉舌"，即"党和政府主办的媒体是党和政府的宣传阵地，必须姓党"[①]。具体而言，包括新闻宣传事业应当接受党的领导，遵守党的纪律，宣传党的主张，为党的事业服务，等等。这既反映出中国共产党作为主体对于新闻宣传事业这一客体的主观愿望、价值取向和目标追求，又反映出新闻宣传观念这一价值要素在各要素之中的核心地位和根本定位。这从我国新闻事业的基本性质中便可看出。这就内在地规定了：宣传是新闻事业的基本要求，为党、政府和人民群众服务是新闻事业的价值追求。

观念对社会实践具有定向指导作用，这种作用很大程度上来源于其中的方法要素。新闻宣传观念中不仅包含着认知要素和价值要素，还包含着方法要素，即新闻宣传工作"应该怎么做""一定要怎样"等的具体实践理念和路径要求。具体而言，这些方法要素包括如何进行正面宣传、主题宣传、典型宣传；如何加强新闻宣传工作的组织性和纪律性，培养新闻工作者成为党的宣传员；如何提高新闻报道的质量以达到良好的宣传效果；如何利用新闻媒体正确引导舆论；如何做好对外宣传；如何在遵循新闻传播规律的基础上，提高宣传水平；等等。这些具体的方法层面的观念为中国共产党对新闻宣传的认知和价值观念最终转化为现实提供了实现途径，也使得中国共产党新闻宣传观念系统变得更加统一、完整和丰满。可以说，新闻宣传观念中的方法要素，不仅是构成中国共产党新闻宣传观念

[①] 习近平在党的新闻舆论工作座谈会上强调：坚持正确方向创新方法手段 提高新闻舆论传播力引导力［N］.人民日报，2016-02-20（1）.

的必要条件，而且是中国共产党新闻宣传观念由观念转化为现实的必经路径，是中国共产党新闻宣传观念付诸实践并取得现实作用的重要方面。

此外，情感和意志也是影响新闻宣传观念构成的两个不可忽视的要素。正如列宁所说："没有'人的感情'，就从来没有也不可能有人对于真理的追求。"中国共产党的新闻宣传观念中还蕴含着中国共产党人对于党、国家和人民的强烈而深厚的情感，这种情感整体上表现出集体主义、爱国主义和以民为本的倾向。在新闻宣传观念中，这种情感具体体现为新闻宣传工作要对党忠诚，不能违反党的纪律，不能损害党、国家和人民群众的利益，要"弘扬主旋律，传播正能量，激发全社会团结奋进的强大力量"[①]，新闻宣传工作者要做人民的公仆，要为国家的发展和稳定营造有利的国际舆论环境，等等。马克思也曾说过："人的意志总是'服从这个目的'，使这个'目的'即'观念'得到实现。"可见，意志在观念实现阶段发挥着重要作用，这种作用在中国共产党的新闻宣传观念系统中一般体现在为实现宣传的目的，克服宣传过程中的各种困难，而提出一系列具体的新闻工作理念和方法。例如，为了提高宣传的效果，吸引人民群众的注意力以及解决人民群众的接受困难，中国共产党多次强调新闻宣传的文风要通俗易懂、贴近群众，"让群众爱听爱看、产生共鸣"[②]，等等。总之，如果说认知要素、价值要素、方法要素是影响中国共产党新闻宣传观念正确性、正当性和可行性的重要因素的话，那么情感要素、意志要素等则是影响其稳固性、持续性和强韧性的重要因素。

（二）新闻宣传观念的主要结构

如前所述，新闻宣传观念并非以单一的观念形式存在，而是围绕其核

---

① 习近平在全国宣传思想工作会议上强调：胸怀大局把握大势着眼大事 努力把宣传思想工作做得更好［N］.人民日报，2013-08-21（1）.
② 习近平在全国宣传思想工作会议上强调：胸怀大局把握大势着眼大事 努力把宣传思想工作做得更好［N］.人民日报，2013-08-21（1）.

心观念形成了一个有机联系和统一的观念群。事实上，观念群并不是各个观念之间简单的、混乱无序的相加，而是有一定的结构，是"纵横具有辩证联系和相互作用的各种观念的集合，是一种网络状的观念系统"[①]。

首先，应该指出，新闻宣传观念系统在中国共产党的整个观念系统中有着特殊的位置。如上文所述，中国共产党新闻宣传观念的核心是新闻工作"以宣传为本位"，它的实质就是新闻与宣传之间的关系问题，这就在很大程度上决定了这一观念系统是新闻观念系统与宣传观念系统相互碰撞、相互作用、相互交织下的产物。宏观而论，中国共产党的新闻宣传观念系统既从属于其新闻观念系统，又从属于其宣传观念系统，是在整个观念系统中处于中位或下位的一个子观念系统。但从历时性的角度来说，在改革开放以前，中国共产党的新闻宣传观念主要从属于宣传观念系统，新闻与宣传的关系还比较模糊。改革开放以后，新闻意识不断增强，新闻观念系统不断完善，中国共产党的新闻宣传观念系统就成为新闻观念系统与宣传观念系统相交的结果，且在新闻观念系统之中占据着主导地位，在宣传观念系统之中具有举足轻重的地位。

其次，就中国共产党的新闻宣传观念系统这一单个观念群而论，从其横剖面来看，该系统呈现出一个类似于蜘蛛网状的结构。在结构的中心有一个内核，即"以宣传为本位"的新闻工作观念；围绕着该内核，又相继产生了一系列层次鲜明的观念，这些观念在纵向上有上下位的区别，如关于新闻宣传的观念、关于新闻宣传媒介的观念、关于新闻宣传工作者的观念、关于新闻宣传方式的观念、关于新闻宣传价值目标的观念等，是处于较为中观的观念群；如强调"从叙述新闻中宣传党的主张"[②]、利用报纸进行宣传、认为新闻记者是宣传家、正面宣传为主要、以真实性为基础等，这些是属于操作层面的观念群，它们与上述观念之间是一种从属和包含的

---

① 李君如.观念更新论[M].沈阳：辽宁教育出版社，1988：13.
② 中国社会科学院新闻研究所.中国共产党新闻工作文件汇编：上卷（1921—1949）[M].北京：新华出版社，1980：55.

第三章
新闻宣传的观念形成及其认知逻辑

关系。每一个纵横的交叉点就是一个观念，这样就形成了一个纵横交错的放射状网络结构。另外，值得注意的是，这些观念之间并非各自为营、互不相干，而是相互联结、相互支持，共同维护着整个观念系统的核心价值取向。"当某一个观念发生故障时，其他观念可以帮助它重新滋生或复苏"，这样就使得整个观念群的结构保持一种相对的稳定和平衡。但是，这种稳定并非绝对，当这些观念尤其是核心观念与新生观念或者实践发生冲突时，这些观念就会发生变动或调整，甚至会被抛弃。

例如，20世纪八九十年代，随着改革开放的深入进行和国内外形势的剧变，各种新思想新观念层出不穷。如国外信息传播观念的涌入、市场经济观念的兴起等，对原有的新闻宣传观念带来了很大的挑战，其表现之一便是，"以宣传为本位"的新闻宣传观念受到了"以新闻为本位"的专业主义观念的冲击。尽管如此，新闻宣传观念的核心地位和根本方向并没有被完全动摇或改变，而是将"以新闻为本位"的新闻专业观念进行了同化，将其中合理成分吸收到新闻宣传观念的系统之中，并对其进行了重新阐释。如新闻宣传工作开始注重探索和遵循新闻本身的特点和规律，注重发挥新闻工作本身所具有的专业性，等等。在这个过程中，原有的"正面宣传观""舆论宣传观""宣传纪律观""对外宣传观"等观念也在相应地调整和更新。

最后，从纵深趋向来说，在不同时期、不同形势和背景下，新闻宣传观念表现出不同的样态。如前所述，在新民主主义革命时期，新闻宣传观念表现为"革命武器观"；在社会主义革命和建设时期，表现为"政治鼓动观"；在改革开放和社会主义现代化建设时期，表现为"宣传导向观"；进入中国特色社会主义新时期，新闻宣传观念向新闻舆论观、舆论导向观转变。但无论在哪个年代，"宣传本位"是新闻宣传观念的重要特点，这一点可以从各种关于新闻宣传工作的文献文本、领导人的批示讲话、新闻作品、法律法规、制度政策、新闻实践等当中找到判断根据。从理论上来说，党的新闻观念系统中的核心观念也不会轻易改变，因为它处于整个结构的最深层,最具有稳定性和延续性,只有主客观条件都发生巨大变化,使得旧观念与客观条件、旧观念与新观念之间发生了猛烈冲突,才有可能撼动核心观念。但这并不代表核心观念或整个观念系统是一成不变、停滞不前的,其仍然处在不断更新之中。通常来讲,这种更新或变迁总是由边缘向中心拓展,通过不断同化和吸收其他的观念、经验或理论来实现。

三、新闻宣传的认知逻辑

新闻宣传观念是其新闻观念的一部分,蕴含在相关的新闻思想和新闻理论之中。在很多时候,新闻宣传观念是通过新闻思想或新闻观念的形式体现的。因此,理解中国共产党新闻宣传的逻辑,就要从其新闻思想、新闻理论入手。在理解中国共产党的新闻理论时,一些人经常会把它和新闻学基础理论等同,或把两者对立起来。这种简单比较忽略了中国共产党新闻理论的政党属性,而且是一个执政党的新闻思想。在对中国共产党及其领导人的新闻思想进行研究、解读或评价之前,首先要立足于"党"这一基础。而如果基于一个执政党的视角去解读就会发现,中国共产党新闻理论及其思想不仅仅是新闻学基础理论,更是站在一个执政党的角度对新闻学和新闻业所作出的理论体系和话语体系,其逻辑起点是治国理政。可以说,治国理政是理解中国共产党新闻宣传的关键钥匙。

(一)新时代中国共产党新闻思想的时代背景

新时代中国共产党及其领导人就新闻舆论宣传工作作出了诸多论述,发布了系列文件、意见,明显体现出对新闻舆论工作的重视程度上了一个新台阶。究其原因,要从新时代中国共产党治国理政及国家所面临的时代背景来看。

首先,新时代是中华民族伟大复兴的历史紧要关头。"小康社会"是由邓小平于20世纪70年代末80年代初在规划中国经济社会发展蓝图时提出的战略构想，是中华民族实现伟大复兴的重要门槛。在此基础上，中共十八大报告首次正式提出全面建成小康社会，而2020年和2035年是实现复兴的两个关键时间节点。为了这一目标，中国共产党提出了"五位一体"总体布局和"四个全面"战略布局以及实现中华民族伟大复兴的中国梦。这要求新闻舆论宣传工作要围绕工作大局，凝心聚力，鼓舞士气，营造良好的舆论氛围，成为中华民族伟大复兴的舆论引擎。

其次，中国共产党治国理政和国家发展面临着日趋复杂的国内外舆论环境。当前，国内社会正处于经济快速增长期和社会转型期，各类矛盾增多，群体性事件频发，民生领域问题较多；国际上，意识形态舆论斗争激烈，逆全球化思潮涌动，各种摩擦事件不断，国际话语权还较为薄弱。这一切都要求，新闻工作不能仅仅从新闻的本身出发，更要站在国家发展与人类命运的高度，有大局意识、责任意识。

最后，新兴技术助推媒体格局与舆论生态日新月异。随着人工智能、大数据、云计算、VR、AR、H5、动漫、游戏、问答、直播、短视频等一系列新兴技术的出现，传播形态发生巨大变化的同时也推动了媒体格局的巨变，重塑了舆论生态，且这些变化仍然在不断进行中。主流媒体要把握舆论的主动权，就必须与传播新技术同行，实现媒体融合发展，进而牢牢掌握舆论的主导权。

中国共产党及其领导人在新时代就新闻舆论工作提出了一系列论述，其重要原因正是这些新的时代背景对新闻舆论工作提出了系列新挑战和新要求。理解新时代中国共产党新闻思想，必须基于这些背景。

（二）治国理政是中国共产党新闻思想的逻辑起点

作为执政党，中国共产党在执政的过程中把党和国家二者的前途命运紧密相系，在制度、理论、机制上形成了完整的"党政体制"。在这样的体制之下，新闻工作是党的工作的一环，新闻媒体是党和国家的耳目喉舌，与西方强调的所谓"第四权力""无冕之王"之新闻观有着明显区别。

这也是新闻工作的党性原则、新闻媒体坚持"党媒姓党"的理论基础。

由此可见，新时代中国共产党新闻思想的逻辑起点来源于治国理政，即站在执政党的立场对新闻工作所作出的论述。它与某一学者的新闻思想具有明显不同，与纯粹从新闻实践角度得出的理论也有差异，既要讲究理论性、学理性，又要强调新闻的政治功能、社会功能；既要讲究理论的普遍性，又要强调理论的特殊性；既要讲究新闻工作自身的规律性，又要强调党的领导、党性原则这一基本原则。

从出发点来看，新闻舆论工作是中国共产党治国理政、定国安邦的一件大事。中国共产党的宗旨是全心全意为人民服务。在执政的过程中，党与国家事业发展的目标是为了人民的幸福，需要有健康的经济环境、和谐的社会环境、积极的文化氛围、良好的生态环境，而这些离不开新闻媒体的报道、宣传与监督，发挥团结稳定鼓劲的作用。经济、政治、社会、文化、生态"五位一体"全面发展的这一党和国家的战略，离不开新闻工作的信息、宣传与舆论功能。

从执政党自身来看，中国共产党执政地位的巩固需要得到人民群众的拥护。得到人民群众拥护的方法有很多，党的宗旨是根本，推动社会全面发展、为人民群众谋取幸福生活是基础。在具体工作中，就需要有更加可行的渠道，新闻舆论工作在党的执政中是保持党心民心相通的重要纽带，是党走群众路线、保持与人民群众血肉联系的重要渠道。

正因如此，作为执政党，中国共产党的新闻思想必须基于一般性的新闻理论，而又高于这些理论。在理解中国共产党新闻思想及其新闻理论时，没有对党及党在其中的角色的全面认知，仅仅从新闻学一般性理论、基础性原理进行理解是不全面、不科学的。

（三）作为治国理政工具的新闻舆论工作抓手

新闻工作是中国共产党治国理政的大事，除了思想上的澄清、理论上的建构，更需要在新闻实践中有效落实，使新闻工作既承担起传播新闻、反映舆论的基础性功能，又承担起作为治国理政重要手段的功能。从当前国内外形势、媒体格局与舆论生态来看，重点是做好以下三个方面的工作。

第一，重视新闻观的教育，以马克思主义新闻观为统领。新闻观是新闻舆论工作的灵魂。鉴于新闻舆论工作在党和国家事业中的重要性，必须深入开展马克思主义新闻观教育，并以马克思主义新闻观统领新闻教育的全过程，实现马克思主义新闻观教育的全覆盖，引导广大新闻舆论工作者"做党的政策主张的传播者、时代风云的记录者、社会进步的推动者、公平正义的守望者"[1]。

第二，推动媒体融合发展，以全媒体巩固舆论话语权。媒体融合发展已经上升为国家战略，取得了显著成效。但从传播业态来看，主流的传播渠道依然是市场化的网络平台占据主导，新兴媒体依然是引爆舆论的主场，互联网依然是意识形态舆论斗争的主战场。这就要求，新闻舆论工作必须创新理念、内容、体裁、形式、方法、手段、业态、体制、机制，不断增强针对性和实效性，"推动媒体融合向纵深发展，加快构建融为一体、合而为一的全媒体传播格局"[2]。

第三，重视国际传播能力，以讲故事向世界说明中国。首先，必须转变国际传播观念。转变"宣传"观念，善于作"看不见的宣传"，打造融通中外的新概念新范畴新表述，讲好中国故事，传播好中国声音，通过客观事实向世界展示中国、说明中国。其次，顺应互联网大势，发挥新兴媒体作用。要重视国内新兴媒体的作用，更要重视国外新兴媒体的作用；要重视覆盖面和用户数，更要重视是否走进去、落下去；要找准受众群体，分析其习惯特点，准确把握受众需求。最后，要善于"借船出海"。

---

[1] 习近平在党的新闻舆论工作座谈会上强调：坚持正确方向创新方法手段 提高新闻舆论传播力引导力[N].人民日报，2016-02-20（1）.

[2] 习近平.加快推动媒体融合发展 构建全媒体传播格局[J].求是，2019（6）：4-8.

注重开展媒体交流与合作、记者交流与合作，善于"借嘴说话""借筒传声""借台唱戏"，引导和影响国外媒体，使他们能够更加及时、准确、客观、全面地报道中国。

对新闻、新闻工作、新闻业及新闻学的认知，是考察一个人或一个政党新闻思想的重要切入点。就个人的新闻思想来说，往往与其个人成长经历、学术沿袭、学术涵养以及学术传统等密切相关；就一个政党的新闻思想来说，更重要的是在于该政党的政党宗旨、执政地位以及时代背景。新时代中国共产党的新闻思想内容丰富、逻辑严谨、自成体系，具有使命担当的时代性、兼收并蓄的包容性、与时俱进的创新性，与中国共产党的执政党地位及新闻工作作为治国理政的重要抓手密切相关。这是理解新时代中国共产党新闻思想的关键钥匙和逻辑起点。

事实上，与新时代的治国理政一样，无论是早期的革命导向还是新中国成立之后的建设导向和改革开放时期的改革导向，中国共产党每一个时期的新闻观念都有其重点和工作中心。从新闻的角度看，这些新闻观念在及时、真实、客观、公正等方面与西方新闻观念并无太大差异，但同时也具有一些中国特色的新闻观念，如以正面宣传为主、坚持正确的舆论导向等，与西方强调"揭黑""负面"的报道取向是截然不同的。从宣传的角度看，这些新闻观念在遵循新闻规律的同时，强调要服务于党的中心工作，某种程度上具备了宣传的要素，即新闻报道要无条件宣传党的路线方针政策，满足人民群众的需求，具有较强的目的性。从这个意义来看，这种新闻观念也是一种新闻宣传观念。

历史篇

第四章
新闻宣传观念的变迁轨迹

中国共产党发展的历史进程中，宣传工作与组织工作作为党的工作的"两驾马车"始终受到高度重视。从宣传的实践史来看，中国共产党历来重视报刊、广播、电视、互联网等媒体，把这些媒体作为重要的宣传工具，强调发挥媒体的宣传功能和舆论功能。在这个过程中，"作为宣传工作的媒体"与"作为新闻报道的媒体"形成了深度交融的关系。新闻宣传观念及工作正是基于媒体的这种特殊功能而产生，并在整个宣传思想工作中占据重要位置。

一、利用新闻做宣传：宣传主导下的新闻宣传观念

中国近代报刊从诞生之日起就"担任了宣传鼓动教化的角色"[①]，而且在很长一段时期内，中国人的观念中，"新闻即宣传，宣传即新闻，新闻传播的功能就是单一的宣传功能"[②]。这既与中国传统历史文化有关，也是

---

① 梅琼林，郭万盛.中国新闻传播对宣传之偏重的文化探源［J］.上海大学学报（哲学社会科学版），2007（1）：88-94.
② 顾潜.中西方新闻传播：冲突·交融·共存［M］.上海：复旦大学出版社，2003：12.

"中西精神文化的差异在我国引进新闻事业中产生的碰撞"[①]的结果。从维新运动开始,革新与革命活动都借助于报刊活动,报刊活动则是沿着"宣传鼓动"的思路展开。中国共产党诞生之后,迅速创办了系列报刊,出于传播马克思主义与革命斗争的需要,报刊活动延续了维新派报刊、革命派报刊的宣传主导观念,并继承了马克思列宁主义新闻思想,以宣传为主导观念开展新闻工作,新闻宣传观念尚处于萌芽阶段。

(一)阶级启蒙:早期新闻宣传的鼓动观念

中国共产党诞生之初,传播马克思主义是首要任务。为此,中国共产党人积极运用报刊、宣传单等各种方式开展广泛的宣传工作,传播马克思主义理论,配合党的组织建设和工人运动。其主要任务是阶级启蒙,观念上以宣传鼓动为主,新闻活动是出于宣传需要,新闻宣传观念开始萌芽,但由于新闻与宣传的概念缺乏必要的区分,新闻宣传观念过于偏重宣传而对新闻认知不够。

中国共产党在建党前夕,就把自身定位为无产阶级的政党组织。由于人民群众深受封建思想影响,政治觉悟低下,往往只有在绝境之时才会走上反抗道路,缺乏对政治的参与热情,而且广大人民群众的文化水平低、文盲率高,阶级意识薄弱,革命意识淡薄。面对这样的现实,中国共产党首先必须通过宣传活动,提升人民群众的政治觉悟和阶级意识,宣传鼓动成为"实现党的任务的经常的基本工作"[②],以此奠定阶级基础和思想政治基础。这一时期的宣传鼓动工作也是政治工作的一部分,是建党的基础性工作,也是发展共产党员、壮大共产党组织的基础。

在马克思主义阶级分析方法未传入中国之前,无产者作为一个阶级尚

---

① 梅琼林,郭万盛.中国新闻传播对宣传之偏重的文化探源[J].上海大学学报(哲学社会科学版),2007(1):88-94.
② 中国社会科学院新闻研究所.中国共产党新闻工作文件汇编:上卷(1921—1949)[M].北京:新华出版社,1980:41.

第四章
新闻宣传观念的变迁轨迹

未有足够的认识,工人罢工处于分散、自发状态,没有明确的目标,不可能有社会民主主义意识,这种意识"只能从外面灌输进去"①。如果工人阶级的政党不去帮助有知识的工人和知识分子提高阶级觉悟,让他们能够把自己培养成政治斗争的领导者,"群众就永远也学不会进行政治斗争"②。因此,早期中国共产党的报刊活动中,"阶级觉悟"一直是重要内容。陈独秀筹办了《劳动界》《上海伙友》《共产党》等一系列报刊,以加强对工人阶级的马列主义思想的宣传和教育。在《劳动者底觉悟》一文中,陈独秀提出"只有做工的人最有用最贵重"③,并对工人的作用进行了详细阐述,目的在于"宣传'劳工神圣',唤醒工人的阶级觉悟,使他们意识到自己的历史使命"④。李大钊创办了《劳动音》《工人周刊》等工人刊物,号召知识分子到劳动群众中去,强调"要想把现代的新文明,从根底输入到社会里面,非把知识阶级与劳工阶级打成一气不可"⑤。中国共产党成立之后,把自己看作国民革命运动里的领导者和"幼稚的产业阶级"⑥训练与集合者,而且是"工人最初觉悟时取得自己的政治训练的唯一组织"⑦。1922年创刊的《向导》周刊,被读者称颂为黑暗中国的"一盏明灯"、民众政治生活中的"寒暑表",是中华民族的"福音"、四万万苦难同胞的"先锋

---

① 中共中央马克思恩格斯列宁斯大林著作编译局.列宁全集:第6卷[M].北京:人民出版社,1986:29.
② 中共中央马克思恩格斯列宁斯大林著作编译局.列宁全集:第6卷[M].北京:人民出版社,1986:154.
③ 任建树,张统模,吴信忠.陈独秀著作选:第2卷[M].上海:上海人民出版社,1993:135.
④ 雷乐街.陈独秀早期工人运动思想浅议[J].内蒙古农业大学学报(社会科学版),2014,16(4):145-148.
⑤ 李大钊文集:上[M].北京:人民出版社,1984:648.
⑥ 中国社会科学院新闻研究所.中国共产党新闻工作文件汇编:上卷(1921—1949)[M].北京:新华出版社,1980:12.
⑦ 中国社会科学院新闻研究所.中国共产党新闻工作文件汇编:上卷(1921—1949)[M].北京:新华出版社,1980:13.

队""救命符"。① 1927年8月21日,《中共中央通告第四号——关于宣传鼓动工作》明确提出,"政治宣传和鼓动,乃是党调动群众领导群众兼以训练党员之必需的条件"②。

经过早期报刊活动实践,新闻的宣传作用日益凸显。1929年6月,中共六届二中全会召开,鉴于彼时根据地尚未建立,但群众情绪渐高,而日报在群众中又有很大的影响,中国共产党提出要尽可能公开创办日报,且日报一定要严正代表党的意见,不能因迁就工作便利而违背修改或掩盖一部分党的主张。为了使报刊宣传能够深入人心,中共中央提出,要"从叙述新闻中宣传主张"③。只有这样,才能使日报更加适合于群众的需要与兴趣,使日报的影响能深入广大群众。"从叙述新闻中宣传主张"这一提法是新闻宣传观念在新闻实践中的具体做法,表明新闻宣传的观念开始萌芽。

此时,新闻宣传的概念还没有产生,因此宣传工作的符号话语是多样的。宣传工作在党内有教育工作、政治教育等叫法,党外有宣传工作、宣传鼓动、鼓动工作、政治宣传等叫法,"在黄埔军校中则使用政治工作、政治教育等概念"④,新闻工作往往以宣传工作、报刊工作等指代。此后长达20年时间里,尽管中国共产党始终重视宣传工作,但中共中央文件或领导人讲话中并没有对宣传作出明确定性,直到1941年6月,《中宣部关于党的宣传鼓动工作提纲》才首次对宣传作出了定性,并对宣传的主要任务、特点予以明确和归纳,明确"宣传鼓动是思想意识方面的活动,举凡

---

① 张龙,王佳.蔡和森担任《向导》主编的宣传思想[J].党史文苑,2015(10):35-36,51.
② 中国社会科学院新闻研究所.中国共产党新闻工作文件汇编:上卷(1921—1949)[M].北京:新华出版社,1980:35.
③ 中国社会科学院新闻研究所.中国共产党新闻工作文件汇编:上卷(1921—1949)[M].北京:新华出版社,1980:55.
④ 王树荫.中国共产党民主革命时期宣传工作思想述论[J].马克思主义研究,2005(5):73-79.

一切理论、政治、教育、文化、文艺等等均属于宣传鼓动活动的范围"①。

（二）"另一方面军"：新民主主义革命时期新闻宣传的动员观念

随着新闻工作的发展，宣传的价值愈加显著。特别是经过抗日战争的宣传战、舆论战之后，中国共产党对新闻的宣传作用有了更加深刻的认识。1946年，胡乔木指出："新闻是今天最主要、最有效的宣传形式。"②与鼓动性文章相比，新闻宣传的优势是明显的。一是其态度比较隐藏，能够起到"用事实说话"的效果，影响苏区群众及党外人士于无形之中；二是能够贴近苏区群众的实际需要和心理、文化水平，以群众喜闻乐见的形式宣传共产党的政治主张和根据地建设成绩；三是能够更好地反映根据地建设的事情，以供中共中央决策参考使用。随着新闻宣传实践的深入，中国共产党在随后的宣传实践中逐渐摸索出一套成熟的实践与理论体系。

随着抗日战争和解放战争的相继爆发，战争宣传成为这一时期的首要任务。对于宣传在战争中的武器作用，毛泽东有过精辟论述。毛泽东指出：抗战是军事、政治、经济、文化各方面犬牙交错的战争，是半殖民地大国举行的解放战争的特殊的形态。③他还强调，武器是战争的重要因素，但不是决定因素，决定因素是人而不是物。④在接受斯诺采访时，毛泽东曾提出，保证抗日战争胜利需要有三个条件，分别是中国团结成抗日民族统一战线，全世界结成反日统一战线，在日本帝国主义势力下受苦的被压迫的各国人民采取革命行动。其中，中国人民自己的团结是主要条件。⑤后

---

① 《张闻天选集》编辑组.张闻天选集[M].北京：人民出版社，1985：299.
② 中国社会科学院新闻研究所.中国共产党新闻工作文件汇编：下卷[M].北京：新华出版社，1980：224.
③ 毛泽东选集：第2卷[M].北京：人民出版社，1967：441-442.
④ 毛泽东选集：第2卷[M].北京：人民出版社，1967：437.
⑤ 斯诺.斯诺文集：第4卷[M].新民，译.北京：新华出版社，1984：82.

来，毛泽东又对此做了补充，认为战争的胜利不但依靠我军的作战，而且依靠敌军的瓦解。①尤其是对敌强我弱旷日持久的抗日战争来说，宣传可以帮助国民正确认识抗战的性质和前途，瓦解敌军的攻势，坚定抗战信心，是抗战胜利的重要原因。这些论述表明，中国共产党人在抗战之中继承了其重视宣传的传统，并很好地进行了补充，新闻工作的主要精力也集中在战争宣传方面。

抗日战争时期，中国共产党通过多种形式的宣传瓦解敌军，声讨其侵略行径。中国共产党报刊经常刊登日本士兵投入八路军及日本反战同盟会的消息和"日本士兵要求书"之类的文章，以瓦解敌军；不断揭露日本侵略者的残暴行为，以唤醒全国人民对侵略者的仇恨，动摇日本士兵所谓"圣战"的信念，从而削弱其斗志。总体而言，中国共产党的宣传工作目标是，巩固军心士气，瓦解敌军意志。当然，在不同的战争阶段，针对不同的宣传对象，宣传方针政策及内容有所不同。一般而言，对内宣传主要是抗日反蒋，宣传抗日统一战线和抗战的性质与前途；对外宣传主要是向国际社会揭露日军暴行以获得支持，向日本民众宣传以掀起反战运动，对侵略日军进行宣传以瓦解其士气。在解放区，以《解放日报》为代表的中国共产党"喉舌"机关，通过揭露日本侵略者的恶行，调动广大民众抗战的积极性；在国统区，以《新华日报》为代表的中国共产党机关报刊在国统区克服国民党的查禁、出版发行等重重难关，通过报道与言论，动员国统区民众特别是民主爱国人士参与抗战，大量报道中国共产党的政治主张，维护了抗日民族统一战线，为抗战胜利立下了功劳，被毛泽东称为"另一方面军"，是与八路军、新四军并列的"新华军"；在沦陷区，中国共产党领导创办了一批地下报刊，调动沦陷区民众的抗战积极性，宣传坚持抗战、持久抗战、抗战必胜的信念，唤醒沦陷区民众的民族意识。通过这些广泛的社会动员，提高了党内外及广大民众的抗日积极性。在此基

---

① 毛泽东选集：第2卷[M].北京：人民出版社，1967：379.

第四章
新闻宣传观念的变迁轨迹

础上,中国共产党十分强调党报的战斗性。这种战斗性主要表现为对敌军的瓦解及其野蛮暴行的控诉和声讨,对统一战线内部动摇妥协思想的批判和对一切破坏团结抗战行为的严厉斗争,以及对党内一些不良现象进行批评和自我批评。[①]针对国民党的军事行动,共产党不断揭露其"消极抗日、积极反共"的真面目,动员社会舆论乃至国际舆论支持共产党及其政治主张。例如,皖南事变发生后,周恩来巧妙拜会美、英、苏等国大使和特使,说明皖南事变真相,同时通过斯诺、斯特朗等人将皖南事变真相在美国媒体上发表,取得了国际舆论的同情。1943年,国民党开始发动第三次反共高潮,准确进攻陕甘宁边区。毛泽东要求各中央局、中央分局"动员当地舆论",以制止内战,后因国内外舆论的反对,国民党"才把这一阴谋暂时搁下"。针对国民党的信息封锁,共产党通过组建参观考察记者团等多种方式,使共产党的声音由民间报刊、外国媒体等渠道传播出去。如《大公报》记者范长江的《中国的西北角》、美国记者斯诺的《西行漫记》等报道有效传播了解放区的真实面貌,在动员舆论的同情与支持方面发挥了重要作用。

解放战争期间,中国共产党更是高度重视运用宣传战。中国共产党面向国民党及其军队,展开了一系列宣传活动,以此实现瓦解的目标。在与国民党展开军事斗争的同时,共产党充分运用宣传展开舆论瓦解攻势。正如台湾学者高郁雅所言:"战后国民党在军事、政治、经济、外交上逐渐处于劣势,但若非中国共产党在新闻宣传上的'推波助澜',这些挫败的扩散效应也不至于如此迅速。"[②]中国共产党的宣传战在不同阶段的政策和重点因时而异,注重根据地方不同的个性心理和群体心理因人而异地确定宣传方针、战略策略和宣传内容,注意宣传的方式方法,口头宣传与文字宣传、直接宣传与间接宣传穿插使用,形成宣传合力,并且始终依靠群

---

① 郑保卫.中国共产党新闻思想史[M].福州:福建人民出版社,2004:170.
② 高郁雅.国民党的新闻宣传与战后中国政局变动(1945—1949)[M].台北:台湾大学出版委员会,2005:7.

众。[①] 这些特点表明，中国共产党对战争宣传作用的深刻认识，对战争胜利起到重要作用。进入解放战争后，民族矛盾转为国内矛盾，动员对象及方法发生了变化。为了争取国内民众、民主党派及国际舆论支持，共产党在军事斗争之外，首要任务是获得老百姓的支持。因为有了良好的舆论动员，"共产党使老老少少都成为瞭望哨，全部民众构成了一个情报网"，且共产党部队粮食短缺时能获得民众的支持，战争中的伤员也可以转移至老百姓家中。

（三）"报纸是阶级斗争的工具"：社会主义革命和建设时期的工具观念

阶级斗争是人类社会发展到一定历史时期的产物，是"基于平等观念的对巨大财富差异的合理对待与处理"[②]，阶级斗争学说是马克思主义的基本理论之一。新中国成立之后，中国共产党开始致力于社会主义建设与探索，阶级斗争的命题在这个过程中逐渐凸显。

"报纸是阶级斗争的工具"，是中国共产党这一时期新闻观念的集中体现。这里的报纸不仅是报纸的形态，而且指向了所有媒体和整个新闻界。在阶级斗争的社会里，媒体在意识形态领域发挥了阶级斗争工具的作用。从观念的形成来看，早在1930年《红旗日报》的发刊词中就提出："在现在阶级社会里，报纸是一种阶级斗争的工具……全国工农群众在其伟大的政治斗争中，……要起来建立自己的革命报纸，宣传革命的理论，传达真实的革命斗争的消息。"[③] 在长期的战争环境下，报纸主要是运用于战争宣传。1948年11月8日解放战争胜利前夕，《中共中央关于新解放城市

---

① 汪洪亮."政治与军事搅在一起的战争"：抗战时期中共宣传思想工作述评[J].文史杂志，2005（6）：6-9.
② 易小明.关于阶级和阶级斗争问题的新思考[J].清华大学学报（哲学社会科学版），2017，32（5）：89-98，197.
③ 发刊词：我们的任务[N].红旗日报，1930-08-15.

中中外报刊通讯社处理办法的决定》以文件形式肯定了"报纸是阶级斗争的工具",提出"报纸刊物与通讯社是一定的阶级、党派与社会团体进行阶级斗争的一种工具"①,因此媒体的管理不能跟其他企业一样,必须要国有化。

随着"反右"斗争及扩大化,"阶级斗争"不断得到强化。1957年6月14日,《人民日报》发表毛泽东写的社论《文汇报一个时期的资产阶级方向》明确指出:"在世界上存在着阶级区分的时期,报纸又总是阶级斗争的工具。"②此后,这一提法成为对报纸的本质规定和工作方针。③可见,这一时期的新闻宣传观念更大程度上被视为一种"工具"。

"文化大革命"结束后,中国道路坚持和继承了马克思主义的阶级斗争理论,但是"在确认阶级斗争在一定范围内还依然存在的前提下,否定'以阶级斗争为纲',坚持'以经济建设为中心'"④。新闻学界也开始反思"报纸是阶级斗争工具"的提法。随着"以经济建设为中心"这一基本路线的确立,这一特殊时代产生的观念被基本否定。偏重于阶级斗争的新闻宣传观念得以扭转,此后的新闻宣传观念开始发生新的转型。

二、用事实说话:党报理论主导下的新闻宣传观念

无论是新闻工作还是宣传工作,事实都是其核心要素,而事实既可以用于新闻报道,也可以用于宣传工作,这是新闻宣传之所以成立的客观条件,是新闻宣传广泛存在的原因所在。在中国共产党新闻宣传观念的发展过程中,事实一开始就被视为重要元素。早在1925年,毛泽东在《〈政治

---

① 中国社会科学院新闻研究所.中国共产党新闻工作文件汇编:上卷(1921—1949)[M].北京:新华出版社,1980:189.
② 文汇报一个时期的资产阶级方向[N].人民日报,1957-06-14.
③ 让毛泽东思想占领报纸阵地[N].人民日报,1967-01-19.
④ 陈学明.论中国道路对马克思主义阶级斗争理论的继承和发展[J].马克思主义研究,2015(5):27-35,159.

周报〉发刊理由》中就指出:"我们反攻敌人的方法,并不多用辩论,只是忠实地报告我们革命工作的事实。敌人说:'广东共产'。我们说:'请看事实'。敌人说:'广东内哄'。我们说:'请看事实'。敌人说:'广州政府勾联俄国丧权辱国'。我们说:'请看事实'。敌人说:'广州政府治下水深火热民不聊生'。我们说:'请看事实'。"[1]这表明,事实已经被视为新闻宣传的一个重要因素但并没有形成理论体系,直到延安时期党报理论的成熟,特别是《我们对于新闻学的基本观点》一文把事实作为新闻学基础进行理论化阐释,为新闻宣传的观念成熟提供了理论基础。

(一)新闻是对事实的报道:新闻宣传观念成熟的理论基础

1942年初,延安整风运动开始,旨在在全党范围内进行一次马列主义的教育运动。延安《解放日报》在宣传整风运动的同时,自身也进行了整顿与改版。1943年9月1日第十届"九一"记者节期间,陆定一在《解放日报》发表《我们对于新闻学的基本观点》一文,成为建设党报理论成熟的奠定性论文之一。该文用辩证唯物主义的哲学观点与方法,阐述新闻的本源问题"乃是事实",并给新闻下了定义,即"新近发生的事实的报道","只有把尊重事实与革命立场结合起来,才能做个彻底的唯物主义的新闻工作者"。[2]

"新近发生的事实的报道"这一定义以"新闻"为起点,以"事实"为核心,以"报道"为中心和落点,"体现了马克思主义的总体化思考,更避免了视野因'专业化'而碎片化"[3],这一定义也因对"事实"和"报

---

[1] 中共中央文献研究室,新华通讯社.毛泽东新闻工作文选[M].北京:新华出版社,2014:2.
[2] 中国社会科学院新闻研究所.中国共产党新闻工作文件汇编:下卷[M].北京:新华出版社,1980:188.
[3] 朱至刚."我们"为何以"新闻"为起点:试析《我们对于新闻学的基本观点》的理论构造[J].四川大学学报(哲学社会科学版),2020(2):106-113.

道"的强调"演变成'用事实说话'的基本理念和规范"[1]。这一时期新闻宣传观念具备了成熟的理论基础，但新闻宣传观念的成熟还需要新闻与宣传概念边界的明确作为观念基础。

（二）新闻不等于宣传：新闻宣传观念的现代化

在很长一段时期里，不仅是党政干部，不少新闻工作者甚至新闻学者都认为新闻与宣传是等同的。改革开放后，在"解放思想"的时代背景下，加之此时信息论、系统论、控制论和传播学的引入，新闻学界对宣传主导的新闻观念率先进行了反思，开始讨论新闻与宣传的关系并予以科学辨析。王中在肯定报纸具有"供给新闻"和"进行宣传"两大基本功能的基础上指出，宣传与新闻两者的不同在于，宣传的目的在于使被宣传者产生一种信仰，接受宣传者的政治主张；而新闻不使人深刻理解到政党的主义，新闻所提供事实即便加上了报道者的观点立场，还是不能完全控制每个人的行动。[2] 甘惜分则认为，"新闻是报道事实或传递信息"，宣传是传播思想，是用一种思想去影响别人的思想，因此所有的新闻都是宣传。[3] 经过这场争论，新闻的本位逐渐得以回归，而不再依附于宣传。刘海龙回顾这场争论时指出，中国新闻学者对宣传并没有采取断然否定的态度，与"宣传一直以正面形象出现"及"民族国家团结的诉求压倒了个人自由的诉求"和"意识形态的控制与教育"密切相关。[4] 但无论如何，新闻与宣传的交叉关系基本已经得到了学界、业界及官方认可。

新闻本位的回归，使中国共产党开始重视新闻宣传的效果。"重视新闻宣传的效果"的提出，当然与此前长达20多年新闻宣传不重视效果有

---

[1] 黄旦.中国新闻传播的历史建构：对三个新闻定义的解读［J］.新闻与传播研究，2003（1）：24-37，93.

[2] 王中.论宣传［J］.新闻大学，1982（3）：5-10.

[3] 甘惜分.新闻论争三十年［M］.北京：新华出版社，1988：312.

[4] 刘海龙.宣传：观念、话语及其正当化［M］.北京：中国大百科全书出版社，2013：335.

关，但更为重要的是，人们已经逐渐认识到新闻是新闻，有其内在的一些规律。如果新闻宣传过于偏重宣传，而不顾新闻传播规律，必然导致宣传效果十分有限。在20世纪80年代中后期，对"宣传效果"的重视最直接的体现是，在中共中央会议及领导人讲话中得到反复强调。李瑞环在《坚持正面宣传为主》的讲话中，提到了"重视批评报道""实行舆论监督"，也强调"要使正面宣传为主的方针取得良好效果，必须努力提高宣传艺术"，"并不否认新闻的特点"。[①] 在长达一个世纪的国人办报生涯中，知识分子报刊特别是政党报刊，宣传始终是其办报目的。尽管中间也有"新闻专业主义"的萌动和外界的质疑，但宣传者自身观念上并无太多改变。能够自主、自觉地认清新闻与宣传的关系，在宣传之时考虑新闻规律，尤其是把其作为中央层面的指导方针，表明中国共产党此时对新闻宣传观念的重新审视取得了一定的突破。

（三）以正面宣传为主：新闻宣传观念的实践逻辑

正面宣传是中国共产党长期以来形成的传统。从革命战争年代到新中国成立之后再到改革开放，正面宣传的观念始终存在着，直到20世纪80年代末，"正面宣传为主"的观念最终成熟。

早期的正面宣传只表现在具体的宣传实践中，并未上升到自觉层面。但随着革命与战争的进行，中国共产党面临着"揭露敌人阴谋""歌颂党的伟大"的重要任务。在这一环境下，中国共产党的正面宣传主要是宣传马克思主义理论，歌颂党的路线、方针、政策。毛泽东在文艺领域提出的"写光明为主"是正面宣传观念的第一个历史阶段。新中国成立之后，正面宣传主要表现为宣传党领导下的社会主义建设及典型人物宣传。在实践领域，诸多典型作为正面人物形象被树立起来，思想政治工作全面推进，

---

① 李瑞环.坚持正面宣传为主的方针：在新闻工作研讨班上的讲话［M］//张之华.中国新闻事业史文选：公元724年—1995年.北京：中国人民大学出版社，1999：788-808.

第四章
新闻宣传观念的变迁轨迹

使得社会主义观念逐渐深入人心。思想政治工作领域的"以表扬为主"是这一时期正面宣传观念的总结。

宣传观念总是受到政治环境的影响，并因其变化而变化。"以正面宣传为主"的观念是改革开放后，中国共产党面对新形势而逐渐形成的。1980年1月，邓小平指出，报刊"要大力宣传社会主义的优越性，宣传马克思列宁主义、毛泽东思想的正确性，宣传党的领导、党和群众团结一致的威力，宣传社会主义中国的巨大成就和无限前途，宣传为社会主义中国的前途而奋斗是当代青年的最崇高的使命和荣誉"[①]。尽管没有明确提出"以正面宣传为主"，但邓小平已提出了正面宣传为主的要求。1981年1月29日，中共中央发布的《中共中央关于当前报刊新闻广播宣传方针的决定》提出，"报刊、新闻、广播、电视要正确处理表扬和批评的关系。要坚持以表扬为主的方针"。这是中共中央以文件形式首次明确提出了"表扬与批评"的关系问题，"以表扬为主的方针"是在处理两者关系时提出来的。这一提法既是"批评与自我批评"的延伸，又酝酿了后面的"以正面宣传为主"。

1989年11月25日，李瑞环在中宣部举办的新闻工作研讨班上做了《坚持正面宣传为主的方针》的讲话。该文指出，"是否正确地、全面地理解和执行以正面宣传为主的方针，直接关系到舆论作用的发挥，也关系到社会主义新闻事业的成败"[②]。如何坚持以正面宣传为主，李瑞环从几方面提出了要求，分别是：增强新闻宣传的党性，讴歌人民英雄的业绩，注重舆论的导向作用，重视和改进批评报道，正确实行舆论监督，讲求宣传艺术，注意新闻工作特点，坚持新闻改革，提高新闻队伍素质，严格新闻宣传纪律。这些要求对"以正面宣传为主"进行了全方位的解读。这一讲

---

① 邓小平文选：1975—1982[M].北京：人民出版社，1983：255.
② 李瑞环.坚持正面宣传为主的方针：在新闻工作研讨班上的讲话[M]//张之华.中国新闻事业史文选：公元724年—1995年.北京：中国人民大学出版社，1999：788-808.

话发表后，各报大都予以刊载，引发了强烈反响。随后，江泽民在这次研讨班上做了讲话。在强调坚持党性原则的同时，江泽民提出新闻工作的基本方针是"坚持为社会主义服务，为人民服务"，而这就需要"坚定地全面准确地宣传党的基本路线，宣传建设有中国特色的社会主义的理论和决策，宣传全国各族人民在现代化建设和改革开放中的业绩和经验"[1]。这次会议及其后，有众多中央媒体领导都做了发言或撰文，支持"正面宣传"，"坚持新闻舆论的正确政治方向"一时间成为新闻宣传工作的共识。这一会议之后，"以正面宣传为主"的宣传观念逐步为大家所熟知，成为中国共产党宣传观念中至关重要的一点。

正面宣传之所以立即得到推崇，在于其历史意义之重大。首先，这一概念的提出解决了当时最为迫切的政治导向问题，使得宣传思想工作有了一个有效的指导方针，保证政治方向正确。其次，正面宣传本来就是中国共产党一贯以来的观念，此前发展为这一概念的提出奠定了基础，"以正面宣传为主"的概念全面总结并反映了这一观念。最后，历史上"歌颂与暴露""表扬与批评"等都曾有过比例之争，"以正面宣传为主"解决了比例多少的问题，从而平息了各种争论。

三、遵循传播规律：互联网时代的新闻宣传观念

对于新闻传播规律的认识，自马克思时代就已萌芽。在一生丰富的新闻实践中，马克思十分重视对新闻规律的探求和遵循。学者芮必峰认为，马克思的一生主要论述和总结了新闻活动的"报刊有机运动"规律、真实性规律以及描述客观性原则的"一般的公正"规律等。[2] 马克思对规律是

---

[1] 江泽民.关于党的新闻工作的几个问题：在新闻工作研讨班上的讲话提纲[M]//张之华.中国新闻事业史文选：公元724年—1995年.北京：中国人民大学出版社，1999：815.

[2] 张冰清，芮必峰.马克思关于新闻规律的思考[J].合肥师范学院学报，2015，33（2）：123-126.

第四章
新闻宣传观念的变迁轨迹

有深刻认识的。1843 年，马克思在《〈莱比锡总汇报〉的查禁和〈科隆日报〉》中指出："要使报刊完成自己的使命，首先必须不从外部为它规定任何使命，必须承认它具有连植物也具有的那种通常为人们所承认的东西，即承认它具有自己的内在规律，这些规律是它所不应该也不可能被摆脱的。"[①] 在那个年代，能够从规律角度对报刊发展和新闻活动进行思考是难能可贵的。随着媒介技术的快速发展，互联网迅速崛起成为一种重要的传播媒介。在移动智能、社交媒体、大数据技术、智能技术等新兴技术、新兴媒体的作用下，新闻宣传的媒介生态发生了巨大变化。在此背景下，中国共产党的新闻宣传观念开始逐步转型，更加重视对规律的遵循以及对科学方法的运用。新闻宣传观念的话语转型，背后体现的是中国共产党对新闻传播规律的遵循。这种认识经历了较长的历史时期。从建党到新中国成立再到改革开放，迫于革命、建设与改革的形势，新闻宣传观念一直未能从新闻规律角度予以足够观照，直到新世纪才有了突破。

（一）新闻是一门科学：新闻宣传观念转型的理论依据

新闻宣传的观念某种程度取决于对新闻及新闻学的认识。如果把新闻仅仅视为阶级斗争工具，新闻宣传在观念上就是以宣传为主导的，也会一定程度上忽略新闻传播规律的作用。因此，中国共产党的新闻宣传观念转型方向与其对新闻及新闻学的认知是密切相关的。

尽管中国共产党早在延安时期就已经开设新闻专业课程，但很少从科学层面阐释新闻学，其至很大程度上新闻与宣传是等同的。1989 年，时任中共宁德市委书记的习近平发表《把握好新闻工作的基点》的讲话，对党的新闻工作的性质任务、功能作用、方针原则、策略方法以及新闻工作者的素质要求等诸多问题都进行了阐释。文中明确肯定了新闻学及其科学

---

① 中共中央马克思恩格斯列宁斯大林著作编译局.马克思恩格斯全集：第 1 卷 [M].2 版.北京：人民出版社，1995：397.

性，指出新闻学是"一门科学"[①]。2016年，在党的新闻舆论工作会议上，习近平指出，党的新闻舆论工作是一门科学，必须按照规律办事，"做好党的新闻舆论工作，要遵循新闻传播规律，创新方法手段，不断提高能力和水平"。可见，对新闻学和新闻舆论工作的科学性认识，是新闻宣传观念转型尤其是"遵循新闻传播规律"观念提出的重要理论基础。

（二）遵循传播规律：新闻宣传观念转型的方法论依据

中国共产党对新闻传播规律的认识是在摸索中逐渐掌握的。早期中国共产党对新闻传播规律的认识存在一些不足。虽然中国共产党早期领导人对宣传效果、宣传方式均有强调，但并未从新闻传播的规律角度予以认识。新中国成立后一直到改革开放初期，新闻传播规律始终未能引起重视，新闻媒体中的宣传一直按照宣传的思路去做，而"新闻宣传"中的"新闻"成分考虑欠缺。

新时期，中国共产党对新闻传播规律逐渐有了科学的认识。2002年，胡锦涛在全国宣传部长会议上指出："要尊重舆论宣传的规律，讲究舆论宣传的艺术，不断提高舆论引导的水平和效果。"2008年6月，他在考察人民日报社时进一步要求，"按照新闻传播规律办事"，"努力使新闻宣传工作体现时代性、把握规律性、富于创造性，不断提高舆论引导的权威性、公信力、影响力"。2009年中央党校春季开学典礼上，习近平指出："要提高同媒体打交道的能力，尊重新闻舆论的传播规律，正确引导社会舆论；要与媒体保持密切联系，自觉接受舆论监督。"2014年8月18日，习近平在中央全面深化改革领导小组第四次会议上指出："推动传统媒体和新兴媒体融合发展，要遵循新闻传播规律和新兴媒体发展规律。"这些论述说明中国共产党愈来愈意识到，新闻宣传工作遵循新闻传播规律的必要性和重要性。新闻宣传一旦违背新闻传播规律，不仅难以取得宣传效

---

① 习近平.摆脱贫困［M］.福州：福建人民出版社，1992：83.

果，更会带来灾难。这是历史的经验与教训。

（三）从新闻宣传到新闻舆论：新闻宣传观念转型的集中体现

中国共产党新闻宣传观念史，伴随着各种观念的转变或新观念。例如，在新闻舆论领域，2002年新一代领导集体高度重视"舆论引导"，不断强调与强化提升新闻媒体的"舆论引导水平"和"舆论引导能力"，"使'舆论引导'迅速成为这个时期中国共产党新闻舆论思想的时代最强音"。[①] 这一转变跳出原来的舆论宣传、舆论导向观念，是中国共产党对宣传、舆论、新闻认知深化的观念反映。其他者，如公共外交、信息公开、新闻发布等，都是旧有宣传话语的不足并寻求新的突破的表现。2016年召开的党的新闻舆论工作座谈会上，中国共产党领导人首次公开使用"新闻舆论工作"概念，而此前常用的概念是"新闻宣传工作"。从"宣传"到"舆论"的变化，其意义正如唐绪军指出的，"是一个主体和客体不断变动的过程"，宣传的主体是党的新闻工作者，而舆论的主体是广大人民群众，这一变化"体现了我们党对舆论的认识达到了一个新的高度"。[②]

从"新闻宣传"到"新闻舆论"的转变，是中国共产党新闻宣传观念上的一次重要转型。这一观念转型背后有着深层的背景。一是媒体格局的变化。随着互联网特别是移动互联网的发展，微博、微信等新兴媒体形态逐渐成为公众接收信息的主要渠道，传统媒体面临边缘化的危机。以宣传思维看待新兴媒体，必然会带来种种弊端，导致宣传难以取得预期效果。二是舆论格局的变化。在新兴媒体的影响下，传统舆论格局发生了巨大变化。能否掌握舆论的主动权，成为考验中国共产党执政能力的一个难题。与此同时，诸多新兴媒体平台并不视自己传播的内容为宣传，以宣传观念

---

① 樊亚平，刘静. 舆论宣传·舆论导向·舆论引导：新时期中共新闻舆论思想的历史演进［J］. 兰州大学学报（社会科学版），2011，39（4）：6-13.
② 唐绪军. 由"宣传"到"舆论"意味着什么？［N］. 中国社会科学报，2016-04-29（4）.

视之，必然会导致宣传工作陷入窘境。三是"大宣传观"的影响。传统宣传观念下，广播电视报刊等主流媒体被视为宣传的主要渠道，而新媒体最近几年才开始从宣传的角度受到重视。况且，新媒体上的很多内容并非新闻，但能产生极大的舆论反响；有的内容并非宣传，但也能产生舆论效果。用"新闻舆论"代替"新闻宣传"，显然更能包含新媒体的内容。

第五章
新闻宣传的话语变迁与演变逻辑

　　话语是观念的物质表征，一种观念的变迁轨迹，必然能从其相关的话语之中觅得踪迹。新闻宣传话语是中国共产党新闻宣传观念的直观体现，因而研究中国共产党新闻宣传观念的变迁，从其新闻宣传的相关话语入手，能够比较准确地把握其观念变迁的重要节点和基本理路。从话语层面来说，作为中国共产党历史上形成的一种独特的话语，"新闻宣传"既非一般意义上的新闻，亦非广泛意义上的宣传，它是两者之间的交织物，因而要把握中国共产党新闻宣传话语的演变，就要从新闻史和宣传史中寻找其历史的结合点。理解中国共产党的新闻宣传观念，首先要理解其新闻宣传话语，从话语的表征和演变中透视其观念的演变，借鉴知识社会学的研究思路，探讨其观念演变的具体社会历史背景，并在此基础上分析该观念演变的基本逻辑。

一、新闻宣传的话语变迁

　　作为一个马克思主义政党，中国共产党自诞生之日起，就与宣传结下了不解之缘。中国共产党人在建党之初就深刻认识到了宣传对于革命的重要作用，并从共产国际的宣传方针和政策中汲取了经验。1920年，共产国际第二次代表大会通过《加入第三国际的条件》的决议，明确规定：

"(一)党的一切机关报,应用实际的宣传方法,把每日的生活事实系统地讲解于我们报纸上面,使一切劳动者、一切工人、一切农人,都觉得有无产阶级专政出现之必要。一切定期的或其他的报纸与出版物,须完全服从党的中央委员会,无论它是合法的或违法的,决不许出版机关任意自主,以致引出违反党的政策。……"[①] 可见,在党的新闻出版物上系统地讲解生活事实以达到宣传的目的,应是马克思主义政党所采用的一种比较切合实际的宣传方法。这一主张深刻地影响了中国共产党的宣传理念和宣传方针,为此后中国共产党新闻宣传观念的形成和发展奠定了基调。整个20世纪20年代,中国共产党创办了大量的刊物,如《先驱》《向导》《中国青年》《中央通讯》等,以此作为其宣传品,有意识地利用"新闻式的定期刊物"进行宣传的实践已经从自发走向自觉。随着列宁的党报思想传入中国,中国共产党人对党报的性质、作用和功能等有了更深入的认识。此外,这一时期,中国共产党人对宣传策略的探索也有了进一步的发展,出现了一批专门性的文章,如恽代英的《农村运动》《怎样做一个宣传家?》以及中共六大通过的《宣传工作决议案》,等等。尤其是《宣传工作决议案》,比较翔实地规定了宣传的重要性、任务、路线以及具体的宣传策略等,并明确提出了日报一定要严正地"代表党的意见","要用群众自己的态度,从叙述新闻中宣传党的主张"等,这被认为是新闻宣传概念的萌芽。

在新民主主义革命时期,中国共产党的新闻宣传话语主要集中于以下三个方面的内容。

一是关于新闻出版物的描述。如1942年,毛泽东在《解放日报》改版座谈会上提出,"利用《解放日报》,应当是各机关经常的业务之一。经过报纸把一个部门的经验传播出去,就可推动其他部门工作的改造"[②]。在

---

① 林之达.中国共产党宣传史[M].成都:四川人民出版社,1990:41.
② 毛泽东.在《解放日报》改版座谈会上的讲话[M]//毛泽东新闻工作文选.北京:新华出版社,1983:90.

▶第五章
新闻宣传的话语变迁与演变逻辑

1944年3月的陕甘宁边区文教大会上又指出,"如果你们再把办报这个工作方式采用起来,那么许多道理、典型就可以经过报纸去宣传。这也是一个工作方式"①。又如延安《解放日报》改版过程中提出的"四性"要求,形成的"全党办报、群众办报"之实践经验。因此,多办报,办好报,好好用报,(党)报要服从党的领导、要切合人民群众的利益等,成为这一时期新闻宣传工作的重要话语。

二是关于新闻宣传工作者的描述。抗日战争时期,中国共产党人就已经形成了一种"大宣传观",其中的一个主要表现就是主张共产党员人人都是宣传者,时时刻刻都要留意宣传。毛泽东就曾专门指出,"什么是宣传家?不但教员是宣传家,新闻记者是宣传家,文艺作者是宣传家,我们的一切工作干部也都是宣传家"②。1946年,胡乔木在延安《解放日报》上发表了《人人要学会写新闻》一文,其中指出"因为新闻是今天最主要最有效的宣传形式。可以说,不学会使用这种形式,你就不要说什么宣传——而宣传,这当然是我们大家都有的责任"③。由此,对新闻工作者进行宣传方面的培训自然必不可少,因而也产生了论述新闻工作者的宣传任务、工作方向、工作方针等方面的话语。如认为新闻工作者的工作"就是教育群众,让群众知道自己的利益,自己的任务,和党的方针政策"④,要求报纸和通讯社的工作"必须适合当前革命形势和革命任务的需要"⑤,要"大大加强对外宣传工作。要通过新闻通讯、摄影、绘画等,把我们真实

---

① 毛泽东.报纸是指导工作教育群众的武器[M]//毛泽东新闻工作文选.北京:新华出版社,1983:113-114.
② 毛泽东选集:第3卷[M].北京:人民出版社,1953:839.
③ 胡乔木.人人要学会写新闻[N].解放日报,1949-09-01(4).
④ 毛泽东.对晋绥日报编辑人员的谈话(1948年4月2日)[M]//毛泽东新闻工作文选.北京:新华出版社,1983:150.
⑤ 毛泽东.目前形势和党在一九四九年的任务(1949年1月8日)[M]//中共中央文献研究室.毛泽东文集:第5卷.北京:人民出版社,1996:234.

的战斗生活反映到国际上去"①，等等。

三是关于新闻宣传方式的描述。如强调要注意调查研究宣传对象的心理，要重视典型报道，多写综合性报道，"文章要有分析，要有说服性，要入情入理"②，"要在消息中插句把两句议论进去，使看的人明白这件事的意义。……插议论要插得有劲，……不要条条都插议论"③，"要讲真话，不偷、不装、不吹"④，"每条新闻，寻求最好的报导方法，来达到预期效果。……在新闻宣传的作风上，我们要创造独特的风格"⑤，等等。随着1947年反"客里空"运动的开展，"新闻真实性""实事求是的新闻作风""批评与自我批评""报刊舆论监督"等话语也成为这一时期中国共产党新闻宣传话语的焦点。

新中国成立初期，随着中国共产党从革命党转向执政党，新闻宣传的范围也从边区扩展至全国。这一时期新闻宣传话语的一个突出表现是要求面向全国甚至全世界，要从全局出发，全面地去分析问题、解决问题，要及时地进行连续报道，定期地进行综合报道，挖掘更具有普遍价值和普遍意义的新闻典型，等等。⑥一方面，"注意提供事实材料""减少空头议论""提高新闻质量""如实公开报道"等话语仍旧盛行；另一方面，也出现了一些新的话语。1950年，新闻秘书制度广泛建立，这就"保障了新闻

---

① 邓小平.一二九师文化工作的方针任务及其努力方向［M］//邓小平.邓小平文选：第1卷.2版.北京：人民出版社，1994：26.
② 毛泽东.对可以争取的中间派应采取积极争取与合作态度（1948年1月14日）［M］//中共中央文献研究室.毛泽东文集：第5卷.北京：人民出版社，1996：15.
③ 毛泽东.普遍地举办《时事简报》（1931年3月）［M］//毛泽东新闻工作文选.北京：新华出版社，1983：28-29.
④ 毛泽东.讲真话，不偷、不装、不吹（1945年4月24日）［M］//毛泽东新闻工作文选.北京：新华出版社，1983：125.
⑤ 电讯要简练［N］.人民日报，1946-05-27（1）.
⑥ 提高新闻质量 新华总社指示各总分社分社支社［N］.人民日报，1949-02-26（4）.

宣传的统一性与真实性"①。值得注意的是，1951年，《人民日报》上一则《西安各界筹庆国庆节》的新闻中，明确将宣传活动分为口头宣传、文字宣传、艺术宣传和新闻宣传四个部分，并指出了新闻宣传部的日常业务，即"除编写供报告员讲用的报告提纲外，所有报社、广播电台和新闻摄影机关也都根据各该单位的本身业务，拟订了宣传计划和纲要"②。这表明，新闻宣传有了明确的理论定位，有了独立的部门和负责的业务，这对丰富和发展新闻宣传的理论和实践有着重要意义。

另外，在社会主义革命和建设时期，在新闻宣传的性质和目的方面不再强调"革命武器""鼓动工具"等革命话语，而转向建设话语，如要宣传"勤俭建国，反对铺张浪费，提倡艰苦朴素、同甘共苦"③。1957年，毛泽东在《关于正确处理人民内部矛盾的问题》一文中，就如何辨别香花和毒草的标准问题进行了探讨，其中提出了六条标准：有利于团结全国各族人民；有利于社会主义改造和社会主义建设；有利于巩固人民民主专政；有利于巩固民主集中制；有利于巩固共产党的领导；有利于社会主义的国际团结和全世界爱好和平人民的国际团结。④同年，邓小平在西安干部会议上指出，"今后的主要任务是搞建设"。可见，这一时期新闻宣传话语的主题是"巩固"、"团结"和"建设"。在宣传方法上，除了要"务实"，还强调"务虚"，应该对问题有研究、有看法，然后根据一定的方向"找机会、找题目发挥"，但要"用充分的事实来体现一定的政策思想，而不是

---

① 中央人民政府及中央级人民团体 四十二单位建立新闻秘书制度 保障了新闻宣传的统一性与真实性［N］.人民日报，1950-06-30（6）.
② 西安各界筹庆国庆节［N］.人民日报，1951-09-15（1）.
③ 毛泽东.在中国共产党第八届中央委员会第二次全体会议上的讲话（1956年11月15日）［M］//中共中央文献研究室.毛泽东文集：第5卷.北京：人民出版社，1996：323.
④ 毛泽东.百花齐放，百家争鸣（1957年2月27日）［M］//中共中央文献研究室，新闻通讯社.毛泽东新闻工作文选.北京：新华出版社，2014：239.

用记者的口吻去大发议论"①;"报纸搞批评,要抓住典型,有头有尾,向积极方面诱导,有时还要有意识地作好坏对比"②,"报纸一个时期要有一定的方向,把大家的注意力集中过来"③;"对外宣传不要夸大",不要强加于人;新闻工作者要头脑冷静,要采取多谋善断的政治家式的办报方法,要辩证地去分析问题解决问题,不要简单地肯定一切或否定一切;等等。

在1978年真理标准问题的大讨论之后,新闻宣传工作的实事求是原则得以重新回归。改革开放初期,党的领导人继承了高度重视新闻宣传工作的优良传统,提出"思想战线上的战士,都应当是人类灵魂的工程师"。1979年9月至10月,《人民日报》发表了两篇关于上访的文章,体现出报刊舆论的巨大影响。鉴于新闻媒体的重要性,国家反复强调加强新闻、出版、广播、电视等工作的迫切任务。另外,在宣传内容方面,新闻宣传工作要求讲大局,"要以社会效益为一切活动的唯一准则",坚持和宣传"四项基本原则",以保证整个社会的安定团结,同时要求改进宣传工作,服务于"四个现代化"建设,以保证经济上的稳定发展。1989年11月底,中央召开新闻研讨班,江泽民和李瑞环做了讲话,明确指出,在稳定压倒一切的大局之下,新闻工作必须坚持以正面宣传为主的方针。具体来说,要"增强新闻宣传的党性""加强党对新闻工作的领导"④,坚持党性原则;认识和处理好正面宣传为主与批评报道以及舆论监督的关系;坚持正面宣传为主,要注意新闻工作自身的真实性、时效性、可读性等特点,认识

---

① 吴冷西. 对新闻写作的八条要求［M］// 党报与新闻采写. 重庆:重庆日报社编辑部,1981:53.

② 邓小平. 在西南区新闻工作会议上的报告(1950年5月16日)［M］// 邓小平. 邓小平文选:第1卷.2版. 北京:人民出版社,1994:150.

③ 毛泽东. 报纸一个时期要有一定的方向(1958年9月)［M］// 毛泽东新闻工作文选. 北京:新华出版社,1983:209.

④ 李瑞环. 坚持正面宣传为主的方针:在新闻工作研讨班上的讲话［M］// 张之华. 中国新闻事业史文选:公元724年—1995年. 北京:中国人民大学出版社,1999:788-808.

第五章
新闻宣传的话语变迁与演变逻辑

到"强调正面宣传为主,是以真实性为基础的"①;要讲求宣传的艺术,将其艺术性与新闻工作的特殊性结合起来;要坚持改革新闻宣传的内容和形式,加强经济宣传、科技宣传与社会主义民主和法制宣传等;要严格新闻宣传的纪律,加强新闻宣传队伍的建设等。可以说,这两次讲话是对新闻宣传理论的进一步丰富和发展。此后,"新闻宣传"一词逐渐盛行,"新闻宣传"的观念也更加深入人心。

进入新世纪,随着科学技术的快速发展和广泛应用,尤其是互联网的崛起,传媒领域内的生态环境发生了一些深刻变化,相应地也产生了一些新的新闻宣传话语。"新闻工作要牢牢把握正确的舆论导向"②、"更好地发挥党中央机关报的舆论导向作用"③、"各个方面、各个环节都要坚持正确舆论导向"④、"全面提高舆论引导能力"⑤等舆论引导(导向)话语多次出现,2016年2月19日召开的党的新闻舆论工作座谈会首次出现了"党的新闻舆论工作"概念,而此前相关会议和讲话普遍使用"新闻宣传工作"一词,可以说是一次重要的话语转型。另外,"必须坚持以人为本"⑥、"把实现好、维护好、发展好最广大人民的根本利益作为新闻宣传工作的出发点和落脚点"⑦、"树立以人民为中心的工作导向"⑧等新闻宣传的"人民中心"

---

① 李瑞环.坚持正面宣传为主的方针:在新闻工作研讨班上的讲话[M]//张之华.中国新闻事业史文选:公元724年—1995年.北京:中国人民大学出版社,1999:788-808.
② 胡锦涛.坚持用"三个代表"重要思想统领宣传思想工作 为全面建设小康社会提供科学理论指导和强大舆论力量[N].人民日报,2003-12-08(1).
③ 胡锦涛.唱响奋进凯歌 弘扬民族精神[N].人民日报,2008-06-21(1).
④ 习近平在全国宣传思想工作会议上强调:胸怀大局把握大势着眼大事 努力把宣传思想工作做得更好[N].人民日报,2013-08-21(1).
⑤ 习近平.加快推动媒体融合发展 构建全媒体传播格局[J].求是,2019(6):4-8.
⑥ 胡锦涛.唱响奋进凯歌 弘扬民族精神[N].人民日报,2008-06-21(1).
⑦ 胡锦涛.唱响奋进凯歌 弘扬民族精神[N].人民日报,2008-06-21(1).
⑧ 习近平在全国宣传思想工作会议上强调:胸怀大局把握大势着眼大事 努力把宣传思想工作做得更好[N].人民日报,2013-08-21(1).

话语得到了进一步的丰富发展。值得注意的是，新世纪以来，新闻传播规律话语得以回归并深入发展。如，胡锦涛在 2008 年考察人民日报社工作时提出了"按照新闻传播规律办事""努力使新闻宣传工作体现时代性、把握规律性"[1]；2010 年，胡锦涛在考察中国人民大学新闻学院时，还提出了"要认真研究信息化时代新闻传播特点和规律"的要求。党的十八大以来，习近平总书记不仅多次强调要"尊重新闻舆论的传播规律"，更是结合新形势，明确提出了要"遵循新闻传播规律和新兴媒体发展规律，强化互联网思维"[2]，"必须科学认识网络传播规律，提高用网治网水平，使互联网这个最大变量变成事业发展的最大增量"[3]等。

随着移动互联网的快速发展，各种新型媒体层出不穷，其影响也不断扩大，深刻改变了传统的媒体格局和舆论格局。在这一环境下，"推进媒体融合""打造新型主流媒体"等也成为新闻宣传话语领域中一个新的热议话题。2014 年，习近平总书记在"8·18"讲话中为媒体发展提出了"融合发展"的战略方向，即"坚持传统媒体和新兴媒体优势互补、一体发展，坚持先进技术为支撑、内容建设为根本，推动传统媒体和新兴媒体在内容、渠道、平台、经营、管理等方面的深度融合，着力打造一批形态多样、手段先进、具有竞争力的新型主流媒体，建成几家拥有强大实力和传播力、公信力、影响力的新型媒体集团，形成立体多样、融合发展的现代传播体系"[4]。2019 年 1 月，中央政治局集体学习走进人民日报社，现场学习媒体融合和全媒体传播体系建设，习近平总书记在讲话中提出，要"深刻认识全媒体时代的挑战和机遇""全面把握媒体融合发展的趋势和规

---

[1] 胡锦涛.唱响奋进凯歌 弘扬民族精神［N］.人民日报，2008-06-21（1）.
[2] 习近平.共同为改革想招一起为改革发力 群策群力把各项改革工作抓到位［N］.人民日报，2014-08-19（1）.
[3] 习近平.举旗帜聚民心育新人兴文化展形象 更好完成新形势下宣传思想工作使命任务［N］.人民日报，2018-08-23（1）.
[4] 习近平.共同为改革想招一起为改革发力 群策群力把各项改革工作抓到位［N］.人民日报，2014-08-19（1）.

律""推动媒体融合向纵深发展""构建全媒体传播体系"等。①

与此同时,"正面宣传为主"和"对外宣传"方面也有了新的发展。在正面宣传方面,要求"必须坚持巩固壮大主流思想舆论,弘扬主旋律,传播正能量,激发全社会团结奋进的强大力量"②,并进一步提出了具体的要求和策略——"关键是要提高质量和水平,把握好时、度、效,增强吸引力和感染力,让群众爱听爱看、产生共鸣"③。在对外宣传方面,提出"要加强国际传播能力建设,增强国际话语权,集中讲好中国故事,同时优化战略布局,着力打造具有较强国际影响的外宣旗舰媒体"④,"要精心做好对外宣传工作,创新对外宣传方式,着力打造融通中外的新概念新范畴新表述,讲好中国故事,传播好中国声音"⑤等。

二、新闻宣传的观念演变

新民主主义革命时期,中国共产党的新闻宣传观念主要表现为把新闻宣传当作革命斗争的有力武器和鼓动宣传的重要工具,简言之,即"革命武器观"。在残酷的战争环境下,在"一切为了国家独立和抗战胜利"的革命目标下,中国共产党人正是基于此种观念而从事新闻宣传的。具体而言,党的新闻事业(或新闻出版物)被认为是党的一个重要宣传部门(或重要宣传工具),办"报"(包括报纸、刊物、广播等)是党的宣传工作的一项重要业务。每一个新闻工作者都应当成为宣传家,把宣传当作自己的

---

① 习近平.加快推动媒体融合发展 构建全媒体传播格局[J].求是,2019(6):4-8.
② 习近平在全国宣传思想工作会议上强调:胸怀大局把握大势着眼大事 努力把宣传思想工作做得更好[N].人民日报,2013-08-21(1).
③ 习近平在全国宣传思想工作会议上强调:胸怀大局把握大势着眼大事 努力把宣传思想工作做得更好[N].人民日报,2013-08-21(1).
④ 朱灵.讲好中国故事 做好国际传播[J].求是,2016(15):56-58.
⑤ 习近平在全国宣传思想工作会议上强调:胸怀大局把握大势着眼大事 努力把宣传思想工作做得更好[N].人民日报,2013-08-21(1).

一项重要任务。新闻报道应是宣传鼓动的一个重要途径和出口，要注意将宣传技巧与新闻工作有机地结合起来。而人民群众是宣传鼓动和了解的对象，是教育引导和服务的对象，同时也是党的新闻宣传工作和革命事业需要依靠的力量。

这一时期，中国共产党之所以会形成这样的新闻宣传观念，一方面是由于当时所处的战争的特殊环境，中国共产党自身力量有限，而敌对力量相对较强，加之革命目标和革命任务实现的艰巨性等，就势必需要动员一切非敌对的力量，尤其是动员人民群众的伟大力量共同作战。因而，就需要一种有力的工具或一种专门的工作进行鼓动，报纸、刊物、广播、书籍等新闻出版物和新闻机构无疑是当时影响最为广泛、使用最为便捷的一种工具。尤其是党报，正如斯大林所说："报刊是党每日每时用自己所需要的语言向工人阶级讲话的最有力的武器。其他在党和阶级之间架设精神导线的方法，其他同样灵活的机关，在天地间是没有的。"[1] 列宁的党报之"宣传、鼓动和组织"三大作用说，更是在这一时期被奉为圭臬。另一方面是受当时整体宣传观念的影响，鼓动宣传观在当时的整体宣传观念中占据主导地位，新闻宣传被认为是党的整个宣传鼓动工作的一个重要组成部分，因而在具体层面上，如宣传方法、内容、任务、策略等方面，自然也受到整体宣传规则的制约。1941年，张闻天在为中宣传部起草的《关于党的宣传鼓动工作提纲》中就明确将宣传鼓动工作定义为"思想意识方面的活动"，认为"举凡一切理论、主张、教育、文化、文艺等等均属于宣传鼓动活动的范围"；还专门提出"报纸、刊物、书籍是党的宣传鼓动工作最锐利的武器，党应当充分的善于利用这些武器，办报，办刊物，出书籍应当成为党的宣传鼓动工作中的最重要的任务"[2]。进而言之，新闻宣传领域

---

[1] 斯大林. 报刊是集体的组织者 [M] // 斯大林全集：第5卷 1921—1923. 北京：人民出版社，1957：229-232.

[2] 张闻天. 关于党的宣传鼓动工作提纲 [M] // 张闻天文集. 北京：中共党史出版社，1994：109-114.

第五章
新闻宣传的话语变迁与演变逻辑

也就有了新闻工作者要成为宣传家、要在尊重事实的基础上宣传党的政策主张、要了解人民群众的心理、根据人民群众的喜好来写文章等具体要求。

新中国成立以后,中国进入了社会主义革命和建设时期,中国共产党也从革命性的政党转为执政性的政党,肩负着团结和动员全党与全民族的力量来巩固新生政权和建设社会主义的双重任务。因而从总体来看,这一时期,党的新闻宣传被当作巩固人民民主专政的重要阵地和建设社会主义的动员工具,新闻宣传观念以"宣传鼓动观"为主,一方面新闻宣传被当作宣传党和国家的政治意志的主要通道,另一方面被当作动员群众、指导实践的重要手段。正如1954年邓拓在谈到"怎样改进报纸工作"时所说:"在我国社会主义建设和社会主义改造的时期,报纸必须成为教育和组织工人阶级和劳动群众进行社会主义建设的有力工具。"[1] 在党的总任务和总纲领的引领下,这一时期的新闻宣传观念具体有以下几方面的表现:(1)新闻宣传媒体被当作公开进行批评与自我批评的场所;(2)更加重视新闻报道质量的提高,要求虚实结合,在充分报道新闻事实的同时宣传党的思想主张,达到有利于党和人民的事业之效果;(3)抓取和树立典型应成为宣传建设经验的重要手段和有效途径;(4)更加重视新闻宣传的组织性和纪律性,严格要求新闻宣传的方向应与党的行动保持一致。从以上表现来看,这一时期党的新闻宣传观念主要集中于对新闻宣传机关之政治意识的培养上和对新闻宣传手段之策略性的加强上。

在党内外公开进行批评与自我批评,是中国共产党在抗战时期就有的一个优良传统。当时,党报被认为"是党的批评与自我批评的武器"[2]。新中国成立前夕,中共中央山东分局宣传部和山东总分社还专门发布了《关于加强新闻报道中批评与自我批评的决定》。新中国成立以后,这一传统

---

[1] 邓拓.怎样改进报纸工作(1954年)[M]//中国社会科学院新闻研究所.中国共产党新闻工作文件汇编:下卷.北京:新华出版社,1980:325.

[2] 彭真.改造我们的党报(1947年11月7日)[M]//中国社会科学院新闻研究所.中国共产党新闻工作文件汇编:下卷.北京:新华出版社,1980:230-232.

得到了发扬和发展。在1950年中共中央正式发布《关于在报纸刊物上展开批评和自我批评的决定》和中央广播事业局发布《关于广播台如何进行批评与自我批评工作的指示》之后，加之此后"三反""五反"运动和新一轮整风运动的开展，一时间掀起了在新闻媒体上公开进行批评与自我批评的热潮。正是通过接受党内和"人民群众（首先是工人农民）以促进和巩固国家建设事业为目的的、有原则性有建设性的、与人为善的批评"[①]，中国共产党实现了纠正缺点、改正错误和做好工作的目的，从而也达到了赢得民心、发扬民主和促进建设的宣传效果。因此，可以说，在新闻媒体上进行批评与自我批评无疑是党的一种很好的宣传策略。

当革命的色彩逐渐褪去，战争的光影慢慢消散，党和国家的工作重心开始转移到生产建设上来。随着第一个五年计划的制定和社会主义三大改造的进行，经济宣传成为新闻宣传的一个重要方面，其所占的篇幅"一般地应不少于报纸版面的百分之四十"[②]。与此同时，典型宣传成为分享先进经验、指导生产建设的一种重要手段，通过发现和寻找先进生产单位与先进生产者的先进典型经验，然后通过新闻报道将这些经验推广开来，以至在整个建设战线中起到示范和指导作用，因而"典型宣传观"成为这一时期的重要新闻宣传观念之一。而这个观念背后也反映出中国共产党的另一种新闻宣传观——"虚实结合观"，即强调要"使新闻报道充分发挥以事实进行政治鼓动的作用"，尤其是进入全面建设社会主义时期以后，以往那种单纯的空洞而抽象的理论宣传并不能适应新形势的需要和人民群众生产生活的需求，因而，减少空发议论、注重联系实际、讲求虚实结合成为新闻宣传的时代要求。1956年，《人民日报》应时所需而进行的改革正是最好的例证。这一时期，党报系统虽然偶有改革、时有调整，但延安时

---

① 中国社会科学院新闻研究所.中国共产党新闻工作文件汇编：中卷（1950—1956）[M].北京：新华出版社，1980：6.
② 中共中央关于改进报纸工作的决议（1954年7月17日）[M]//中国社会科学院新闻研究所.中国共产党新闻工作文件汇编：中卷（1950—1956）.北京：新华出版社，1980：321.

期形成的"党管媒体"的范式依然稳固,加之该时期主要实行的是集中统一管理的计划经济体制,由此也形成了一种独特的新闻宣传观念——"服从集体观",即新闻宣传必须服从于党和政府的统一领导与安排,必须以服务于人民群众为己任,如1957年毛泽东提出的"政治家办报"之思想,既是对"党管媒体"范式的新发展,也是对新闻宣传观念的新要求。

十一届三中全会以后,中国逐渐迈入了改革开放和社会主义现代化建设新时期,党的一切工作的中心也随之转移到为社会主义现代化建设服务上来。改革开放初期,新闻宣传工作被当成"维护稳定、促进团结、推动发展"的思想战线和舆论机关。总体来看,这一时期,中国共产党新闻宣传观念中的宣传意识虽然仍占统领地位,但新闻意识在不断增强,整体上表现为"新闻的宣传导向观"。具体而言,宣传成为中国共产党新闻事业本身所具有的一种属性,新闻在自主探索和遵循自身的发展规律,在实现传播信息、报道事实、提供娱乐等多种功能的同时,要坚持以宣传为基本导向。具体表现为:(1)正面宣传观,即强调必须坚持以正面宣传为主,更加注重新闻宣传的效果;(2)舆论宣传观,即重视通过舆论宣传发挥批评、监督和引导的作用;(3)新闻规律观,即注重探索和遵循新闻工作自身的特点和规律,发挥新闻本身所具有的多种功能和特性;(4)工作纪律观,即强调新闻宣传工作的职业道德和组织纪律,提高宣传水平;(5)对外宣传观,即强调要为国家的发展和稳定营造有利的国际舆论环境,树立良好的国家形象;等等。

正面宣传观作为中国共产党新闻宣传观念的一个重要组成部分,萌生于抗日战争时期,在改革开放尤其是1989年李瑞环发表《坚持正面宣传为主的方针》讲话以后,这一观念得到了更进一步的发展和更突出的表现。可以说,这是时代要求和现实需求双重作用的结果,正如李瑞环在讲话中谈到的,"无论是从新闻工作的一般意义上讲,还是从当前各方面的实际情况来讲,或是从稳定是压倒一切这个大局来讲,关键的问题是新闻报道必须坚持以正面宣传为主的方针"[①]。事实上，在当时"团结、稳定、鼓劲"的总体基调之下，无论是正面报道、成就报道，还是批评报道等，其最主要的目的是取得一种积极正面的效果，这些主张和行为背后主导的是一种效果观，正如有学者在谈论正面宣传的判别标准时所说："社会效果的好坏是检验一种宣传是不是正面宣传的唯一正确标准。"[②]

值得注意的是，这一时期中国共产党的新闻宣传观念已经开始从"宣传本位"走向"新闻本位"。十一届三中全会以后，新闻界开启了"正本清源"的步伐，而"新闻界的所谓'本'，即是新闻规律，是马克思主义对新闻传播规律的阐释"[③]。尤其是新闻界开始将新闻与宣传区分开来，对两者之间的关系进行了明晰，新闻不再单纯地附属于宣传，新闻宣传观念的重心开始向"新闻本位"转移。随着传播学、"三论"（信息论、控制论、系统论）等新理论和新思想的引入，以及社会主义市场经济体制的建立，新闻界开始对新闻事业的性质、功能、原则、业务等进行了重新认识和重新定位，开始意识到新闻不只具有宣传属性，还具有信息属性、舆论属性，新闻事业不仅具有意识形态属性，还具有信息产业属性等。因而，这一时期新闻宣传工作要求在坚持党性原则、宣传社会主义意识形态的同时，要增加信息量，讲求新闻价值，增强可读性，真实、全面、及时、客观地反映社会信息，以满足人民群众的多样化需求，更加注重探索和发挥新闻本身所具有的规律性和专业性，进行新闻业务和新闻事业经营管理方面的创新，等等。然而，随着市场经济的发展，媒体开始把盈利作为目标之一，在经济利益面前，"有偿新闻""有偿不闻""失实报道""低俗新闻"等不良现象开始出现。因而，新闻法治建设、新闻职业道德建设和新

[①] 李瑞环.坚持正面宣传为主的方针：在新闻工作研讨班上的讲话［M］//张之华.中国新闻事业史文选：公元724年—1995年.北京：中国人民大学出版社，1999：788-808.

[②] 喻国明.正面宣传：判别标准与操作性定义［J］.新闻记者，1990（4）：12-15.

[③] 张昆，胡玲.1978—2008：中国新闻传播观念的变迁［M］//郑保卫.新闻学论集：第21辑.北京：经济日报出版社，2008：107.

第五章
新闻宣传的话语变迁与演变逻辑

闻教育等方面得到了重视和发展。总之，在新闻宣传观念上，以往的"宣传本位"观念开始动摇，"新闻本位"观念得以回归，新闻媒体不再被单纯地看作宣传品，而更多被看作新闻纸。从 20 世纪八九十年代开始的新闻改革正是对这一观念的最好实践。

进入新世纪，全球化、信息化、网络化等深刻地影响着舆论生态和媒体格局。在这种大背景下，中国共产党的新闻宣传观念体系与时俱进，增添了许多新观念，呈现出开放多元的特点。总体而言，这一时期的新闻宣传被认为是引导正确思想舆论、壮大主流意识形态的关键维度，党的新闻宣传观念以舆论引导观为主。在全面深化改革和全面建设社会主义的攻坚期，国内外意识形态舆论斗争形势日益复杂，党深刻认识到形势的严峻性，因而对舆论引导的重视达到了前所未有的高度，引导正确舆论、壮大主流意识形态成为新时代党的新闻宣传工作的重要任务。在这一总任务的规定之下，原有的党性原则、正面宣传观、典型宣传观、对外宣传观等观念也就获得了更进一步的重视和发展。

在互联网高度发达的今天，互联网与新技术的影响几乎渗透到了社会生活的方方面面，也成为影响新闻业发展和变革的一个重要变量。事实上，互联网技术的发展已经深刻改变了整个人类社会的生活方式和思维习惯，改变了整个传媒业的结构和整个新闻传播的生态。在技术赋权的背景下，人的作用和地位得到了突出，人不再是被动的被宣传者或受众，而成为协商对话和平等互动的主体，传统的传者本位观念开始向受众本位观念转变。由此，"以人民为中心"的新闻宣传观念得到了进一步彰显。与此同时，技术的更新换代催生了观念的创新发展，融合新闻观成为新时期党的新闻宣传观念的新内容。"'媒介融合'（media convergence）和'融合新闻'（convergence journalism）观念的生成和出现，是新媒介时代在新闻领域形成的重要观念标志。"[①]

[①] 杨保军. 新时期中国主导新闻观念的演变及启示 [M] // 郑保卫. 新闻学论集：第 30 辑. 北京：经济日报出版社，2014：16.

三、新闻宣传观念变迁逻辑

纵观中国共产党新闻宣传观念的演变历程，从革命战争时期的"革命武器观"，到新中国成立后的"宣传鼓动观"，再到改革开放初期的"新闻的宣传导向观"，直到21世纪以来的"舆论引导观""新闻舆论观"，新闻宣传跨越了一百多年的历史长河。其间，中国共产党的新闻宣传观念虽然历经沧海桑田，但仍可从中寻觅其变迁逻辑，总结其变迁特点，以及预测其发展趋向，从而为当下新闻宣传实践与观念的创新和发展提供有益的指导和借鉴。

从变迁缘由角度来说，中国共产党新闻宣传观念的变迁是由现实中的多种因素和力量共同作用的结果。对观念来说，"不管哪一种新闻观，都不是观念人物的纯粹创造，从根源上说，都是社会演变、历史积淀的结果和表现，是新闻活动、新闻业发展变化的结果和表现"[①]。社会现实中的多种因素相互交织、相互作用，会直接或间接影响着新闻实践的发展变化，也会促使新闻宣传观念产生相应的变化。而且，不同时期不同因素的影响程度各不相同。这些因素具体可以分为外在因素和内在因素，外在因素主要是指相对于新闻领域这一本体之外的各种环境因素，如物质基础的变化、技术上的变革、政治制度的变迁等；内在因素主要指的是新闻宣传观念所属的新闻领域自身内的各种影响因素，如新闻业自身的发展、新闻活动主体观念的更新等。归根结底，"主客体之间的矛盾斗争及其同外部条件的相互作用，是观念更新的动因"[②]。

首先，中国共产党新闻宣传观念变迁的根本原因是人类生产劳动实践的变化以及由此所带来的新闻宣传实践的变化。正如马克思所说，"观念

[①] 杨保军.论"新闻观"[J].国际新闻界，2017，39（3）：91-113.
[②] 王培智.观念更新论[M].南宁：广西人民出版社，1993：45.

的东西不外是移入人的头脑并在人的头脑中改造过的物质的东西而已"[①]。观念的产生和发展离不开物质存在。百年之间，中国共产党经历从农业社会到工业社会再到信息社会的社会环境变迁，其间的物质基础和生产方式已然发生了巨变，深刻地影响了新闻宣传的生产方式、生产内容、对象范围以及新闻宣传实践的整体水平等，进而从根本上规定了新闻宣传观念演变的方式、呈现的样态和发展的方向。正如有学者指出，"人们社会实践的发展及其新经验、新知识的累积，是观念更新的基础"[②]。新闻宣传观念的变迁与此密切相关。

其次，政治逻辑成为中国共产党新闻宣传观念变迁的主导因素，尤其是其意识形态体系对新闻宣传观念的变迁有着更为直接的作用和影响。观念是人的观念，是为了合乎人的需要和目的而存在的。中国共产党的新闻宣传观念是中国共产党对新闻宣传工作的根本性、系统性的看法。在新闻宣传观念下，任何时期的新闻工作都要合乎党的目的和意志。在中国共产党的历史上，每一次政治方向的转向，新闻宣传观念都会随之发生变化。如新民主主义革命时期，党和国家的政治任务是获得国家独立和民族解放，新闻宣传工作就围绕着"团结""抗战""统一"等主题展开，就形成了"革命武器观"；在改革开放与社会主义现代化建设时期，党和国家的政治任务转向了维护国家稳定和促进经济发展上来，相应地，稳定大局和促进发展也就成为党的新闻宣传工作的主要任务，因而"讲导向""增加经济宣传的比重"等成为这一时期新闻宣传观念的应有之义；等等。总之，作为一个无产阶级的政党，中国共产党无论是在新民主主义革命时期，还是在社会主义革命和建设时期以及改革开放和社会主义现代化建设新时期，其新闻宣传工作的组织结构、工作的策略手段、新闻宣传的动机和目标等无不具有无产阶级意识形态的色彩。中国共产党的整体宣传观念

---

① 中共中央马克思恩格斯列宁斯大林著作编译局.资本论：第1卷[M].北京：人民出版社，1975：24.

② 王培智.观念更新论[M].南宁：广西人民出版社，1993：47.

的变化也会直接影响着新闻宣传观念的性质、内容和演变趋向等。从本质上来说，中国共产党生产和奉行这样一种新闻宣传观念而非其他类型的新闻观念，实质上是为了维护其自身新闻宣传活动的正当性、合理性，从而更好巩固党的执政地位。

另外，新闻宣传活动主体（主要包括党的主要领导人、职业新闻工作者、新闻领域的学术研究者、新闻宣传的接受主体等）的参与、生产及创新是推动党的新闻宣传观念变迁的不可或缺的、起决定性作用的内在动力因素。党的领导人对新闻宣传工作的反思，对以往新闻宣传文化、习惯、观念、制度等的继承和创新，对新时期新闻宣传工作的洞见和指导等，对新闻宣传观念的变迁起着引领性的作用。职业新闻工作者从新闻宣传的实践活动中总结出来的经验和探索出来的新方案等，是新闻宣传观念中最鲜活、最具有实践意义的内容。如延安时期，记者莫艾探索出的典型报道方式成为党的新闻宣传观念中一个重要的原则。此外，"与实践领域相应的学术研究，由于其自身特有的历史反思性、现实批判性、相对的自主性、独立性以及理论前瞻性，往往成为一些新观念诞生的先声，成为一个领域相关观念演变与更新的重要的先导性力量"[1]。如，20世纪八九十年代，新闻学界关于新闻与宣传之间关系的辨析和研究，对当时新闻宣传观念的演变有着非常深刻的影响。不宁唯是，新闻宣传的接受主体作为影响新闻宣传观念更新的一股最重要的力量，作为新闻宣传活动服务的对象主体，其根本利益需求、兴趣偏好、接受程度、评价反馈等在某种程度上对新闻宣传观念演变的总体方向和长远目标起着根本性的作用。值得注意的是，新闻宣传观念演变过程中的教育、文化、传播等其他再生产的机制和手段也发挥着不可或缺的作用，因为它们可以使某一新闻宣传观念迅速在新闻领域内、全党和全社会之中传播扩散开来，并起到强化观念、凝聚共识的作用。

---

[1] 杨保军.新闻观念论［M］.上海：复旦大学出版社，2014：224.

第五章
新闻宣传的话语变迁与演变逻辑

从变迁过程方面来说，可以发现中国共产党新闻宣传观念的变迁存在着如下特点。首先，总体来看，新闻与宣传之间的关系和地位的变化成为其观念变迁的实质与核心。从新民主主义革命时期的"革命武器观"，新闻被当作一种宣传手段，完全附属于宣传的范畴；到社会主义革命和建设时期的"宣传鼓动观"，为国家和社会建设进行鼓动宣传成为新闻报道的重要任务和主要目的，整体上仍然以宣传为主导，新闻尚处于从属地位；再到改革开放与社会主义现代化建设新时期的"新闻的宣传导向观"，新闻与宣传开始区别开来，新闻的地位开始上升，宣传开始主动向新闻融合；到21世纪的"舆论引导观""新闻舆论观"，宣传的"显性宣传"色彩淡去，而逐渐隐化为对新闻舆论的引导，宣传与新闻之间达到一种新的融合和平衡。由此可见，中国共产党新闻宣传观念的变迁过程不仅是一个"政治本位"向"新闻本位"转移的过程，而且是一个宣传与新闻之间不断博弈、寻求平衡以适应时代需要的过程。

其次，新闻宣传观念在具体变迁中又有不同的路径。在结构上，新闻宣传观念由单一化、零散化向多元化、系统化和综合化的方向转变；在聚焦范围上，新闻宣传观念由着眼于国内向放眼中外演变；在时间维度上，新闻宣传观念的演变周期越来越短、更新速度越来越快等。随着时代和社会现实需要的发展，中国共产党的新闻宣传观念在内容上不断丰富，如"正面宣传"观念、"政治家办报"观念、"融合宣传"观念等的融入和发展等，在结构上开始变得更为多元和系统。这体现在对新闻与宣传之间关系的认知层面上，然后是"如何通过新闻进行宣传"的方法层面，进而体现在"新闻宣传应该如何"的价值层面，从而逐渐形成了比较系统、稳定而又内涵丰富的结构体系。从时间和空间方面来看，在新民主主义革命时期，新闻宣传观念的关注重点在于各革命根据地，新闻宣传的对象由各革命区扩展到全国；社会主义革命和建设时期，新闻宣传观念聚焦于全国范围内，以经济发展和政治动员为主线；改革开放以后，党的新闻宣传观念不仅开始在空间上强调要融通中外，在演变周期上也开始变得越来越短，观念更新速度越来越快。

最后,中国共产党新闻宣传观念的生产与演变受到其他观念的影响,是与其他观念相互交织、互相借鉴和共同博弈的结果。它具有一般观念生产所具有的特征,同时又具有其特殊性。从知识社会学的角度来看,新闻宣传观念的生产与发展离不开其他观念的影响和作用,如从横向上来说具有复杂性,从纵向上来说具有稳定性、继承性和阶段性的特点。尽管横向上新闻宣传观念变迁有各种复杂因素的影响,但其他观念对于新闻宣传观念的影响同样不可忽视。从共时性角度来说,新闻宣传观念变迁体现为不同观念之间的吸收和借鉴、博弈和斗争等;从历时性的角度来看,新闻宣传观念变迁体现为后来观念对于先在观念的继承、发展和扬弃。这也表明,"新旧观念的冲突,是观念更新的起点"[1],且"当有几种不同的新闻观共同存在时,它们之间因为关于新闻(广义)的根本观念的不同,更多的不是互相借鉴、互相学习,而是相互展开博弈和斗争"[2]。

从演变趋向的角度来说,新闻宣传观念总体上朝着现代化的方向发展,是合理性化、合规律性、合目的性的有机统一。首先,在权力关系上,这种演变趋向表现为由自上而下的单向服从向双向的权利义务关系发展。这是一个合法化、合理化的过程。在新民主主义革命时期,中国共产党的新闻宣传被纳入宣传机关和部门之下,在组织关系上呈现出一种上下级关系,新闻宣传工作者也被教育为"首先是共产党员,然后才是记者"[3],强调下级对上级的服从和忠诚。而随着时代的发展,都市报、网络新媒体、自媒体等各种媒体样态层出不穷,党和政府对媒体的管控主要通过法律法规、规章制度等合法性的方式实现,新闻工作者的身份不再过多地强调是共产党员,而成为一般意义上的职业身份等。因而,权力关系不

---

[1] 王培智.观念更新论[M].南宁:广西人民出版社,1993:48.
[2] 杨保军.论"新闻观"[J].国际新闻界,2017,39(3):91-113.
[3] 丁济沧,苏若望.我们同党报一起成长:回忆延安岁月[M].北京:人民日报出版社,1989:46.

第五章
新闻宣传的话语变迁与演变逻辑

再主要表现为单向的上下级服从关系,而表现为法律意义上的权利义务关系。

其次,在行为导向上,这种现代化的演变趋向表现为由注重目标效益向注重价值效益发展,即从单纯满足于组织在一定时期内的政治目标向致力于满足人的需要和利益转变。有学者指出,"行为的合理性是现代社会的基础",而这种合理性被定义为"合规律性与合目的性的无限趋近"。[①] 改革开放以前,中国共产党的新闻宣传以党的政治目标为宣传目标,如在新民主主义革命与建设时期争取国家独立和民族解放为新闻宣传的首要目标,而社会主义革命与建设时期,新闻宣传的目标仍与党的阶级斗争的政治目标亦步亦趋。改革开放与社会主义现代化建设新时期,随着生产力的发展、社会主义市场经济体制的建立以及人们思想上的进一步解放,人们的需求变得更为多样,中国共产党新闻宣传的新闻性质逐渐凸显,开始致力于满足人们更加多样化的兴趣和爱好,同时经济、社会、文化等方面也成为宣传目标的重要组成部分,"宣传本位"开始向"新闻本位"转移,"传者本位"开始向"受众本位"转移。尤其是进入中国特色社会主义新时代以来,社会的主要矛盾已经转化为人民日益增长的美好生活需要和不平衡不充分的发展之间的矛盾。此时,新闻宣传的首要目标开始转向人的全面发展目标。以马克思主义的立场和观点来看,这一转向是合乎人类社会的发展规律和目的的。

最后,在观念更新上,中国共产党新闻宣传观念的更新是由外而内的,即由外层具体观念的更新逐渐渗透到核心观念层面的更新,由注重对传统的坚守向更加开放和与时俱进的方向发展。如前所述,中国共产党新闻宣传观念有一个内核——对新闻与宣传之间关系的实质性认识,内核之外是一系列具体的观念,如"正面宣传观""舆论引导观""新闻规律观""融合新闻观"等,而党的新闻宣传观念的更新首先是从这一系列具

---

① 胡辉华.合理性问题[M].广州:广东人民出版社,2000:21-22.

体的外层观念起步的,随着外层观念的不断更新,逐渐渗透到核心观念的更新。这种观念更新的方式属于保守式的、渐进式的,"因为在核心观念没有更新之前,外层的新闻观念很容易为旧'观念群'的转换机制所同化,或被维护就观念的势力所扼杀"①。因而,这条道路也是比较艰难的,同时这也证明了观念的更新是通过"观念群"的更新实现的。但中国新闻宣传观念更新的道路有其特殊性,其间因为改革开放政策的施行,人们思想观念(包括新闻宣传观念)的更新有了一个飞跃式的发展,由以往的更注重对传统观念的坚守,变为更加要求开放和与时俱进,同时对创新性的要求越来越高,"不忘本来"、"吸收外来"和"面向未来"齐头并进。而这样一种开放多元、常更常新的状态十分有助于避免党的新闻宣传观念由于社会历史条件变化而引起的合法性危机。

总体来看,在话语变迁方面,新民主主义革命时期,党的新闻宣传话语主要集中于对党的新闻出版物、新闻宣传工作者和新闻宣传方式的描述上;社会主义革命和建设时期,党的新闻宣传话语由革命话语转向建设话语,主要围绕"巩固"、"团结"和"建设"的主题展开;改革开放和社会主义现代化建设新时期,党的新闻宣传话语主要围绕着维护社会安定团结、保持经济稳定发展这一政治大局展开,更加重视新闻宣传的效果和对舆论的引导;进入中国特色社会主义新时代以来,"人民中心"话语、新闻规律话语、媒体融合话语、正面宣传和对外宣传话语等竞相迸发,中国共产党的新闻宣传话语体系得到进一步丰富、发展和完善。

在观念变迁方面,在新民主主义革命时期,中国共产党的新闻宣传观念主要表现为"革命武器观",主要是对新闻出版物、新闻宣传工作者、新闻宣传方式等的工具性认识。社会主义革命和建设时期,新闻宣传观念主要表现为"宣传鼓动观"。此外,这一时期也发展出了"典型宣传观""虚实结合观""服从集体观"等子观念。改革开放和社会主义现代化

---

① 王培智.观念更新论[M].南宁:广西人民出版社,1993:50.

建设新时期，党的新闻宣传观念演变为"新闻的宣传导向观"，"正面宣传观""舆论宣传观""新闻规律观""工作纪律观""对外宣传观"等观念得到发展和强调。进入中国特色社会主义新时代，"舆论引导观"得到进一步强调，逐渐占据观念的主导地位，尤其是近些年来，"融合新闻观"成为党的新闻宣传观念中的核心观念，其他观念（如"正面宣传观""对外宣传观"等）得到进一步的发展和创新。因而，总体上来看，中国共产党的新闻宣传观念经历了一个由"革命武器观"到"宣传鼓动观"，再到"新闻的宣传导向观"，最后到以"新闻舆论观"为主体的、涵盖"舆论引导观""融合新闻观""国际传播观"的新观念等的演变过程。

在演变逻辑上，我们主要从变迁缘由、变迁过程和演变趋向三个方面进行论述。在变迁缘由上，认为人类生产劳动实践的变化以及由此所带来的新闻宣传实践的变化是其变迁的根本原因，政治逻辑是主导其变迁的一个关键因素，新闻宣传活动主体的主动性和创造性是其变迁的内在动力因素。从变迁过程方面来看，党的新闻宣传观念变迁的核心是新闻与宣传之间关系和地位的变迁，在整体结构上呈现出由单一到多元的变迁特征，同时这个过程体现出新闻宣传观念内部及其与其他观念之间的斗争和博弈，从横向上体现出复杂性的特点，从纵向上又体现出继承性、阶段性等特点。从演变趋向上来说，党的新闻宣传观念总体上是朝着现代化的方向演变的，在权力关系上，表现为由自上而下的单向服从向双向的权利义务关系发展；在行为导向上，表现为由单纯满足于组织在一定时期内的政治目标向致力于满足人的需要和利益转变；在观念更新上，中国共产党新闻宣传观念的更新是由外而内的，由注重对传统的坚守向更加开放和与时俱进的方向转变。

第六章
新闻宣传的组织观念变迁

　　组织是政党得以存在的基础,也是存在的标志。无论是这个政党"以何种方式创建,也不管以什么性质存在和发展,都必须通过其内部的组织结构来运作其政治过程,以此完成政党的使命"[①]。宣传与组织关系密切,同时宣传离不开组织。中国共产党历来高度重视宣传工作,其宣传组织从诞生之日起就开始形成,经过近百年的发展逐渐成熟,形成现在的宣传组织系统。同时,在中国共产党新闻观念中,在各个不同的历史时期,新闻媒体始终被视为一种重要的宣传工具,作为党、政府和人民的"耳目喉舌"存在,具有强烈的宣传属性和意识形态属性,坚持党性原则、党管媒体是中国共产党新闻观念中的基础性、根本性观念。因此,新闻宣传观念在组织化表现中,集中体现在宣传组织和相关的新闻宣传管理部门上。

一、早期宣传组织系统

　　作为一种事业,宣传的组织建设一开始就受到重视。其中重要的思想来源是马克思主义和列宁主义。在革命斗争实践中,列宁在马克思主义基础上强化了思想建党的作用,"利用报刊建党,强化报刊的鼓动、宣传、

[①] 黄大熹,周娟,田松柏.政党组织结构的基本要素解析[J].中共浙江省委党校学报,2009,25(5):38-41.

组织功能，锻造革命党组织，这种思想建党模式是列宁的伟大创造"①，而列宁主义在中国共产党建党之初就由共产国际直接引入中国。列宁主义高度重视报刊的组织功能和报刊的自身组织建构，在十月革命前，俄共（布）中央对报纸的领导是通过任命各级党的机关报主编，"十月革命"后建立主编责任下的编委会制度。②为有效开展宣传工作，中国共产党自建党之初就沿袭了苏联做法，重视党内宣传组织建设，先后成立中央教育宣传委员会、中央编译委员会、中央机关报编辑委员会、中央出版委员会、中央党报委员会等一系列组织。这些组织的成立反映了中国共产党早期的新闻宣传组织观念，大大加强了中国共产党宣传的系统性和组织性。

值得注意的是，"在党史研究特别是把负责宣传工作的部门统称为宣传部"，而实际上对建党初期中国共产党宣传组织演变过程的考察可以发现，"宣传部的名称是随着历史发展而最终形成"。③早在1920年，中国共产党诞生前夕，中央就已成立了一个教育委员会，主要工作是选派学生赴莫斯科留学，创办俄文补习班，并参加上海的宣传组织活动。④同时，还设立了宣传员养成所，专门负责宣传员的培训工作。这充分说明，中国共产党从一开始就已经注意到宣传的组织建设和队伍建设。

1921年8月，中共一大选出临时中央执行委员会，设书记、宣传主任和组织主任三个职位，李达任宣传主任。中共一大决定，凡党员超过10人的地方委员会应设立财务委员、组织委员和宣传委员各一人⑤。当时，共产党员的马列主义知识是匮乏的，主要读物只有《共产党宣言》、《新青

---

① 张涛甫，丁茜菡.列宁与马克思主义新闻思想的苏俄化：基于思想建党的视角［J］.当代传播，2020（3）：4-6，17.
② 程曼丽.研究马克思主义新闻观不可忽视列宁主义：兼谈从马克思主义的苏俄化到马克思主义的中国化［J］.新闻与写作，2019（11）：65-70.
③ 赵祥彬，赵磊.党的创立和大革命时期中央宣传部的演变历程［J］.山西煤炭管理干部学院学报，2013，26（4）：60-62.
④ 包惠僧.共产党第一次全国代表会议前后的回忆［M］//李颖.从一大到十七大：上册.北京：中央文献出版社，2008：4.
⑤ 这一规定对中国共产党宣传组织建设影响深远，至今仍普遍适用。

第六章
新闻宣传的组织观念变迁

年》杂志、《共产党》月刊，李汉俊翻译的《资本论浅说》，考茨基的《唯物史观》，李季翻译的《社会主义史》《马克思传》等著作。因此，加强宣传组织建设，以便系统性地进行宣传显得十分重要。

中共二大后，中央还没有设立宣传部，政治宣传工作由中央执行委员蔡和森负责，直至1923年6月中共三大后。1923年10月15日，中共中央局颁发了《教育宣传委员会组织法》，规定教育宣传委员会由C.P.[①]及S.Y.[②]两中央协定委派委员组织，政治上隶属于C.P.中央，组织上工作分配由两中央协定决议而定。两中央协定委派了17人任委员，委员会设立了编辑部、函授部、通讯部、印行部、图书馆等五个部门，出版了《新青年》季刊、《前锋》月刊、《向导》周报、《党报》（不定期）、《青年工人》月刊、《中国青年》周报、《团镌》（不定期）等七种刊物和各种通俗小册子。[③]中央教育宣传委员会书记由罗章龙担任，委员有蔡和森、瞿秋白、恽代英、林育南、高君宇、萧楚女等。[④]教育宣传委员会的组织架构和要求，表明了中共中央对教育宣传工作的重视。

中共三大后，中央局会议于1923年10月讨论了关于党内外出版方针和机构设置问题，并决定由中国共产党和社会主义青年团中央合组成立中央出版委员会。中央出版委员会成立后，对党的出版与发行工作进行统一布置，并以上海为中心建立起了全国书报刊物发行网。后在中央出版委员会的领导下，又自办了国民印刷厂。

三届中央扩大会议后，宣传部工作重新受到了重视，宣传部的组织建设得到了进一步完善。1924年5月，中共中央提出，必须使党及其各个

---

① 指中国共产党。
② 指中国社会主义青年团。
③ 中国社会科学院新闻研究所.中国共产党新闻工作文件汇编：上卷（1921—1949）[M].北京：新华出版社，1980：7.
④ 王健英.中共中央机关历史演变考实[M].北京：中共党史出版社，2005：57-58.

机关有更明显的组织形式,"在宣传和鼓动方面是如此"①。并正式决定分设宣传、组织、工农等部,罗章龙为中央宣传部长,各地方委员会委员长兼宣传部长。中央决议强调,"中央的各部之中应当特别注意宣传部和工农部",并要求在党报上增加党内教育比例,提出政治宣传"急于有全国的进行规画",因此中央需"特别设一个编辑委员会"。②根据决议要求,主持中央一切机关报的编辑委员会由七人组织而成,其中四人必须在中央所在地。决议对中央机关报编辑委员会的性质和任务作出了规定,指出中央机关报编辑委员会"只对中央全体大会报告",在有必要的情况下可以"向全国大会报告"。③中央机关报编辑委员会主任由蔡和森担任,委员有瞿秋白、恽代英等。1927年10月24日,中央机关报编辑委员会改名为中央党报委员会,瞿秋白兼任主任。④

1925年1月,中共四大通过宣传工作决议。为了使宣传工作做得完美且有系统,决议提出:"中央应有一强固的宣传部负责进行各事,并指导各地方宣传部与之发生密切且有系统的关系。"⑤同时提出,中央宣传部下应设立编译委员会,主要负责党内外小册子的编译,尤其是列宁主义、国际政策、政治经济状况及工人常识等材料的编辑。决议对《向导》《新青年》《中国工人》《党报》等提出了明确要求,强调各党员对外发表的一切政治言论,"完全受党的各级执行机关之指挥和检查"⑥。这次会议还指出党

---

① 中共中央宣传部办公厅,中央档案馆编研部.中国共产党宣传工作文献选编(1915—1937)[M].北京:学习出版社,1996:573.
② 中国社会科学院新闻研究所.中国共产党新闻工作文件汇编:上卷(1921—1949)[M].北京:新华出版社,1980:14.
③ 中国社会科学院新闻研究所.中国共产党新闻工作文件汇编:上卷(1921—1949)[M].北京:新华出版社,1980:14.
④ 王健英.中共中央机关历史演变考实[M].北京:中共党史出版社,2005:89-90.
⑤ 中国社会科学院新闻研究所.中国共产党新闻工作文件汇编:上卷(1921—1949)[M].北京:新华出版社,1980:20.
⑥ 中国社会科学院新闻研究所.中国共产党新闻工作文件汇编:上卷(1921—1949)[M].北京:新华出版社,1980:20-21.

支部是党的基本教育机关，并提出要"设立党校"以便能够有系统地对党员进行教育。1926年7月，中国共产党第四届中央执行委员会第三次扩大会议后，中央宣传部又成立了中央编辑委员会。

与此同时，中国共产党也注意基层的宣传组织建设。1925年，《宣传问题议决案》明确把党支部的小组及俱乐部[①]的自修研究会视为党的群众性宣传组织。[②] 与此同时，中共中央要求改良党支部小组的形式，使小组能够成为有计划的组织，并发挥好俱乐部的宣传功能。为了更好地做好宣传工作，中国共产党还在地方宣传部和支部普遍实行"报告制度""通讯员制度"，以此保证中央宣传部对地方宣传工作的领导。

中央教育宣传委员会、中央机关报编辑委员会、中央编译委员、中央出版委员会、中央党报委员会、中央宣传部等组织机构的成立，体现了中国共产党对党报和机关报的重视，也充分表现出中国共产党把宣传作为一种事业的组织架构，基本完成了党的宣传事业的组织建设。

二、新中国成立之初的宣传组织网络

观念直接影响具体工作。新中国成立后，中国共产党需要迅速有效地开展宣传工作，全国范围内刊载马列主义宣传教育，而如何开展却受到宣传观念的限制与影响。此时，中国共产党已是执政党，宣传观念如果仅是停留在把宣传作为武器或工具，就无法调动全国力量开展建设工作，亦不能采取有效的宣传活动。

新中国成立后，在党的组织、政权机构全面学习苏联的同时，苏联式的报刊管理架构也相应建立起来。这一组织架构清晰地表明，在社会主义

[①] 指工人俱乐部，中国共产党将其视为群众鼓动的一种有效形式，不但是宣传的地方，也是工人团体生活的革命中心。

[②] 中共中央宣传部办公厅，中央档案馆编研部.中国共产党宣传工作文献选编（1915—1937）[M].北京：学习出版社，1996：657.

中国，所有的新闻媒体均处于中国共产党的领导之下，由中共中央、地方党委以及编委会、社委会实施集体领导，社长、总编辑则是实行党委领导下的社长负责制或总编辑负责制媒体的法人代表，由他们负责指导各业务部门的采编工作。秘书长担负着协调社长、总编辑与采编及管理部门的职责。这一媒体管理架构从新中国成立一直延续至今。[①]

新中国成立后，为了巩固政权及改造国家意识形态，迅速建立起了意识形态管理体制。这一套管理体制主要涉及以马列主义、毛泽东思想作为指导思想在社会各个领域的宣传教育，意识形态工作部门（如新闻宣传系统、文化教育系统等）的管理方式和制度以及思想政治工作部门的职能、作用等多方面内容。[②]这套体制化管理机构由党和政府两套宣传系统组成。政府方面，主要是在中央及地方政府，设立文化教育委员会（文教厅、文教局或文教所），负责指导文化、教育、科学、新闻、出版等领域的工作；党的方面，则设立了各级宣传部门，主管意识形态工作，并负责拟定党在意识形态方面的政策。党的意识形态工作通过政府文教系统，最终实现党在思想文化教育领域的各项方针、政策。

在强化意识形态宣传的同时，一个全国性的宣传网络逐渐形成。具体而言，包括以下几个方面。

首先，各级党委宣传部被视为党委领导宣传工作的重要助手机关。[③]鉴于新政权成立亟须调整宣传布局，1949年11月1日，时任中宣部部长陆定一向毛泽东请示有关宣传部工作及机构设置问题时提出，中宣部下设政治教育处、时事宣传处、研究处、干部处、解放社和秘书处。[④]为了能够有

---

① 程曼丽.研究马克思主义新闻观不可忽视列宁主义：兼谈从马克思主义的苏俄化到马克思主义的中国化[J].新闻与写作，2019（11）：65-70.
② 郑谦，庞松，韩钢，等.当代中国政治体制发展概要[M].北京：中共党史资料出版社，1988：28.
③ 中央宣传部办公厅.党的宣传工作会议概况和文献（1951—1992）[M].北京：中共中央党校出版社，1994：57.
④ 中央宣传部办公厅.党的宣传工作会议概况和文献（1951—1992）[M].北京：中共中央党校出版社，1994：11.

▶第六章
新闻宣传的组织观念变迁

效开展宣传工作，中共中央着手改善宣传部的工作。一是培养和提高在职宣传干部，强调宣传干部的马列主义修养，并想办法弥补大量基层宣传干部缺额现象；二是强调与广大工农群众有直接联系的县委宣传部、工矿党委宣传部的业务建设，改善其工作组织，改进工作方法，提高工作质量；三是改进省市及中央宣传部的领导工作，强调省市委以上宣传部应该把领导工作的中心放在思想工作上，同时要加强具体领导，健全集体领导制度，积极开展批评与自我批评。

其次，宣传网的建立使宣传工作深入各个角落。完善宣传机关系统，加强宣传力度的同时，中共中央更强调系统性、经常性的宣传机制。这直接促使了新中国成立初期全国性的宣传网络建设。1951年1月，《中共中央关于在全党建立对人民群众的宣传网的决定》要求，各地方有系统地建立对人民群众的经常性的宣传网，即在党的每个支部设立宣传员[1]，在党的各级领导机关设立报告员[2]，并建立宣传员与报告员工作的一定制度[3]。中国共产党试图通过宣传员与报告员制度，将宣传范围遍及全国各个角落，形

---

[1] 宣传员，是在党组织的领导之下，经常向自己周围的人民群众用简单通俗的形式进行关于国内外时事、党和人民政府的政策、人民群众的任务特别是当时当地的直接任务，以及人民群众在生产劳动和其他工作中的模范经验的宣传解释，批驳各种反动谣言及其在人民群众中的情况向党组织报告，以便帮助党组织确定各个时期适当的宣传内容和宣传方法。参见：中央档案馆.中共中央文件选集：第5册（1929）[M].北京：中共中央党校出版社，1990：1-2.

[2] 报告员，一种高级的宣传员，并且应当是宣传员的领导者。报告员设在省、市、地方、县和区的党的委员会，由省、市、地方、县和区的党的委员会书记和委员，在省、市、地方、县和区的人民政府中担任负责工作的党员，以及其他由上述各级党的委员会所指定的党员担任。报告员每两个月必须向城乡人民群众（首先是工人、农民群众）的集会和代表会议做至少一次政治报告。参见：中央档案馆.中共中央文件选集：第5册（1929）[M].北京：中共中央党校出版社，1990：4.

[3] 该文件特别强调，建立宣传员与报告员制度，是为了使党向人民群众的宣传工作得到经常起作用的骨干，而不是要把党的宣传工作限制于宣传员与报告员的范围内。参见：中央档案馆.中共中央文件选集：第5集（1929）[M].北京：中共中央党校出版社，1990：4.

成一个覆盖所有城市和农村的宣传网络。随后，各大区党组织纷纷提出建立宣传网的具体措施。[①] 为了发展和扩大宣传网，各地在建立宣传网络的同时，还吸收妇联、文化馆、公安局等部门参与。胡乔木认为，中国共产党宣传工作的缺点的根本性质"是长期的紧张的战争环境中所形成的我们工作的经常性、系统性和深刻性的不足"[②]。因此，强调要把党的群众宣传工作经常化，整理党内外政治教育工作，加强党对思想工作的领导，改善党对宣传教育工作的管理。在胡乔木看来，"党的宣传员报告员工作的建立，对于群众宣传工作的经常性有决定的意义"[③]。

最后，媒体宣传网络的建设。新中国成立后，中国共产党迅速建立了一整套完整的媒体宣传网络。1949年11月，成立了管理国家新闻机构的政务院新闻总署。1950年，新闻总署发布了一系列的决定，如《关于建立广播收音网的决定》《关于统一新华通讯社组织和工作的决定》《关于改进报纸工作的决定》等。同时，中共中央把新华社由共产党中央的宣传机关改组为国家通讯社，建立了以党报为核心的全国报刊宣传体系，广播媒体则全部采取国营的办法，组建国家广播体系。通过一系列改组，通讯社、报刊、广播等纷纷被纳入媒体宣传网络之中。

宣传部与宣传网是开展宣传工作的两个不同方向，两者都是为了推进宣传工作，使得中国共产党的政策、路线、方针能够在最大范围内得到宣传，但并不完全一致。在巩固新政权，加强马克思主义宣传教育上，宣传部与宣传网都发挥了重要作用，体现的是中国共产党把宣传作为政权建设

---

① 如，北京市先后建立了会议制度、传授制度、宣传员培训制度、检查制度等系列辅助制度。截止到1952年初，北京市各机关宣传员1444人，其中市级机关有597人，城内各区机关有481人，郊区各机关有336人。参见：北京市档案馆.关于机关宣传员工作的情况及问题［M］.［出版地不详］:［出版者不详］, 1952.
② 中央宣传部办公厅.党的宣传工作会议概况和文献（1951—1992）［M］.北京：中共中央党校出版社，1994：17.
③ 中央宣传部办公厅.党的宣传工作会议概况和文献（1951—1992）［M］.北京：中共中央党校出版社，1994：20.

"思想先锋"的宣传观念。

随着中国共产党执政地位的日益巩固及宣传部的不断健全，宣传网因其功能与正常的宣传机构和宣传活动存在重复和矛盾，在1956年社会主义改造完成后不再被提及。

三、新时期新闻宣传的组织变革

"文化大革命"后，中宣部各项工作得以走入正轨。但是，改革开放带来了国内外形势的变化，宣传的组织结构并未能及时跟上。进入20世纪90年代后，宣传的组织机构得到了调整与改革，走上与国际接轨的历史进程。除了保留原有的中共中央宣传部作为宣传与意识形态领域的统一领导机关，还根据国内外宣传形势增设或革新了几个相关部门。

其一，组建国务院新闻办。对外宣传是任何一个主权国家都在面临的重要任务，1991年1月，国务院新闻办正式组建，与中共中央对外宣传办公室合署办公。国务院新闻办的组建，在对外宣传观念上至少有两大改变：一是"向世界说明中国"观念的形成，改变以往简单粗糙的"外宣"观念。二是召开新闻发布会，这亦是一大突破。

其二，组建国家新闻出版广电总局，由国家新闻出版总署和国家广电总局整合组建。前者的前身是中宣部出版委员会，1949年11月依据《中华人民共和国中央人民政府组织法》组建中央人民政府出版总署，1954年9月按照国务院组织法的规定，对原政务院的组织机构进行了调整，撤销出版总署。1985年6月28日，文化部出版局改称国家出版局。1987年1月，国务院成立新闻出版署，并且保留国家版权局，继续保持一个机构、两块牌子的形式。2001年，新闻出版署更名为新闻出版总署，升格为正部级机构。后者的前身是中央广播事业局，1949年10月成立，由中央人民政府新闻总署领导。1982年5月，成立广播电视部。1998年，正式改为国家广播电影电视总局。2013年3月14日，国务院将新闻出版总署、广电总局的职责整合，组建国家新闻出版广播电影电视总局，成为主管新闻、出版、广播、电影和电视领域的国家管理部门。这一机构的变化，背后体现的是中央对新闻出版、广播、电影、电视领域管理观念的变化。一方面，这几个领域是宣传工作的主要渠道，必须始终保持高度重视。另一方面，改革组织机构是全球化、信息化及媒介环境变化的必然要求。2018年，中央再次改组国家新闻出版广电总局，新成立国家广播电视总局，把新闻、出版、电影等管理职能剥离，归中宣部管理，从而解决了原有的交叉管理局面，进一步优化了宣传机构的管理模式。

其三，成立国家网信办。随着互联网的发展，对互联网的管理日益加强。2011年，成立了国家互联网信息办公室。党的十八大后，中共中央对互联网的重视进一步升级，于2014年成立了中央网络安全和信息化领导小组。随后，国家网信办从国务院新闻办公室中脱离，与中央网信办合署办公，从而形成了中共中央管理互联网的有力机构。它不仅涉及国家互联网安全、互联网发展战略与法治建设，更成为党中央管理网络舆论最为前沿的职能部门。为加强党中央对网络安全和信息化工作的集中统一领导，强化决策和统筹协调职责，2018年3月，中共中央印发《深化党和国家机构改革方案》，将中央网络安全和信息化领导小组改为中央网络安全和信息化委员会。

其四，新闻机构的改革。自1996年开始，中国开始推进媒体集团化建设，通过商业化渠道，做大做强媒体宣传能力，并淡化新闻媒体的宣传属性，通过新闻报道进行更加科学的宣传。

与此同时，广播电视领域相继进行体制改革，互联网技术得到重视。在这种情况下，中国巨大的媒体集团已不再是埃吕尔所言的"总体性宣传"，而逐渐形成一个"超总体性宣传"。[①] 在这里，宣传更多的是以新闻的

---

① ZHANG J, CAMERON G T. The structural transformation of China's propaganda: An Ellulian perspective [J]. Journal of communication management, 2004, 8（3）: 307-321.

形态出现，这显然是符合全球化趋势的一种做法，有利于进行全球对话。与此同时，随着媒体融合战略的推进，新闻媒体逐渐突破了媒介形态边界，成为集文字、图片、音频、视频于一体的且兼有传统媒体载体和新兴媒体平台的新型媒体机构，且各种新兴媒体平台作为"新型主流媒体"逐渐成为新闻宣传的重要力量。

路径篇

第七章
新闻宣传的事实观念变迁

新闻宣传的概念正式出现并广为使用是在1989年之后。这是新闻学与宣传学中的一个特殊概念，兼具新闻与宣传的双重属性。目前，对新闻宣传的概念、观念及相关理论的研究并不多，已有研究多数集中在新闻宣传的方法上。在对新闻宣传的运用上，中国共产党是旗帜鲜明的，并且很长一段时期内用新闻宣传工作指代新闻工作。新闻宣传概念的出现恰恰是因为在观念上对新闻和宣传有了明确的认知和区别才得以产生的。自中国近代报刊出现以来，鉴于救亡图存、民族独立的革命需求，"宣传主义"始终是报刊的重要使命，加之传统"文人论政"思想的延续，新闻与宣传的概念长期以来并没有得到很好的区分。20世纪30年代，曾经有过新闻与宣传、宣传与教育之间关系的讨论，但鉴于革命需求，学术上的辨析对实践影响并不大，无论是中国共产党人还是其他党派、民间报刊，都没有放弃利用报刊宣传的机会，使得新闻与宣传的关系始终没有得到彻底的解决。直到20世纪80年代后，信息论、控制论、系统论、传播学进入中国之后，新闻与宣传的关系再次引发争论[①]，这场争论很大程度上厘清了新闻与宣传的关系，"新闻不等于宣传"的观念也逐渐成为共识。正是基于这种共识，新闻宣传的概念才具有产生的观念土壤。在新闻宣传中，"事实"

---

① 刘海龙.宣传：观念、话语及其正当化[M].北京：中国大百科全书出版社，2013：330.

是反复被强调的,与新闻报道强调"事实"有共同之处,这就会使人质疑"事实"。为了更好地认识新闻宣传尤其是新闻宣传中的事实,本文试图从事实命题与价值命题的视角入手,对新闻宣传的事实观念作系统性的剖析,以期更加全面认识新闻、宣传和新闻宣传以及它们中的"事实"。

一、事实命题与价值命题:事实的观念层次

事实不仅是新闻学的核心命题,也是日常语言和哲学讨论中的基本词汇,对事实的分析是一个非常重要的哲学话题。尽管事实可以单独存在,如胡塞尔现象学中的"本原"一样,但这种本原是需要人去认知的,一旦进入认知领域就需要相关概念的辅助。在事实的认知中,离不开事物、事情、事态、事件,事物和事情是事实被意识到的前提条件。正如维特根斯坦在《逻辑哲学论》所说的:"世界是所发生的事情。世界是事实(fact)的总和,而非事物(thing)的总和。"换言之,世界的本质是事实的总和,但事实不可能被穷尽,进入人类认知领域的多以事物、事情出现。在维特根斯坦看来,"事态指事物的状态,事实指实际存在着的事态",而我们只能描述事态,不能命名事态。但凡事物,必然处于一定的状态,这也是事实可以被作为认知追求的根源所在。[①] 而且,事实一旦处于时空关系之中,就不会再有事实,更多的是怀特所认为的"事件(event)",从而构成了时空之下的世界。

通过对哲学领域对事实的用法的分析,可以揭示哲学家赋予它的重要预设,且不同的哲学家对事实的预设存在不同的争端,此时"事实的功能在于解决争端"[②]。实际上,无论是常人或哲学家,认识事实就需要比较事实,而对事实进行比较就必然需要判断,判断的背后则蕴含其主体的价值

---

① 维特根斯坦.逻辑哲学论[M].贺绍甲,译.北京:商务印书馆,1996:25.
② 李大强.事实与真:"事实"的哲学用法分析[J].社会科学研究,2013(3):120-127.

认知，这种事实本质上是基于一种价值认知意义的事实。因此，对于那些发生的事情进行描述或定义，就"涉及到对其做真假、善恶、对错这些方面的判断"，这种判断"离不开语言符号"、"人的权利"和"社会权力"，这是因为"权力能够维护公共秩序，它允许人们有权利说出他所认定的事实，允许人们对这个事实进行定义，进行描述，并告诉更多的人来就事实本身进行交流"。①

那么，究竟该如何认识事实？文德尔班提出了"事实命题"与"价值命题"的概念，或许可以提供一个思路。在他看来，"事实命题指事物作为事实存在的逻辑判断形式"，"价值命题指事物作为价值存在的逻辑判断形式"②。前者构成自然科学所属的理论知识，是普遍的逻辑判断，可以用来确定事实与事实之间的关系，不参入主观因素；后者构成历史和文化科学所属的实践知识，不表示事实之间的关系，而表示主体对于对象的估价、态度，决定于主体的情感和意志所设定的标准。事实命题归根到底从属于价值命题，要以价值观念为依据。③ 由此可知，我们在讨论事实的时候，实际上在讨论各自心中所追求的事实，这种事实或许无限趋于"事实命题"中的事实，但永远无法彻底实现，只能停留于"价值命题"。

正因如此，杜威才会提出"事实意义的操作性（operational charecter of fact-meaning）"，即事实与意义的不可分割的联系。在《逻辑：探究的理论》中，杜威认为，以往的认知论把事实与意义分割开来，把一切由意义所导致的后果都看成事实，导致事实与意义之间的鸿沟无法填补，进而使得经验也变得不可能。为此，杜威提出要"把事实与意义看成操作性的"，并强调事实不是独立自主的，而是"为了达到探究的目的而选择出来的，是作为证据来使用的"。④ 杜威对事实的认知是基于经验取向的，这

---

① 陈家琪. 哲学与哲学意义上的事实［N］. 社会科学报, 2017-06-29（6）.
② 冯契, 徐孝通. 外国哲学大辞典［M］. 上海：上海辞书出版社, 2000：489.
③ 冯契, 徐孝通. 外国哲学大辞典［M］. 上海：上海辞书出版社, 2000：489.
④ 杜威. 杜威全集·晚期著作（1925—1953）：第 12 卷（1938）［M］. 邵强进, 张留华, 高来源, 等译. 上海：华东师范大学出版社, 2016.

种认知能够更好地反映人们对事实的认知，更加符合现实社会中的事实认知。

基于上述分析，笔者认为，事实观念可以分为以下几个层次：第一个层次，"事实"是未经人介入的自然界的客观存在。这种事实即便没有人的因素其本身也处于变动之中，因此更多以"事态"出现，当这种"事态"与时空中的其他"事态"构成关系时，便是一种"事件"。这是一种"事实命题"，围绕"事实"本身进行。第二个层次，"事实"是人类试图认知、判断的事实。这种事实由于人的主观因素介入，而不再是"事实"本身，更多是一种"价值命题"，内含各种不同的价值取向。第三个层次，"事实"是人类试图运用的事实。这种事实被赋予了个人认知以外的社会价值因素，拥有了更多的"意义"因素，因而实际上是一种可操作的事实。这三个不同层次的事实，根本的标志在于"事实"与外在的关系多寡，是自然界、个人、社会三个认知角度下的三种层次。

由于事实是新闻、宣传和新闻宣传中的核心要素，当我们在新闻学中研究事实的时候，就需要考虑到上述三种不同层次的事实，并对此有所区别。如果把媒体上出现的所有"事实"都一视同仁，就无法清晰辨别"事实"，也就无法理解"新闻宣传"的概念及其深层内涵。

二、"请看事实"：新闻宣传中的事实观念

尽管新闻学术界始终强调并形成共识，认为新闻的本源是事实，新闻报道的任务是反映事实，新闻报道的意义在于挖掘事实并还原真相，但无法否认的是，这里的"新闻"本身就是人的一种认知结果。在纷繁复杂的事实世界中，为何这些事实得到呈现，为何要让受众看这些事实，受众如何理解其所看到的新闻，其背后实际上是一种"价值命题"下的事实，蕴含着报道者的主观目的性和接受者的认知、判断标准。由于介入了人的主观因素，新闻中的事实充其量只能是一种"价值命题"，无法作为"事实

第七章
新闻宣传的事实观念变迁

命题"而存在。不仅如此,作为被报道的"新闻",更是融入了媒体、政党、利益集团等社会化因素。而且,从新闻报道的目的来看,其目标是满足受众需求,也必然是价值导向的逻辑判断而非追求事实本身。由此可见,新闻中的事实必然是"价值命题",具体则有三层含义:一是客观存在的最新变动的事实,二是经由媒体选择加工而报道的事实,三是经由接受者接收、消化和理解的事实。对于媒体来说,第二种事实最为常见,而对新闻来说其目的是经由第二种事实,努力让第三种事实接近于第一种事实。在新闻报道中,对本原性事实的追求是目标,并通过这种追求无限接近所谓的"真相"。

但新闻中的"真相"与"事实"不是一回事。在讨论事实与真相时,杨保军指出,"真相是事实的实际情况、本来面目","真相都是事实,但事实并不都是真相,事实中可能会有假相"。由此,他认为,"与真相符合是新闻真实的最高境界"[①]。可见,在他看来,真相才是事实的原貌,而事实却有真相和假相之分,真相是高于事实的,真相是新闻报道的追求。可见,他所认为的"事实"并不是"事实命题"下的事实,即不是自然界的事实"本原",而是一种"呈现的事实",是经由人介入和观看、认知、判断之后的事实,故而才会有"真相"与"假相"之别。笔者认为,作为"事实命题"的"事实"是最本原的事实,而真相则是认知建构起来的事实。某种程度上,这种真相类的事实也非客观存在的事实,而是加入了人的主观判断等各种主观性内容,因此可以说,"真相"不是新闻事实,或者说不是"事实命题",而是"价值命题",属于认知论,且可以被建构。

新闻中的"真实"也不是事实。杨保军认为,"事实是存在论意义上的概念,真实是认识论意义上的概念","事实针对的是新闻的本原,真实针对的是传播状态的新闻",因此,"相对事实来说,真实总是有限度的真实"。这实际上是把真实视为一种传播中的事实。既然处于传播状态中,

---

① 杨保军.事实·真相·真实:对新闻真实论中三个关键概念及其相互关系的理解[J].新闻记者,2008(6):61-65.

必然已经有人的介入，因此这种"真实"其实也非事实，而是有主观因素的。在笔者看来，真实是被选择后的事实与自然界存在的事实之间的吻合度，也即"事实命题"与"价值命题"上的重合度，如果两者吻合度、重合度越高，真实性就越可靠。但是，即便新闻报道的事实完全真实，也无法确保新闻报道的事实就是事实本身，因此但凡经过报道之后的事实已然有了人的认知、判断和选择。因此，我们可以认为，真实本质上是事实在客观存在和主观认知下的一种状态，真实对认识事实、追求真相有一定作用，但保证真实无法保证报道的就是事实，所以也不能说只要新闻报道的是"真实的事实"就一定有助于揭露真相。这意味着新闻报道中的事实实际上是一种"事件"，并逐步趋向于"事态"，而不是事实的本原。（事实及其相关概念的关系如图 1 所示）

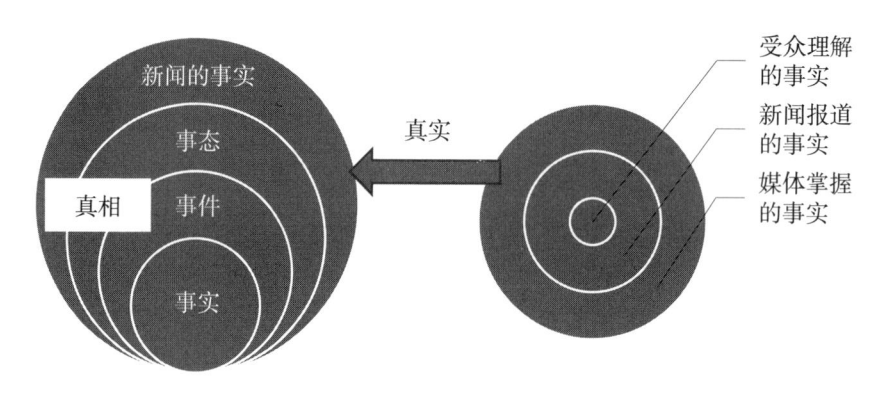

图 1　事实及其相关概念的关系

新闻的事实是事实的本原延伸后的事实，非事实本原，而新闻报道的事实也只是新闻事实的一部分，新闻报道的事实越真实就趋近新闻的事实，也就越接近真相。新闻报道的事实之所以与新闻的事实有距离，是因为媒体的中间作用，相比之下，媒体掌握的事实距离新闻的事实更近但也很难掌握全部的新闻事实，媒体掌握一定的新闻事实后，再根据新闻价值、记者认知、政策法规纪律要求、媒体立场主场，会选择出部分认为值得呈现的事实进行报道。对于新闻的受众来说，他们所看到的事实只是新

第七章
新闻宣传的事实观念变迁

闻报道的事实,而这种事实最后在受众脑海里留下的部分或被转换为观点的部分,只是受众基于新闻报道的事实基础上所理解的事实。

正是由于新闻的事实不是本原的事实,不属于"事实命题",新闻事实在时空关系和社会关系中获得价值,应属于"价值命题"的事实,并在这个过程中获得了"价值导向"的功能。这是因为选择事实的角度、细节以及描述事实的过程中,无不蕴藏着报道者的价值判断,即便一些事实不具备价值导向也仍然需要价值判断,这种价值判断会通过新闻传递给受众,从而对受众产生潜移默化的导向作用。也正是有了这层关系,"事实"获得了其在宣传中的地位。

作为一种政治属性较强的概念,宣传曾经一度广受欢迎,被运用于各种场合,以至 20 世纪被称为"宣传的世纪"[1]。与新闻相比,宣传强调重复、导向的特点非常鲜明,但宣传尤其是"新宣传"时代"讲故事"的宣传方式中,宣传与新闻一样,同样需要事实的支撑,宣传中的事实与新闻中的事实在本质上并不相同。新闻中的事实具备了价值作用,在本质上与权力介入事实所追求的预期目标是一样的。不同的是,职业新闻从业者是在事实基础上,挖掘事实背后的相关因素,其价值多数时候是为了公众利益,而权力对事实的操纵很多时候仅仅是为了满足利益集团的利益,其价值在于实现宣传者的主张。

新闻宣传是一个新闻与宣传嫁接而来的概念。新闻宣传之所以存在而且无法避免,其原因在于新闻的事实和宣传的事实都在"价值命题"之下,而非事实的本原,当新闻不再只是追求还原本原的事实,而是试图通过事实报道发挥新闻的社会功能时,这种新闻某种程度上已经成为宣传,这种事实在某种程度上既是新闻的事实也是宣传的事实。新闻的产生是以读者需求为导向的,但在满足读者对外在信息的需求的基础上,新闻也因其事实的价值属性而逐渐获得了舆论功能。舆论功能对新闻来说影响是多

---

[1] WILKE J.Propaganda in the 20th century: contributions to its history [M]. New Jewsey: Hampton Press,1998:1.

方面的：对于执政党、利益集团来说，可以利用新闻的舆论功能，引导舆论、控制舆论、制造舆论；对媒体来说，为了彰显其独立的行业身份、专业的行业规范和道义捍卫者的形象，没有把事实停留在客观存在的事实本身，而是专注于挖掘事实背后的真相，以舆论监督的面貌出现，而舆论监督的背后正是新闻事实中的"价值命题"及其导向作用。正是新闻具有这种独特的功能，新闻宣传才在政治领域得到重视。

毛泽东提出的"请看事实"可以帮助我们更好地理解新闻的事实与宣传的事实，并由此剖析出新闻宣传的事实观念。1924年国共合作后，国民党内右派持反共的态度，进行一系列的破坏活动，许多报刊成为他们的言论机关，致使在全国范围内出现了一股反苏、反共、反工农、反国共合作的声音。在这样的背景之下，1925年毛泽东在《〈政治周报〉发刊理由》[①]一文中提出"请看事实"。在该文中，毛泽东开篇就指出："为什么出版《政治周报》？为了革命。""反攻敌人的方法，并不多用辩论，只是忠实地报告我们革命工作的事实。敌人说：'广东共产'。我们说：'请看事实'。敌人说：'广东内哄'。我们说：'请看事实'。敌人说：'广州政府勾联俄国丧权辱国'。我们说：'请看事实'。敌人说：'广州政府治下水深火热民不聊生'。我们说：'请看事实'。"为此，毛泽东明确提出："《政治周报》的体裁，十分之九是实际事实之叙述，只有十分之一是对于反革命派宣传的辩论。"短短一篇发刊词，不仅道出了中国共产党的宣传反击策略，也体现出了宣传的精髓，即利用事实。

通过这一发刊词我们可以看到，《政治周报》报道的都是事实，而且是"真实的事实"，但这些事实是服务于宣传或者直接用于宣传战的。同样一件事，不同的人采用不同的视角去看，看到的结果是不一样的。"敌人"看到的是"广东共产""广东内哄""广州政府勾联俄国丧权辱国""广州政府治下水深火热民不聊生"。这些观点通过一些事实报道得

---

① 中共中央文献研究室，新华通讯社.毛泽东新闻工作文选［M］.北京：新华出版社，2014：1-2.

出，但是这些是"敌人"看到、选择、报道的部分事实，甚至是捏造的事实，并试图通过这种片面的或虚假的事实的报道引导民众排斥共产党。而《政治周报》要报道的是更真实、全面、客观的事实，这种事实一经报道，"敌人"的报道和观点自然不攻自破。可见，在新闻宣传中，事实不是本原性的，而是经由人的观看、认知、判断和选择之后的事实。这种事实是一种"价值命题"的事实，含有报道者的价值主张和意图在里面。由此，我们可以得出一个结论：新闻不一定是宣传，但新闻宣传一定是新闻。如果新闻宣传没有遵循新闻的规律和原则，那么就是蹩脚的新闻宣传，甚至只是宣传而已，而不适合冠以"新闻宣传"的名义。

"请看事实"，"请"是一种"理直气壮"的积极态度；"事实"是一种客观现象，但对事实可以有不同的选择视角；"看"是方法，是让受众得到不同事实并产生不同观点的必要手段。"请看事实"的目的不是"请"，不是"看"，甚至也不是"事实"，而是"事实"背后的价值主张和引导。因此，我们可以说，"请看事实"是一种新闻宣传观念，也是新闻宣传的方法论根基。如果没有"请看事实"的"亮剑"精神和作风，而只是一些空洞的说教，那这种新闻宣传很可能是无效的，甚至会引起反感和逆反心理，无助于实现新闻宣传的目的。

三、"用事实说话"：新闻宣传中的事实逻辑

新闻的事实与宣传的事实无论是在事实还是事实的选择以及选择事实试图实现的目的上都具有重合部分，这是"新闻宣传"产生的必然性所在。当然，即便是同为"价值命题"的事实，两者之间还是有区别的。新闻报道所呈现的事实的三个层次中，新闻宣传中的事实更多强调的是第二个层次，第一个层次的事实是围绕第二个层次的事实服务的，其目的是让第三个层次的事实接近第二个层次的事实，即"构建的事实"，通过这种"构建的事实"实现"说话"的目的。

新闻宣传的概念在本质上是"用新闻做宣传"。尽管新闻与宣传之间有着显著的区别,但两者之间千丝万缕的关系不可能被隔断。1929年时,中共的根据地尚未建立,但群众情绪渐高,而日报在群众中又有很大的影响,鉴于这一背景,中共六届二中全会提出,要尽可能公开创办日报,且日报一定要严正地代表党的意见,不能因迁就工作便利而违背、修改或掩盖一部分党的主张,并特别强调要"从叙述新闻中宣传党的主张"。[1] 从某种程度上来说,"用事实说话"其实是"用新闻说话"或者"用新闻事实说话"。这是因为,新闻一定是事实的报道,但宣传不一定利用事实,宣传除了事实,也可以利用媒体、宣传单、海报等方式直接宣传观点主张。而且,宣传有时用的不是事实,也可能是虚假的"事实"。如在革命战争年代,经常会出现各种夸大其词的宣传,毛泽东就此在《普遍地举办〈时事简报〉》通令中明确指出:"严禁扯谎,……这种离事实太远的说法,是有害的。"[2]

那么,"用事实说话"到底是报道方法还是宣传方法?对此,学术界曾有一场持续五年之久的论争。早在20世纪80年代,就已有学者提出了"用事实说话"的观点。他们的论述主要从新闻角度开展,提出"事实是新闻的本源,客观事实是第一性的,新闻只是客观事物的反映"[3],"用事实说话是新闻写作最基本的要求,是新闻的特点和优势。离开事实的报道,就失去了新闻的真实性"[4],"报道是用事实说话的艺术","记者的立场、观点寄托在事实的选取与叙述之中"[5]。由此可见,提出"用事实说话"目的在于强调新闻报道的真实性,要言之有物,改变新闻稿中充满套话和空

---

[1] 中国社会科学院新闻研究所.中国共产党新闻工作文件汇编:上卷(1921—1949)[M].北京:新华出版社,1980:55.

[2] 中共中央文献研究室,新华通讯社.毛泽东新闻工作文选[M].北京:新华出版社,2014:30.

[3] 周衍.用事实说话:简论新闻必须真实[J].新闻通讯,1984(9):1-6.

[4] 潘玉民.重在用事实说话[J].新闻知识,1987(10):46.

[5] 王欣荣.报道:用事实说话的艺术[J].杭州大学学报(哲学社会科学版),1986(4):101-109.

第七章
新闻宣传的事实观念变迁

话的"宣传腔"[①]。1994年,《焦点访谈》节目开办之后,把"用事实说话"当作节目方针,使得这一提法进入公众视角而备受关注。1999年,尹连根发表《用事实说话不是新闻写作规律》一文,旗帜鲜明地否定了"用事实说话"作为新闻写作规律,并提出在"用事实说话"之下,"原本的事实现在成了手段,说话成了目的",用事实说话"要是真成了新闻写作规律,不仅在理论上站不住脚,而且在实践中易使新闻采写走入误区"[②]。此文发表之后,赖新蜀发文商榷,他指出"新闻信息依附于新闻事实,没有新闻事实就不可能产生新闻信息。新闻活动传播某个新闻事实同时也就传播了这个事实的信息,也就表达了一定的内容——即'说话'了,传播某个信息就说了某种话,不说是不可能的"。他强调,"事实是客观存在,事实一旦被报道,就是已经被传播了的事实,事实传播总是有目的的,它要产生某种影响,它总在'说话'"[③]。随后,陈力丹发表文章指出,双方都不同程度地没有说到"点"上,不能在是否"规律"的层面上讨论,而应从理解"用事实说话"本身是一种什么行为开始。"用事实说话"的核心词是"说话",那么这是一种典型的宣传方法。[④] 他认为"传播新闻是为了满足受众获知新消息的需要,宣传是为了满足宣传者输出观点的需要","在实际活动中,二者常常相互渗透,有交叉的地方。新闻中可能有宣传的成分,宣传有时也需要以传播新闻的形式达到目的","新闻报道中并非所有新闻都是为了有目的的说话而写的"。这又引起何光珽的商榷,他认为,"任何记者都是对他所见所闻的事实有所选择的",这个选择"是记者价值观使然"。[⑤] 季为民就何光珽的观点又提出质疑,"新闻价值和记者的价值取向是

---

① 陈力丹.减少宣传味学会 用事实说话[J].采写编,2000(6):15-16.
② 尹连根.用事实说话不是新闻写作规律[J].新闻传播,1999(3):36-37.
③ 赖新蜀.用事实说话:新闻写作的基本规律——读《用事实说话不是新闻写作规律》与尹连根商榷[J].新闻界,2000(4):30-31.
④ 陈力丹.用事实说话不是新闻写作规律[J].采写编,2002(4):4-5.
⑤ 何光珽.论"用事实说话":与陈力丹等同志商榷[J].新闻记者,2003(2):38-39.

不同的","新闻价值绝不是因为记者认为有才有的,这个价值是有一个客观标准的",主张"新闻是事实的报道,而不是'说话'"。①

这场争论的核心在于"事实"和"说话"。大家都认可事实是新闻的根本,观点是宣传的目的,但在"新闻是否需要说话""新闻事实是否能够说话"上存在不同看法。其根本在于,主张"用事实说话"的人认为新闻报道不可能"纯客观",而反对者认为新闻报道应以"客观"为原则而不能"说话"。这些讨论实际上忽视几个问题:第一,"事实"不一定客观,新闻事实更不一定客观。提出"用事实说话"不是新闻写作规律的人,从根本上认为,新闻事实应该是客观的,不能加入"说话"的层面,这是新闻工作赖以存在的根本,一旦新闻追求"说话"而不是追求"事实",那新闻就不是新闻了。但这只是一种职业追求、职业规范和理想状态,现实中存在很大的差距。事实上,且不说文字类新闻报道,即便是用镜头记录下事实及其经过,这些事实也只是呈现的事实而已,无法记录本原的事实,一旦后期经过编辑、剪辑,主观取舍层次会更多。当然,取舍是根据新闻价值进行的,并不能完全按照记者个人意愿,而新闻价值虽然是客观存在的,但判断新闻价值却是主观性的。因此,新闻报道中的事实不可能完全客观,不客观就意味着事实可能会"说话"。第二,"说话"不一定是宣传,也可能不存在宣传目的。反对者的深层担心是,新闻一旦利用事实说话,"事实成了手段,说话成了目的"。这是担心新闻把"说话"当成目的而变成了宣传。事实上,"说话"不一定就是宣传,备受推崇的舆论监督在"用事实说话",但显然舆论监督不是宣传。第三,"用事实说话"的初衷是强调"事实",而不是为了"说话"。无论是毛泽东提出的"严禁扯谎",还是20世纪80年代提出的"用事实说话",其本意不是为了宣传,而是为了让新闻回归到事实,少一些空话、套话。退一步来说,即便部分新闻会"说话",部分新闻不"说话",对会"说话"的新闻来

---

① 季为民. "用事实说话"是宣传方法而非新闻规律[J]. 新闻记者,2003(7):43.

说，如果不能"用事实说话"，那么用什么"说话"呢？第四，"事实"是否会"说话"其实不是最重要的，最重要的是"事实"为谁"说话"。试问，新闻一定不能"说话"吗？"说话"的新闻就不是好新闻吗？不"说话"的新闻和"说话"的新闻，谁的意义更大？其实，是否"说话"不重要，重要的"为谁说话"。理想的状态下，新闻在"用事实说话"的时候，强调公共利益，而宣传在"用事实说话"时强调宣传者的利益。

在笔者看来，"用事实说话"不是一种非此即彼的关系。之所以会引发争论，其原因在于事实既是新闻的支撑，也是宣传的重要基础。事实上，如果从"新闻宣传"角度来看，"用事实说话"本身就是新闻报道的方法，也是宣传方法，更是新闻宣传的重要方法。强行地把"用事实说话"划分为新闻报道原则或宣传方法，实际上忽略了新闻与宣传在"运用事实"上的共同之处。第一，新闻与宣传都在借助事实表达一定的观点。在新闻中，报道秉持"及时、真实、客观、公正"的原则，尽可能提供所了解的事实，从原则上来说新闻不允许直接提供观点，而是提供信息后受众自行得出观点；而在宣传中，事实是被"利用"的，讲究的是"有立场"，刘少奇就曾强调"报道要真实……也要注意立场"[①]。事实的选择要对宣传者有利或对敌对方不利，或能够通过事实传播宣传者的价值主张。第二，更为重要的是，从"事实命题"来看，新闻报道虽然讲究"及时、真实、客观、公正"，但这更多的是新闻界的一种追究，而事实上无论是理论上还是现实中，因为时空关系与社会关系的介入，新闻的事实不可能作为"事实命题"存在，更多的是一种"价值命题"。既然作为"价值命题"存在，那么新闻的事实与宣传的事实就不可能撇清关系。因为，新闻的事实内含价值，宣传的事实突出价值，不同的只是对价值表现的态度而已。第三，新闻的事实与宣传的事实最大的不同点在于，新闻试图在提供事实的同时给人们传播一种符合公共利益的价值或观点，而宣传在提供事实之

[①] 中国社会科学院新闻研究所.中国共产党新闻工作文件汇编：下卷[M].北京：新华出版社，1980：378.

时试图让人们相信、认可宣传者的价值、主张或观点。也就是说,"服务于公共利益"还是服务于"特定群体利益"是新闻与宣传在事实利用上的最大区别。"用事实说话"在新闻工作和宣传工作中都存在,既是新闻工作的方法也是宣传工作的方法。

从这个意义来看,"用事实说话"也很好地体现出了新闻宣传中的事实逻辑。一方面,新闻宣传首先是新闻,应该具有新闻的标准和原则,如果没有这个基础,那就算不上新闻宣传。另一方面,新闻宣传必须要基于事实。新闻宣传的事实与新闻的事实不同在于,前者要通过事实传递宣传的价值、主张或观点。理解新闻宣传中的事实逻辑,可以从以下几个方面入手(见图2)。

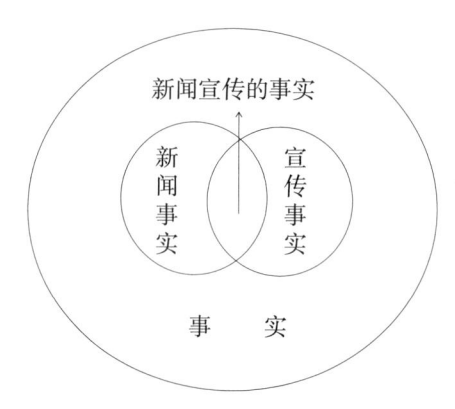

图2 新闻事实、宣传事实与新闻宣传的事实之间的关系

新闻事实与宣传事实是一种交叉关系,这个交叉的部分就是新闻宣传的事实。这同时表明,新闻宣传的事实是事实的一种,既是新闻的事实,也是宣传的事实。这正是新闻宣传中的事实逻辑,如果忽略了这种逻辑,简单去讨论"事实"和"说话",就会停留于表面,而无法抓住根本。对实践来说,理解了新闻宣传的事实逻辑,可以有助于做好新闻工作,也有助于做好新闻宣传工作,也可以更好地辨析清楚新闻与宣传之间的关系,20世纪80年代关于新闻与宣传关系的争辩,其根本就是没有理解彼此的事实的逻辑。基于新闻宣传的这一事实逻辑,还可以得到一个结论:新闻

宣传中的事实必须是"真实"的，否则就失去了根本；但这些事实未必是"真相"，有时是"被操作的事实"。

四、事实如何说话：新闻宣传中的事实运用

尽管实践中的新闻宣传或褒或贬、或明或暗，但这些评价与方法都无法掩盖一个现实：新闻宣传是普遍存在的，几乎存在于每家媒体之中。正是由于事实的"说话"功能，使得媒体在"报道事实"功能的基础上，获得了舆论监督和新闻宣传的功能，而如果说"报道事实"是新闻工作的精神所在，那舆论监督和新闻宣传则是新闻为何受到重视的原因所在。那么，在新闻宣传的实践中，事实又是如何说话的呢？

新闻宣传最常用的方式是"选择正面事实"。在这里，"正面"的主体是宣传者，而不是事实本身，也不是被宣传者，更不是敌对一方。中国共产党"以正面宣传为主"的新闻宣传方针，之所以在实践中经常会被误解、误用，原因就是有些人在观念上没有认清这一点，把事实本身作为是否"正面"的衡量标准。当然，从最终目的来说，还要看宣传者的目的是一己之私还是公众利益。如果说宣传者是为了政党、利益集团的一己之私，这种宣传目的是要警惕的；而如果宣传者是为了公众利益，即便新闻宣传是为了实现宣传者的目的，但这种目的也具有正义性。如关于环保的宣传，宣传者的目的与公众利益就是一致的。

"揭露虚假事实"是新闻宣传面对敌对宣传时的一种"反宣传"方式。在敌我双方的宣传战中，制造虚假信息和谣言、夸大事实经常会被视为重要的宣传方式。尽管这些方式导致了宣传的"污名化"，但由于其具有抹黑、瓦解作用，仍然在一定范围内存在。当宣传者面对敌对方此类的宣传攻势时，"揭露虚假事实"就成为必然选项。如上文所述的毛泽东提出"请看事实"，实际上正是为了应对敌对方的虚假信息和谣言所采取的反宣传策略，通过摆事实来讲道理，揭露虚假事实，还原事实的本来面目。

当宣传环境不佳，宣传者处于被动局面或不利局面时，也会选择"制造有利事实"。宣传者所处的环境、社会地位会随着形势的变化而变化，时而弱势时而强势。一旦社会环境对宣传者不利，或陷入被动的、不利的局面时，制造一些有利于宣传者的事实。与"制造事实"类似的还有"制造舆论"。不同的是，"制造舆论"既可以通过"制造事实"也可以通过"利用事实"，都是为了使事实满足宣传者的需求。

在运用事实的过程中，无论是选择正面事实还是制造有利事实，主要是通过对事实角度的选择、细节的选择以及谋篇布局、遣词造句等方式实现的，这里的"事实"并非一种"事实命题"，目的不在于追求事实的本原，而是"价值命题"，是为了追求事实的潜在价值。正因如此，挖掘事实、追求真相、提倡客观的新闻精神，才被强调且受到推崇。

第八章
新闻宣传的生态变迁与观念转型

新闻宣传是政党巩固政权和开展意识形态宣传的重要途径。中国近代宣传观念的形成和发展自20世纪三四十年代开始,受到苏俄一体化/整合宣传模式和美国的科学/实证宣传模式的影响[①],随后逐渐在实践中形成适用于中国共产党和中国国情的宣传理念和模式。中国共产党自建党之日起就重视新闻宣传工作,但互联网技术的发展、信息传播环境以及媒体格局的变化,新闻宣传观念发生较大转变。随着全球化、民主化、信息化的发展,宣传思想工作在党和国家大局中的地位与作用更加凸显,也要求党的宣传思想工作与时俱进。从宣传话语的变化就可以看出,中国共产党的新闻宣传观念不是一成不变的,而是依据国情、依据宣传语境的变化、依据实践经验的总结历经了多次转型。

一、新闻宣传的生态变迁

互联网是党宣传工作中的最大变量。互联网的发展改变了信息传输的速度和方向,进而改变了媒体参与、公众参与和国际参与的格局。习近平

---

① 刘海龙.宣传:观念、话语及其正当化[M].北京:中国大百科全书出版社,2013:194.

总书记多次强调要"使互联网这个最大变量变成事业发展的最大增量"①。可见，互联网带来的一系列信息化、民主化和全球化的变革成为党新闻宣传观念转型的重要环境动力。

（一）信息化：变化的媒体参与

互联网移动端的发展改变了媒体的参与格局。传统媒体面临出局危险，新兴媒体成为信息的主要传播渠道。当前的传媒环境，区别于传统的纸媒时代，也不仅仅是概念意义上的信息化时代。当前我国的媒介环境，纸媒、电视广播媒体、网络媒体多种媒介形式并存。公众可以从任意渠道获取自己想要的信息，从被动的受者转身成为传者。而随着信息社会的发展壮大，新兴媒体的影响力越来越大。据中国互联网络信息中心（CNNIC）统计，截至2018年6月30日，我国网民规模达到8.02亿，其中，手机网民规模已达到7.88亿，网民通过手机接入互联网的比例高达98.3%。②手机客户端和社交媒体成为人们的首要信息来源。除了信息接收的渠道变化，信息流动也发生了变化。手机接入规模的增高和信息传输速度不断加快，民众可以轻松利用图像、视频甚至直播等直观形式发布消息，获取关注。信息传播的流动方向多样，平等性和互动性增强，传受双方的固定位置被打破。每个人都可能是信息源。传统媒体则在越来越多的事件上逐渐丧失第一报道者的主导地位，开始主动融合新媒体渠道，建设全媒体参与格局。这也使原有的宣传方式变得不再适用，信息传播的危害性和不可控性日益突出，转变宣传工作方式势在必行。

---

① 习近平.举旗帜聚民心育新人兴文化展形象 更好完成新形势下宣传思想工作使命任务［N］.人民日报，2018-08-23（1）.
② 中国互联网络信息中心.第42次中国互联网络发展现状统计报告［EB/OL］.（2018-08-20）［2018-08-24］. http://www.cac.gov.cn/2018/08/20/c_1123296882.htm?eqid=e501b60a0009f4d300000004647eb404.

（二）民主化：扩大的公众参与

互联网的发展深化了信息的透明公开，改变了舆论生态，扩大了公众参与。曾经，传统意义上的纸质媒体在掌握和引导舆论场中发挥主导作用。自中国 2014 年进入互联网新常态以后[①]，纸媒影响力不断减弱，依托互联网发展的自媒体在不断壮大民间舆论场。互联网环境下"用户至上"的理念及新媒体技术的极速更迭，催生出繁复多样的自媒体形态。越来越多的普通网民有机会、有意愿参与到公共事件的讨论中。网民力量的持续壮大在很大程度上影响了网络舆论场中的公共议程设置。此外，网络媒体对舆论场的介入更深，介入能力更强，介入面积更广[②]。一旦丧失掌握舆论场的主动权和主导权，正确、积极的信息得不到传播，虚假、消极、错误的言论就更容易扩散。网络舆论新常态驱使党的宣传理念发生变化。不仅要重视新闻宣传，更要关注新闻舆论。党的新闻舆论工作被置于了更加突出的位置。主流媒体如何发布信息、引导舆论成为党宣传工作面临的一项紧迫课题。

（三）全球化：深入的国际参与

互联网带来的全球信息互通，要求中国更加深入地参与到国际事务中去。全球化让意识形态竞争更加突出的同时，也对党的国际宣传工作提出新的要求。习近平总书记在 2013 年全国宣传思想工作会议上曾指出，在全面对外开放的条件下做宣传思想工作，一项重要任务是引导人们更加全面客观地认识当代中国、看待外部世界。20 世纪初，国际战略格局深化调整，"一带一路"倡议持续推进，中国开启大国外交新纪元。国际上，越

[①] 张树庭，李未柠，孔清溪．中国开始进入互联网"新常态"：2014 中国网络舆论生态环境研究报告［J］．现代传播（中国传媒大学学报），2015，37（3）：1-9．

[②] 尹韵公．从"新闻舆论工作"看习近平新闻宣传新理念［EB/OL］．（2016-02-24）［2016-02-25］．https://theory.gmw.cn/2016-02/24/content_19012085.htm．

来越多的人开始理性客观地看待中国。中国也始终以和平发展、合作共赢的态度积极参与国际事务，与各国建立和平外交关系，共建人类命运共同体。但尽管全球化不断深入，以美国为代表的西方发达国家仍旧掌握着全球信息流动和文化定义的主导权。全球媒体力量分布不均、话语权差距扩大。美国掌握的跨国传媒巨头仍在强势影响着国际信息议程的制定，阻挡中国及其他国家发声。意识形态持续对立的结果就是仍有较大一部分的国际民众停留在落后中国、专制中国的刻板印象之中。如何在西强我弱的国际舆论格局中更好地传播中国声音，如何形成同我国综合国力相适应的国际话语权，是中国共产党对外宣传工作急需解决的问题。

二、新闻宣传的观念转型

面对宣传环境的日益信息化、民主化和全球化，中国共产党的新闻宣传观念也在不断进化。宣传工作的范畴更加清晰，宣传主客体不再严格区分，宣传方法也从讲道理为主变为讲故事，更好地融入国际话语体系中去。

（一）认识观念转型：从宣传到传播

为应对外界环境的种种转变，中国共产党抛弃了旧有的泛宣传概念，重新界定了宣传概念的界限，宣传的含义与属性逐渐清晰。从宣传到传播，看似是一个话语的转型，实际则体现了党对宣传概念的认识不断深入。我国原有的对宣传的认识是来自对马克思列宁主义的继承。马克思与恩格斯起草《共产主义者同盟章程》时提出的"宣传工作"概念从源头上定义了中国马克思主义语境下的宣传意义。毛泽东等提出的"泛宣传"概念和一体化宣传实践等在当时的历史语境下发挥了重要的意识形态引导作用。旧有的宣传观念无限扩大了宣传的范畴，把传播活动、思想意识活动都视为宣传，甚至把教育、文化、文艺等都包含在内。意识形态工作与宣

第八章
新闻宣传的生态变迁与观念转型

传工作概念的杂糅，界限不清，使得宣传正当化逐渐失去基础和前提。互联互通的高速信息发展大大拓展了人们获取信息的渠道，民众的发声机会与发声意愿大大增强。信息传播不能像过去一样自上而下地灌输，而是需要注意与受众的双向互动，注重信息的平等性、公共性与透明性。仅靠党报新闻的一体化宣传实施及媒体，宣传效果显然与互联网的时代要求不适应。习近平总书记多次强调要认清局势，适应互联网语境下新的传播趋势，遵循传播规律，提高传播能力，完善传播格局。新闻具有内在的传播规律，如果新闻宣传过于偏重目的性的宣传，不顾传播规律，必然导致宣传效果不佳。

（二）关系观念转型：从新闻宣传到新闻舆论

新时期中国共产党对宣传的认识着重强调其舆论引导功能。从新闻宣传到新闻舆论的话语表述变化，背后蕴含着中国共产党对宣传主体关系认识的变化。互联网时代新型媒体的迅猛发展改变了原有的舆论格局，也促使党改变了对宣传和舆论关系的认识。最直观的变化体现在习近平总书记2016年开始使用"新闻舆论工作"这一新提法。从新闻宣传到新闻舆论，宣传主体和客体不再严格区分。新闻舆论的主体是人民，人民群众在网络上自由的、公开的观点和意见形成舆论。互联网时代，几乎每个人都掌握着发声的渠道，舆论场的复杂性更甚，党的舆论引导工作开展的难度也更大。早在1996年，新闻舆论的概念就已出现。早期新闻舆论指新闻传播媒体表达的思想、刊载的言论。[1] 鉴于对媒体舆论引导重要作用的认识，习近平总书记要求新闻舆论工作要科学认识舆论运行规律，坚持正确的舆论导向。坚持推动媒体融合发展，以做大做强主流舆论，并将之视为巩固

---

[1] 陈力丹. 马克思主义新闻观思想体系［M］. 北京：中国人民大学出版社，2006：724.

全党全国人民团结奋斗的共同思想基础。① 习近平总书记的新闻舆论观拓展了舆论导向的内涵及表现方式,是一种面向公众的、以正面宣传为主的全面舆论导向。

(三)方法观念转型:从讲道理到讲故事

从讲道理到讲故事,党将对外话语体系的表述问题提高到治国理政的全局高度。对国际话语权建设的战略意义的认识提升到新的高度。互联网时代,中国共产党对内对外宣传的话语方式和系统不断创新,形成了许多具有中国特色的中国故事。"一带一路""中国梦""人类命运共同体"等新兴概念和表述背后都有着内涵丰富的中国故事。话语表述在宣传中具有极端重要性。中国共产党原有的时代任务要求党的宣传话语是鼓动式的。宣传群众、动员群众的方式,不再仅仅通过各级组织进行内部思想动员,依靠行政力量推动,更多地通过大众传媒、精神文化产品、群众性教育活动进行面向社会的思想动员,依靠舆论引导推动。② 互联网技术出现之后,世界信息技术的巨大变革为宣传工作的展开提出了更高的要求。中国不仅要更快、更准确地引入国际信息,也要更好地融入国际话语体系,将中国话语更高地传递出去。宣传创新是时代需求。习近平总书记强调要"打造融通中外的新概念新范畴新表述",就是为了让世界更好地了解中国。从讲道理到讲故事,就是解决话语表述创新的行动方案。故事是全球意义活动的一种通用语言③,能够超越所谓的文化语境鸿沟,在大脑的认知层面潜移默化地完成对中国的认同建构。习近平总书记指出:"讲好中国故事是全党的事,各个部门、各条战线都要讲。要加强统筹协调,整合各类资

---

① 习近平.加快推动媒体融合发展 构建全媒体传播格局[J].求是,2019(6):4-8.
② 中宣部政策法规研究室.宣传思想工作创新的理论依据和现实依据[J].党建,2005(2):27-28.
③ 刘涛.新概念 新范畴 新表述:对外话语体系创新的修辞学观念与路径[J].新闻与传播研究,2017,24(2):6-19,126.

源，推动内宣外宣一体发展，奏响交响乐、唱响大合唱，把中国故事讲得愈来愈精彩，让中国声音愈来愈洪亮。"[1]

三、新闻宣传观念的转型路径

历经转型后，党对新闻宣传工作有了新的认识。新型宣传观念在突破传统观念的局限后，开始寻求话语、范式和实践的转型。

（一）话语转型：宣传话语创新

中国共产党宣传工作的话语转型体现为，以受众语言取代官方语言，以中性的、全球化的表述取代阶级代表性的话语。中国共产党的宣传有着自己特定的阶级、思想和组织基础。[2] 党的宣传话语也一直与宣传对象特征匹配。毛泽东说，宣传语言来自群众，要让老百姓听得懂。互联网时期，党的宣传话语也随着受众阅读习惯变化而改变。一方面，互联网理念深刻影响着现代人的思维方式，信息娱乐化、情绪化特征突出，碎片化的信息接收方式缩短了人们的理解时间。为此，习近平总书记要求党的宣传要适应分众化、差异化传播趋势，创新内容、题材、形式、方法，增强针对性和时效性。[3] 党的宣传话语也在不同的媒介平台呈现多样的特征，构建全媒体的传播格局。另一方面，在早期以阶级斗争为纲的时代，阶级代表性话语在党的宣传文件中反复出现，媒体上的政治辩论激烈。而在改革开放之后，国家需要社会安定团结，此时媒体的工作重心也是以经济建设为中心。阶级代表性的、鼓动性的话语较少出现在宣

---

[1] 中共中央宣传部.习近平总书记系列重要讲话读本［M］.北京：学习出版社，人民出版社，2016：211.

[2] 胡维华.开展中国共产党宣传史的研究［J］.东方论坛·青岛大学学报，1994（2）：29-35.

[3] 习近平在党的新闻舆论工作座谈会上强调：坚持正确方向创新方法手段 提高新闻舆论传播力引导力［N］.人民日报，2016-02-20（1）.

传语言中。新时期，宣传工作的"一项重要任务是引导人们更加全面客观地认识当代中国、看待外部世界"[①]。为此，中国共产党加强构建全球性的对外传播话语体系，转变宣传话语适应移动化、社交化、可视化的全球传播趋势。

（二）范式转型：宣传工作正当化

中国共产党重视宣传理论和规律，以科学武装宣传，不断提升宣传在意识形态工作中的重要地位。习近平总书记在讲话中强调，经济建设是党的中心工作，意识形态工作是党的一项极端重要的工作。[②] 党的新闻舆论工作是党的一项重要工作，是治国理政、定国安邦的大事[③]。党充分重视宣传工作的重要性，并通过认识党性与人民性的关系问题加强宣传的正当性。党的十八大以来，党和国家领导人多次阐明"党性和人民性从来都是一致的、统一的"观点。党的新闻舆论工作就是把党的理论和路线方针政策变成人民群众的自觉行动，及时把人民群众创造的经验和面临的实际情况反映出来，丰富人民精神世界，增强人民精神力量。[④] 此外，科学理论的支撑也是宣传工作正当化的重要力量。党多次强调规律的重要性。习近平总书记指出，党的新闻舆论工作是一门科学，必须按照规律办事。时度效是检验新闻舆论工作水平的标尺。不管是主题宣传、典型宣传、成就宣传，还是突发事件报道、热点引导、舆论监督，都要从时度效着力、体现

---

① 习近平在全国宣传思想工作会议上强调：胸怀大局把握大势着眼大事 努力把宣传思想工作做得更好 [N].人民日报，2013-08-21（1）.
② 习近平在全国宣传思想工作会议上强调：胸怀大局把握大势着眼大事 努力把宣传思想工作做得更好 [N].人民日报，2013-08-21（1）.
③ 习近平在党的新闻舆论工作座谈会上强调：坚持正确方向创新方法手段 提高新闻舆论传播力引导力 [N].人民日报，2016-02-20（1）.
④ 习近平在党的新闻舆论工作座谈会上强调：坚持正确方向创新方法手段 提高新闻舆论传播力引导力 [N].人民日报，2016-02-20（1）.

时度效要求。[①]网络宣传也要科学认识和运用网络传播规律，推动传统媒体和新兴媒体融合发展，要遵循新闻传播规律和新兴媒体发展规律。在实践中不断强化对宣传工作的规律性认识，要尊重新闻传播规律，重视新闻舆论工作的传媒理念，正是党尊重新闻传播规律的体现。

（三）实践转型：宣传实践隐匿化

党的宣传实践呈现出公关、广告、文化、教育等多种面貌。从宣传到新闻宣传再到新闻舆论，宣传主体以更加中立、冷静、客观的科学面目出现。[②]新闻舆论的提出，将宣传主体与客体的界限彻底打破，地位趋于平等。对话式的宣传实践使宣传主体在政治家和民众之间不断转换，宣传的目的不是操纵，而是引导舆论、引领思想、传承文化、服务人民。"润物细无声"，未来的宣传实践将点滴渗透，潜移默化地影响民众。通过各类文化形式生动具体地表现社会主义核心价值观、以高水平的艺术作品宣传真善美，引导正确的、真实的、客观的舆论不断壮大，深入开展中国特色社会主义和中国梦宣传教育。这些实践都是当今中国共产党宣传工作的一部分。在全媒体时代背景下，党和国家加快推动媒体融合发展，构建全媒体传播格局，做大做强主流舆论，以媒体的影响力、传播力和公信力完成宣传实践。而针对媒介智能化的发展现象，以主流价值导向驾驭机器算法，民众可以以自己喜爱的、习惯的方式接收宣传信息，产出内容，形成舆论，共同为实现中华民族伟大复兴的中国梦而团结奋斗。

由以上考察可以看出，中国共产党已经形成了新型的新闻宣传观念。从"宣传动员"到"新闻舆论"，名称上的变化不仅反映出环境条件的革

---

① 习近平在党的新闻舆论工作座谈会上强调：坚持正确方向创新方法手段 提高新闻舆论传播力引导力[N].人民日报，2016-02-20（1）.
② 郭松.试论现代宣传观念的形态与嬗变[J].传播力研究，2017，1（11）：29-30.

新，而且反映出党对新闻宣传工作思想认识和实践上的变化。中国共产党是一个马克思主义政党，新闻宣传工作始终居于重要位置。做好党的新闻舆论工作，事关党和国家的前途命运。中国共产党坚持从全局出发，把握新闻宣传工作的规律，做到与时俱进，跟随不同时期的环境、目标、任务自觉作出调整和转变，实现科学性和阶级性的统一。

创新篇

第九章

党的新闻舆论工作：新时代新闻宣传的话语创新

党的十八大以来，无论是政治环境还是媒介生态都发生了巨大变化，国内外形势的复杂程度进一步加剧。从政治角度看，中国特色社会主义进入新时代，各项改革全面推进，国际地位进一步提升，走在世界舞台中央，同时在国际上面临着世界格局大变革的机遇和逆全球化的挑战，意识形态舆论斗争形势复杂。从媒介生态来看，以微博、微信为代表的社交媒体蓬勃发展，以今日头条为代表的智能信息平台发展迅速，以抖音、快手、火山小视频为代表的短视频和网络直播平台深入人们的日常生活，以知乎、B站等为代表的社区平台形成了一个个网络社群。这些都彰显着一个新的媒体格局和舆论生态已经形成，传统主流媒体的引导力和主导权遭受前所未有的冲击。在这种背景下，新闻宣传观念也在随之发生变化。

一、宣传与新闻：党性与人民性及规律性

在中国，过去很长一段时间内，宣传与新闻的关系始终处于模糊状态。改革开放后，宣传与新闻的关系得到了澄清。基于宣传与新闻的关系，习近平在宣传工作中提出了很多新的表述。这三点成为新时期宣传工作与新闻工作的指导方针，是中国共产党新闻宣传观念的新内容。

首先是对党性的强调。党性是马克思主义新闻传播思想中的核心内

容,中国共产党历代领导人对此都予以强调。2016年2月19日,在党的新闻舆论工作座谈会上,习近平总书记强调,"党的新闻舆论工作坚持党性原则,最根本的是坚持党对新闻舆论工作的领导。党和政府主办的媒体是党和政府的宣传阵地,必须姓党"[①]。换言之,党性原则集中体现在"党媒姓党"上。具体到党性原则的表现方式,习近平总书记强调,"党的新闻舆论媒体的所有工作,都要体现党的意志、反映党的主张,维护党中央权威、维护党的团结,做到爱党、护党、为党;都要增强看齐意识,在思想上政治上行动上同党中央保持高度一致"。可以说,这是"政治意识、大局意识、核心意识、看齐意识"在党性上的集中体现。作为执政党,中国共产党要使其路线、方针、政策、纲领得到切实落实,如果不坚持党性就无法实现目标。

其次是对人民性的强调。在马克思主义新闻传播思想中,"党性"与"人民性"是一组重要概念,但种种原因被长期淡化。2013年8月19日,习近平总书记在全国宣传思想工作会议上明确提出,"党性和人民性从来都是一致的、统一的",从而打破了这一认识误区。他认为,"坚持党性,核心就是坚持正确政治方向,站稳政治立场,坚定宣传党的理论和路线方针政策,坚定宣传中央重大工作部署,坚定宣传中央关于形势的重大分析判断,坚决同党中央保持高度一致,坚决维护中央权威"。而坚持人民性,"就是要把实现好、维护好、发展好最广大人民根本利益作为出发点和落脚点,坚持以民为本、以人为本"。在强调"党性与人民性统一"的基础上,提出了"以人民为中心的工作导向",这是一种全新的表述,把"人民性"原则具体化,就是要"把服务群众同教育引导群众结合起来,把满足需求同提高素养结合起来,多宣传报道人民群众的伟大奋斗和火热生活,多宣传报道人民群众中涌现出来的先进典型和感人事迹,丰富人民

---

① 霍小光,李斌."与党和人民同呼吸,与时代共进步":习近平总书记主持召开党的新闻舆论工作座谈会并到人民日报社、新华社、中央电视台调研侧记[N].人民日报,2016-02-21(1).

精神世界，增强人民精神力量，满足人民精神需求"①。2016年2月19日，在党的新闻舆论工作座谈会上，他再次强调，要"坚持以人民为中心的工作导向"。由此可见，"人民性"原则得到了前所未有的重视。

再次是对规律的强调。关于规律，习近平总书记在不同场合强调的意涵不同。一是对规律的遵循。在中央全面深化改革领导小组第四次会议上，习近平总书记强调，推动传统媒体和新兴媒体融合发展，要遵循新闻传播规律和新兴媒体发展规律。②这是从媒体发展角度思考，强调对规律的遵循，没有这些遵循，就难以推动媒体发展，从而无法提升媒体的竞争力、传播力和影响力，也就降低了宣传的力度和效果。二是对规律的运用。在中央网络安全和信息化领导小组第一次会议上，习近平总书记指出，"做好网上舆论工作是一项长期任务，要创新改进网上宣传，运用网络传播规律，弘扬主旋律，激发正能量"③。这里，强调的是对规律的运用，只有了解网络传播规律，才能运用这些规律；只有运用这些规律，才能做好网上舆论引导工作。三是对规律的尊重。2016年2月19日，在党的新闻舆论工作座谈会上，习近平总书记强调"尊重新闻传播规律，创新方法手段"④。对规律的尊重是新闻舆论传播力、引导力、影响力、公信力的基本保证，也是解决宣传工作中一些长期形成的弊病的最为基础的要求。

对规律的强调和对党性与人民性的强调是并行不悖的，这是对中国共产党新闻宣传思想的继承与发展。在新形势下，中国发展面临复杂环境

---

① 习近平在全国宣传思想工作会议上强调：胸怀大局把握大势着眼大事 努力把宣传思想工作做得更好 [N]．人民日报，2013-08-20（1）．

② 习近平主持召开中央全面深化改革领导小组第四次会议强调：共同为改革想招 一起为改革发力 群策群力把各项改革工作抓到位 [N]．人民日报，2014-08-19（1）．

③ 习近平主持召开网络安全和信息化工作座谈会 [N]．人民日报，2016-04-20（1）．

④ 霍小光，李斌．"与党和人民同呼吸，与时代共进步"：习近平总书记主持召开党的新闻舆论工作座谈会并到人民日报社、新华社、中央电视台调研侧记 [N]．人民日报，2016-02-21（1）．

和多种挑战，如何巩固共产党的执政地位，并全面深化改革，推动中国发展，已成为重大课题。作为宣传的重要渠道，新闻舆论工作事关全局。在这一点上，关于宣传与新闻关系的新观念适应了客观形势的需要。

二、宣传与舆论：导向、斗争与监督

舆论是政治的晴雨表，对政党而言至关重要，是新闻宣传工作的一项重要内容。自近代报刊产生以来，从梁启超到孙中山再到中国共产党人，都高度重视舆论。

舆论导向和舆论引导是中国共产党舆论思想的核心部分。2016年2月19日，在党的新闻舆论工作座谈会上，习近平总书记强调："新闻舆论工作各个方面、各个环节都要坚持正确舆论导向。""各级党报党刊、电台电视台要讲导向，都市类报刊、新媒体也要讲导向；新闻报道要讲导向，副刊、专题节目、广告宣传也要讲导向；时政新闻要讲导向，娱乐类、社会类新闻也要讲导向；国内新闻报道要讲导向，国际新闻报道也要讲导向。"[①]这一要求，实际上拓宽了舆论导向的内涵及表现方式，是一种"全面舆论导向"，适应了新兴媒体不断发展、媒体格局和舆论格局发生巨大转变的媒介环境。

在创新发展"舆论导向"这一理念的同时，习近平总书记提出了"舆论斗争"的概念。新兴媒体的发展，不仅触发了"多元化"舆论场的出现，使不同意见得到表达，不同思想开始交锋；也改变了传统舆论传播流程，网络上的意识形态渗透和斗争开始增多。如何保护好、开发好、利用好网上舆论，成为党是否能掌握意识形态工作的领导权、管理权、话语权的重要命题。在此背景下，2013年8月19日习近平总书记在全国宣传思

[①] 霍小光，李斌."与党和人民同呼吸，与时代共进步"：习近平总书记主持召开党的新闻舆论工作座谈会并到人民日报社、新华社、中央电视台调研侧记[N].人民日报，2016-02-21（1）.

▶ 第九章
党的新闻舆论工作：新时代新闻宣传的话语创新

想工作会议讲话中强调，"把意识形态工作的领导权、管理权、话语权牢牢掌握在手""坚持正面宣传为主，决不意味着放弃舆论斗争""互联网已经成为舆论斗争的主战场"。[①] 这是一场没有硝烟的战争，关乎政权安全、政治稳定，其背后是思想战争，是争夺人心之战。因此，在事关大是大非和政治原则问题上，必须增强主动性、掌握主动权、打好主动仗，要敢抓敢管，敢于亮剑，有理有利有节开展舆论斗争。

在宣传与舆论的关系上，在强调舆论导向和舆论斗争的同时，也强调了舆论监督的重要性。以正面宣传为主是中国共产党宣传工作中的重要原则，是舆论导向的主要方式之一。然而，由于种种问题，这一原则被一些人错误地理解，甚至用来压制舆论监督。对此，习近平总书记在几次讲话中厘清了两者之间的关系。在全国宣传思想工作会议上，他强调，坚持团结稳定鼓劲、正面宣传为主，是宣传思想工作必须遵循的重要方针；在党的新闻舆论工作座谈会上，他再次强调了这一观点，并提出做好正面宣传，要增强吸引力和感染力。与此同时，他明确指出："舆论监督和正面宣传是统一的""新闻媒体要直面工作中存在的问题，直面社会丑恶现象，激浊扬清、针砭时弊，同时发表批评性报道要事实准确、分析客观"。[②] 这在事实上纠正了片面的正面宣传观念。

舆论导向、舆论斗争和舆论监督三者构成了舆论宣传的核心。三者都是站在执政党的视角去看待舆论，但其对象是不一样的：舆论导向面向公众，以正面宣传为主；舆论斗争面向敌对势力，目标十分明确；舆论监督则是面向党和政府，是执政党强化党风廉政建设的一个途径。

---

① 习近平在全国宣传思想工作会议上强调：胸怀大局把握大势着眼大事 努力把宣传思想工作做得更好[N].人民日报，2013-08-20（1）.
② 霍小光，李斌."与党和人民同呼吸，与时代共进步"：习近平总书记主持召开党的新闻舆论工作座谈会并到人民日报社、新华社、中央电视台调研侧记[N].人民日报，2016-02-21（1）.

三、宣传与传播：互动、传播与传播力

对中国共产党来说，以报刊、广播、电视为代表的传统新闻宣传工作，长期以来都是在宣传观念指导下进行的。自传播观念出现后，中国共产党对宣传工作尤其是新闻宣传工作进行了反思与改革。在宣传与传播的关系上，习近平总书记没有明确的阐述，但其传播观念却表现在多次讲话中。

第一，在对内宣传方面，强调"互动"的传播观念。其"互动"观念体现在具体行为之中。如，习近平总书记2015年12月25日视察解放军报社时，在军报微博微信发布平台敲击键盘而发出的一条微博，引发网友关注。又如，2016年2月19日，习近平总书记在人民日报社新媒体中心现场录制语音，点击发布上线，通过微博等向全国人民发来元宵节祝福。这体现的是对微博的重视及其背后的观念变化。这种宣传方式已完全超越了传统的"讲话—报道"型宣传，拉近了与公众之间的距离。

第二，在对外宣传方面，强调"传播中国"的观念。重视外宣但又不提外宣，这是国际舞台上各国的普遍做法。对此，习近平总书记是有清晰认识的。强调"要精心做好对外宣传工作，创新对外宣传方式，着力打造融通中外的新概念新范畴新表述，讲好中国故事，传播好中国声音"[1]。这实际上已明确表现出外宣理念的变化。一方面，"新概念新范畴新表述"就是要求摆脱传统宣传观念的束缚；另一方面，"讲好中国故事，传播好中国声音"强调了通过"讲"和"传播"的新理念，而非传统的"对外宣传"。

第三，在整体宣传实力方面，强调"传播力"的构建。提出要"建成几家拥有强大实力和传播力、公信力、影响力的新型媒体集团，形成立

---

[1] 习近平在全国宣传思想工作会议上强调：胸怀大局把握大势着眼大事 努力把宣传思想工作做得更好[N].人民日报，2013-08-20（1）.

体多样、融合发展的现代传播体系"①。而在党的新闻舆论工作座谈会上，习近平总书记又强调，要"推动融合发展，进一步提高党的新闻舆论传播力、引导力、影响力、公信力"，并特别指出要"着力打造具有较强国际影响的外宣旗舰媒体"，以加强国际传播能力建设。传播力是宣传效果的保障。在新媒体时代，需要通过媒体融合，建设新型主流媒体，以全面提升传播力。而只有这样，才有可能在新的媒介环境和舆论环境下，掌握舆论的主动权，保证宣传效果。

四、党的新闻舆论工作：新闻宣传的话语创新

新闻宣传概念的出现、发展及其观念的演变，反映的是新闻观念和宣传观念的整体变化。换言之，没有宣传观念的整体转型，新闻宣传观念就难有今天之变化。

（一）新闻传播规律的回归

新闻宣传观念的话语转型，背后体现的是中国共产党对新闻传播规律的遵循。这种认识经历了较长的历史时期。从建党到新中国成立再到改革开放，迫于革命、建设与改革的形势，新闻宣传观念一直未能从"新闻规律"角度予以足够观照，直到新世纪才有了突破。

对新闻传播规律的认识，自马克思时代就已萌芽。在马克思一生丰富的新闻实践中，他十分重视对新闻规律的探求和遵循。学者张冰清、芮必峰认为，马克思的一生主要论述和总结了新闻活动的"报刊有机运动"规律、真实性规律以及描述客观性原则的"一般的公正"规律等。② 马克思

---

① 习近平主持召开中央全面深化改革领导小组第四次会议强调：共同为改革想招 一起为改革发力 群策群力把各项改革工作抓到位[N].人民日报，2014-08-19（1）.

② 张冰清，芮必峰.马克思关于新闻规律的思考[J].合肥师范学院学报，2015，33（2）：123-126.

对规律是有深刻认识的。1843 年,马克思在《〈莱比锡总汇报〉的查禁和〈科隆日报〉》中指出:"要使报刊完成自己的使命,首先必须不从外部为它规定任何使命,必须承认它具有连植物也具有的那种通常为人们所承认的东西,即承认它具有自己的内在规律,这些规律是它所不应该也不可能被摆脱的。"[①] 在那个年代,能够从规律角度对报刊发展和新闻活动进行思考是难能可贵的。

中国共产党对新闻传播规律的认识是在摸索中逐渐掌握的。早期中国共产党对规律的认识存在一些不足。虽然中国共产党早期领导人对宣传效果、宣传方式均有强调,但并未从新闻传播的规律角度予以认识。新中国成立后一直到改革开放初期,新闻传播规律始终未能引起重视,新闻媒体中的宣传一直按照宣传的思路去做,而对"新闻宣传"中的"新闻"成分考虑欠缺。

新时期,中国共产党对新闻传播规律逐渐有了科学的认识。2002 年 1 月 11 日,胡锦涛在全国宣传部长会议上指出:要尊重舆论宣传的规律,讲究舆论宣传的艺术,不断提高舆论引导的水平和效果。2008 年 6 月,他在考察人民日报社时进一步要求:按照新闻传播规律办事。2009 年在中央党校春季开学典礼上,习近平总书记指出:"要提高同媒体打交道的能力,尊重新闻舆论的传播规律,正确引导社会舆论,要与媒体保持密切联系,自觉接受舆论监督。"[②] 2012 年 11 月 17 日,习近平在十八届中央政治局举行第一次学习的讲话中指出了在新的历史条件下夺取中国特色社会主义新胜利必须牢牢把握的基本要求,要"体现共产党执政规律、社会主义建设规律、人类社会发展规律的东西,表明我们党对中国特色社会主义规律的认识达

---

① 中共中央马克思恩格斯列宁斯大林著作编译局.马克思恩格斯全集:第 1 卷[M].2 版.北京:人民出版社,1995:397.
② 习近平在中央党校春季学期开学典礼上强调领导干部要加强党性修养提高综合素质[N].人民日报,2009-03-02(1).

到了新水平"。①2014年8月18日，习近平总书记在中央全面深化改革领导小组第四次会议上指出，要推动传统媒体和新兴媒体在内容、渠道、平台、经营、管理等方面的深度融合，要遵循新闻传播规律和新兴媒体发展规律。②这些论述说明中国共产党愈来愈意识到，新闻宣传工作遵循新闻传播规律的必要性和重要性。新闻宣传一旦违背新闻传播规律，不仅难以取得宣传效果，更会带来灾难。这是历史的经验与教训。

"按照新闻传播规律办事"的提出在实际工作中有两层作用：一是在新闻事业发展过程中遵循基本规律，推动新闻事业的发展；二是在新闻宣传领域遵循新闻传播规律，提高新闻宣传效果。后者是中国共产党新闻宣传观念革新的重要表现。

同时，对规律的重视也有重要理论意义。一方面，这表明中国共产党对新闻宣传的规律性认识与把握，是新闻宣传观念的革新；另一方面，这也对新闻宣传工作提出了新的要求。以"按照新闻传播规律办事"为例，实际上有一系列内在要求，如"以新闻思维（新闻观念）对待新闻传播"，"以新闻标准选择新闻传播内容"，"以新闻传播原则传播新闻"，而新闻传播的基本原则包括"真实、客观、全面、公正、及时、公开"等。③这是从新闻角度对规律的考察，而如果从宣传角度考察"按照新闻传播规律办事"，这一要求实际上是对新闻宣传工作提出的更高的要求，是基于此前新闻宣传工作经验教训的总结与反思的结果。这是中国共产党宣传观念的一次巨大转变。

遵循新闻传播规律的出现，意味着中国共产党对新闻与宣传之间的关

---

① 习近平.紧紧围绕坚持和发展中国特色社会主义 学习宣传贯彻党的十八大精神：在十八届中共中央政治局第一次集体学习时的讲话［N］.人民日报，2012-11-17（1）.
② 习近平主持召开中央全面深化改革领导小组第四次会议强调：共同为改革想招 一起为改革发力 群策群力把各项改革工作抓到位［N］.人民日报，2014-08-19（1）.
③ 杨保军.试论"按照新闻传播规律办事"的内在要求［J］.今传媒，2008（9）：19-21.

系有了更加科学的定位。

（二）从新闻宣传到新闻舆论的观念转变

新闻与宣传曾经是混淆不清的，由此产生的"新闻宣传"观念是集中体现。但随着形势的变化，特别是民主化、信息化与全球化的社会环境，及信息论、系统论、控制论与传播学的引入，传统的新闻宣传观念已无法适应新形势的需求，新型新闻宣传观念应运而生。这种新闻宣传观念突破了"新闻宣传"概念的局限，开始寻找话语的转型，这可视为整体宣传观念转型的缩影。2016年2月19日，习近平总书记主持召开党的新闻舆论工作座谈会，引发学术界广泛关注。这是中国共产党历史上第一次明确提出"党的新闻舆论工作"，是新闻宣传观念变迁中的新话语、新表述，是新闻宣传话语转型一次标志性的里程碑。

从"新闻宣传"到"新闻舆论"的转变，有其深层的背景。一是媒体格局的变化。随着互联网特别是移动互联网的发展，微博、微信等新兴媒体形态逐渐成为公众接收信息的主要渠道，传统媒体面临边缘化的危机。以宣传思维看待新兴媒体，必然会带来种种弊端，导致宣传难以取得预期效果。二是舆论格局的变化。在新兴媒体的影响下，传统舆论格局发生了巨大变化。能否掌握舆论的主动权，成为考验中国共产党执政能力的一个难题。与此同时，诸多新兴媒体平台传播的内容并不视自己的内容为宣传，以宣传观念视之，必然会导致宣传工作陷入窘境。这两个原因，归根结底是中国共产党对舆论的重视，当出现"新闻舆论"概念取代"新闻宣传"概念时，就显得顺其自然。

新闻舆论工作代替新闻宣传工作意味深长。唐绪军认为，这一转变意味着党的新闻工作必须适应新形势，意味着党对现实挑战有着清醒的判断，对舆论认识达到新的高度，对宣传提出新的要求。[①] 这一认识较为全面

---

① 唐绪军.由"宣传"到"舆论"意味着什么［N］.中国社会科学报，2016-04-29（4）.

第九章
党的新闻舆论工作：新时代新闻宣传的话语创新

地剖析了新闻宣传概念转变的深层原因。相比宣传而言，舆论体现的是自下而上的意见流动视角，而且更具有平等性质，更能体现出民主化、信息化时代的要求。除此之外，笔者认为这种转变也是"大宣传观"的反映。传统宣传观念下，广播电视报刊等主流媒体被视为宣传的主要渠道，而新媒体最近几年才开始从宣传的角度受到重视。况且，新媒体上的很多内容并非新闻，但能产生极大的舆论反响；有的内容并非宣传，但也能产生舆论效果。用"新闻舆论"代替"新闻宣传"，显然更能包含新媒体的内容。

用新闻舆论取代新闻宣传，是一种话语转型，并不意味新闻宣传观念的消失，更不意味着宣传观念的消失。随着政治环境与媒介环境的变化，新闻宣传观念还会通过各种形式的转变，以保证其预期效果。

从"新闻宣传"到"新闻舆论"的转变，是中国共产党宣传观念话语转型的一个典型代表。事实上，在中国共产党宣传观念史上，宣传话语转型一直在进行着。如，在新闻舆论领域，党的十六大后高度重视舆论引导，不断强调与强化提升新闻媒体的舆论引导水平和舆论引导能力，"使'舆论引导'迅速成为这个时期中国共产党新闻舆论思想的时代最强音"[1]。从而，跳脱原来的舆论宣传、舆论导向观念，是中国共产党对宣传、舆论、新闻认知深化的观念反映。其他者，如公共外交、信息公开、新闻发布等，无一不表明，中国共产党已深刻认识到旧有宣传话语的不足，寻求新的突破。

（三）新闻宣传观念的未来路径

新闻宣传概念的终结，并不意味新闻宣传观念的消失，更不意味着宣传观念的消失。作为政治系统中的一个部分，宣传是任何一个政权中的重要部分，不同的在于如何使用宣传。

可以看到，中国共产党已逐渐抛弃早先革命时期主张的"旗帜鲜明

---

[1] 樊亚平，刘静.舆论宣传·舆论导向·舆论引导：新时期中共新闻舆论思想的历史演进[J].兰州大学学报（社会科学版），2011，39（4）：6-13.

的、毫不吞吞吐吐的"[1]的宣传观念，而逐渐重视做"看不见的宣传"。这种"看不见的宣传"就是隐性宣传，是未来宣传观念一个重要的转型方向。史安斌指出，与传统的显性宣传相比，隐性宣传最大的不同在于它的隐蔽性和多样性，有效地降低甚至消解了显性宣传可能引发的反感或抵触情绪，从而用"润物细无声"的方式实现对受众的观念和行为施加影响。[2]正因如此，自"冷战"结束后，显性宣传逐渐淡去，各个政权、各种意识形态的斗争都转而采用隐性宣传。

宣传是现代政治系统中一种重要的信息输出行为。但是，宣传效果的好坏，却受宣传方式、宣传手段、宣传目的等因素的影响，而宣传观念更是最大的影响因素。因此，要更好地发挥宣传的作用，就必须不断转变宣传观念。

新闻宣传概念的转型不仅是宣传观念转型的结果，更是宣传寻求正当性的必然归宿。刘海龙在对宣传观念进行研究后，主张通过话语转型实现宣传的正当化。[3]新闻宣传向新闻舆论的转变正是话语转型的结果。然而，话语转型并不是万能的，宣传的正当化或说宣传要获得其正当性，还需要从宣传概念的本身进行规范，包括重新认识宣传概念，开展宣传治理，完善宣传伦理，加强媒介素养教育，等等。在这种趋势下，新闻宣传概念的终结是一种必然，但作为一个历史性概念还会存在，而新闻宣传符号背后的概念则会向更多现代化的概念转型。

---

[1] 中共中央文献研究室，新华通讯社.毛泽东新闻工作文选［M］.北京：新华出版社，2014：191.

[2] 史安斌，王沛楠.隐性宣传：概念·演进·策略［J］.对外传播，2016（1）：22-24.

[3] 刘海龙.宣传：观念、话语及其正当化［M］.北京：中国大百科全书出版社，2013.

第十章

中国特色新闻学：新时代新闻宣传的理论发展

正如习近平总书记所言：这是一个需要理论而且一定能够产生理论的时代。① 进入新时代以来，世界局势风云激荡，执政党理念转型升级，媒介环境翻天巨变，为新闻理论创新提供了全新的外部环境；中国化研究理念深入人心，多元化研究方法彰显魅力，跨学科研究视角整合实力，为新闻理论创新提供了全新的内部生态。在这个学科外部环境与内部生态不断变化且叠加变化的时代，新闻理论创新有了动力、需求及其必要性，涌现出一批新思想、新概念、新理论、新范式，为构建中国特色新闻学学科体系、学术体系、话语体系提供了不息源泉。

一、新时代背景下马克思主义新闻理论创新与发展

党的十九大宣告，中国特色社会主义进入新时代，而"新时代是从党的十八大开启的"②。在新时代的背景下，媒体格局与舆论生态发生巨大变

---

① 习近平.在哲学社会科学工作座谈会上的讲话（2016年5月17日）[M].北京：人民出版社，2016：8.
② 石仲泉.新时代的历史方位与历史起点[N].中国纪检监察报，2018-02-26（5）.

化，媒介技术更新频繁，党的新闻思想取得突破性发展，进而推动了马克思主义新闻理论的创新与发展。

（一）习近平关于新闻舆论工作的系列重要论述是马克思主义新闻理论创新的最新成果

党的十八大以来，习近平在系列讲话、座谈、批示、文章中，对党的新闻舆论工作提出系统的论述，形成了一个体系完整、思想深邃的新闻思想体系。这一系列重要论述内涵丰富、外延广阔，涵盖了新闻舆论工作的定位论、党性论、导向论等各个方面。

在马克思主义新闻理论的发展史上，每一次理论的创新与突破都有两个重要的因素：一是提出创新理论的人，二是提供理论创新的媒介。19世纪中后期，马克思恩格斯在领导无产阶级革命及丰富的报刊活动中，提出了系统性的新闻思想，奠定了马克思主义新闻理论的基础。彼时，媒介尚处于电报、报刊主导的生态之中；而后，又先后出现了广播、电视、互联网、移动互联网等新媒介形态，在列宁及以毛泽东为代表的中国共产党人的努力之下，马克思主义新闻理论也随着媒介技术的变化不断更新。

历史表明，每当一种新媒介技术出现和一个新媒介生态形成，如果又遇上一个擅于创新理论的人，则对新闻理论的创新会有巨大的推动作用。2012年底，以微博、微信为代表的新兴媒体正掀起一场重构媒体格局的风暴，传统媒体遭受冲击，舆论生态愈发复杂，主流媒体面临边缘化危机，意识形态斗争显露白热化态势，进入了一个需要理论的时代。与此同时，党的十八大召开，以习近平为核心的党中央先后提出"四个全面""五位一体""人类命运共同体"等远大的治国理政宏图，为中华民族伟大复兴的中国梦而努力奋斗，促使中国进入了一定能够产生理论的时代。正是在这种需要新的新闻理论，而且一定能够产生新的新闻理论的时代背景之下，习近平总书记就新闻舆论工作作出了系统的论述，形成21世纪马克思主义新闻理论的最新成果。[①]

（二）马克思主义新闻观的丰富是马克思主义新闻理论创新的集中体现

马克思主义新闻观是马克思主义立场、观点和方法下，对新闻舆论工作的认知和观念体系，是马克思主义新闻理论的核心，是新闻舆论工作的灵魂。党的十八大以来，马克思主义新闻观的内涵、研究及实践有了较大发展，为马克思主义新闻理论创新提供了坚实基础，马克思主义新闻观的丰富与发展成为党的十八大以来马克思主义新闻理论创新的集中体现。

首先是马克思主义新闻观内涵的丰富。中国共产党建设中国特色社会主义的执政过程和治国理政的大格局中，面对新时代的新环境、新实践和新特点，从党的工作全局出发，对新闻舆论工作的定位、性质、任务、方向、职责、使命等形成了系统的认识。习近平总书记关于新闻舆论工作的系列重要论述是这一认识的集中表现，从而大大丰富了马克思主义新闻观在 21 世纪的内涵，提升了马克思主义新闻观对中国特色社会主义新闻舆论工作的指导意义。

其次是马克思主义新闻观研究的深化。马克思主义进入中国的同时，把马克思主义新闻思想带入中国，开辟了新闻学研究的马克思主义范式，并使马克思主义新闻学贯穿中国新闻学整整一个世纪。在这一历史进程中，中国共产党创造性地提出了"马克思主义新闻观"的概念，使得已有的马克思主义新闻思想、马克思主义新闻理论、马克思主义新闻学、社会主义新闻学等概念有了一个统一表达的观念体系和概念符号。自 2003 年马克思主义新闻观正式提出到党的十八大，由于种种问题，相关研究不成系统、不够深入，停留于思想史和实践总结层面。党的十八大以来，马克思主义新闻观研究打破了以往单调的研究路径，研究更加深入系统，在思

[①] 丁柏铨. 习近平新时代中国特色社会主义思想的创新性与新闻舆论工作创新[J]. 编辑之友，2018（1）: 5-11.

想史研究范式的基础上,出现了观念史[①]、概念史[②]的研究范式,推进了马克思主义新闻观研究的学理化进程。

最后是马克思主义新闻观实践的丰富。实践是理论的出发点和归宿,对于新闻学这一具有极强实践性的学科而言更是如此。党的十八大以来,马克思主义新闻理论创新与发展,既有中国共产党及其领导人的思想创新和新闻学术界的理论创新,也有广大新闻工作者对马克思主义新闻观的丰富实践及其经验总结。党性与人民性统一、正面宣传与舆论监督统一、正确的舆论导向与科学的舆论引导等马克思主义新闻观的核心内容在实践中落地,印证了这些观念的科学指导价值;虚假新闻、新闻敲诈、网络谣言等伦理失范现象及其治理,深化了新闻界对新闻真实、职业道德、社会责任的认知。这些实践是马克思主义新闻理论创新的实践表征,更是马克思主义新闻理论创新的实践来源。

(三)中国特色新闻学的提出是马克思主义新闻理论创新的建制路径

世界现代新闻事业诞生近400年时,世界上出现第一本新闻学著作,而后又半个世纪,出现了第一所新闻学院。尽管与18世纪至19世纪社会科学争相涌现相比,新闻学晚了些许时间,但这并不妨碍人们把新闻学作为一门科学的基本认知。其后不久,新闻学在"西学东渐"之中进入中国,并开启了中国新闻学的高等教育。

然而,在新闻学曲折发展60余年之际,"新闻无学论"在学界掀起了阵阵波澜。"新闻无学论"出现,背景复杂,原因多样。其中,新闻与宣传的关系成为一个重要分歧:一方面,"那些重视新闻工作而不承认新

---

① 参见:杨保军.论"新闻观"[J].国际新闻界,2017,39(3):91-113.杨保军.当前我国马克思主义新闻观的核心观念及其基本关系[J].新闻大学,2017(4):18-25,40,146.

② 参见:陈力丹,姚晓鸥.源于俄文的马克思主义新闻观名词原文、中译文和英译文比对分析[J].新闻与传播研究,2017,24(5):103-125.

第十章
中国特色新闻学：新时代新闻宣传的理论发展

闻有学的同志，主要是受了传统观念的影响，把新闻看成宣传工作的一部分，把新闻传播叫作新闻宣传，并把新闻工作隶属于宣传部的领导"[1]。另一方面，在一些学界人士看来，现有的新闻学更像新闻宣传学，这正如有学者指出的，"'新闻无学论'的要害是否定中国新闻学有学"[2]。为此，如何在理论与实践的关系、新闻与宣传的关系中，科学建构新闻学及其理论体系，一直以来是新闻学界的努力方向。

事实上，作为哲学社会科学中的一员，新闻学面临的处境与其他社会科学一样，自近代以来一直处于"中国化"和"本土化"的呼吁与探索之中。正因如此，习近平总书记在2016年的哲学社会科学工作座谈会上提出，着力构建中国特色哲学社会科学，"在指导思想、学科体系、学术体系、话语体系等方面充分体现中国特色、中国风格、中国气派"[3]。之后，得到了包括新闻学界在内广大哲学社会科学工作者的积极响应。

在这一背景下，学界对构建中国特色新闻学的呼声高涨，相关研究迅速向前推进。如，有学者指出，要以马克思主义为指导构建中国特色社会主义新闻学。[4] 有学者指出，中国特色新闻学有其学科的基本架构，是一个体系，"具有历史传承性与明确的传统方向"，"植根于中国的新闻实践，又指导实践的发展方向"，"有时间和空间纬度"，"是当代中国的土壤里成长起来的"。[5] 有学者在梳理和批判西方新闻学的历史、概念和理论的基础上，对构建中国特色新闻学的理论体系、教学体系、实践体系做出了

---

[1] 何光先.我国新闻学研究的现状及发展趋势（三）[J].新闻与写作，1989（6）：35-36，34.

[2] 郑保卫.使命与担当：保卫、创新、发展中国新闻学[J].新闻爱好者，2018（1）：26-30.

[3] 习近平.在哲学社会科学工作座谈会上的讲话（2016年5月17日）[M].北京：人民出版社，2016：15.

[4] 郑保卫.坚持以马克思主义为指导 构建中国特色社会主义新闻学：学习习近平总书记哲学社会科学工作座谈会讲话[J].新闻战线，2016（23）：2-5.

[5] 陈昌凤，虞鑫."家国"与担当：中国特色新闻学的使命[J].青年记者，2017（25）：67-69.

探索。[①] 有学者提出，"构建具有中国特色、中国风格和中国气派的新闻学，需要全国新闻学界秉持开放、务实和创新的理念持续探索，共同努力，加强马克思主义新闻理论学术体系、学科体系和话语体系建设，推动新时代新闻学理论研究的传承、丰富和发展"[②]，并对中国特色新闻学学科体系、学术体系、话语体系"三大体系"建构作出了探索。[③] 尽管中国特色新闻学的呼声在20世纪80年代就伴随着传播学的引入而早已有之，但此番的构建之旅处于新时代的背景下，相比之前有了更多的道路自信、理论自信、制度自信和文化自信，也有了更多的共识和更多的实践，并从学科体系、学术体系、话语体系构建方面开始了中国特色新闻学的建制之路。

二、新观念背景下新闻理论创新与发展

随着新闻学学科的发展，越来越多的人意识到：作为一门科学，新闻学的研究对象不仅仅就新闻史论和新闻业务而言，还包括与之相关的信息、舆论、宣传、传播等多领域。特别是鉴于新闻信息、新闻舆论、新闻宣传、新闻传播在政治社会文化中的重要作用，是新闻学对其他学科起支撑性作用的关键所在。在新的政治、社会、文化、媒体、舆论环境下，新闻观念迎来了大转型，突出表现在与之相关的宣传、媒体、传播领域，这些转型直接推动了党的十八大以来新闻理论的创新与发展。

（一）新闻宣传观念转型：新闻舆论观念的产生

在职业化范式的新闻定义中，无论是徐宝璜的"多数阅者所注意之最

---

① 胡钰，虞鑫.构建中国特色新闻学：何以可能与何以可为[J].国际新闻界，2016，38（8）：92-115.
② 季为民.中国特色新闻学的历史、使命和方向：关于中国新闻学创立百年的回顾思考[J].陕西师范大学学报（哲学社会科学版），2018，47（3）：145-154.
③ 季为民.中国特色社会主义新闻学"三大体系"的建构[J].新闻与传播研究，2019，26（9）：16-25，126.

近事实也"①，还是范长江的"广大群众欲知、应知而未知的重要的事实"②，或是陆定一的"新近发生的事实的报道"③，抑或是西方关于新闻定义的种种，凡是经过职业记者和专业化媒体的选择，必然注定其蕴含着个人和组织的主观判断、价值选择。因此，这就注定了新闻与运用事实操纵观念的宣传之间有着千丝万缕的勾连。

在中国乃至世界新闻思想史上，运用新闻宣传政治主张的做法一直是政治团体和新闻界常用的手段。在中国共产党新闻思想史上，"从叙述新闻中宣传主张"④的观念自革命年代就已萌芽。也正因如此，长期以来新闻与宣传之间难以区分，直到20世纪80年代解放思想及传播学与信息学的引入，终于用了一套区分新闻与宣传之间关系的学术话语体系，从而使新闻与宣传的关系得以辨清。在这种背景下，"新闻宣传"的概念符号正式亮相，成为新闻理论中的一个重要概念，并一直左右着新闻理论的发展脉络。

当媒体格局与舆论生态发生巨变之时，传统的新闻宣传概念对于解释新环境下的新现象，逐渐丧失了解释力，也与执政党对新闻、宣传、舆论的观念革新及更好地把新闻纳入治国理政大格局的形势需求无法匹配。因此，在2016年召开的党的新闻舆论工作座谈会上，"新闻舆论"替代了"新闻宣传"，成为主流话语。正如有学者指出的，这一转型反映的是中国共产党对舆论认识的深化和重视。⑤

从"新闻宣传"到"新闻舆论"，是党的宣传观念和舆论观念转型的

---

① 徐宝璜.新闻学［M］.北京：中国人民大学出版社，1994：10.
② 范长江.记者工作随想［M］//范长江.通讯与论文.北京：新华出版社，1981：317.
③ 中国社会科学院新闻研究所.中国共产党新闻工作文件汇编：下卷［M］.北京：新华出版社，1980：188.
④ 中国社会科学院新闻研究所.中国共产党新闻工作文件汇编：上卷（1921—1949）［M］.北京：新华出版社，1980：55.
⑤ 唐绪军.由"宣传"到"舆论"意味着什么［N］.中国社会科学报，2016-04-29（4）.

体现，同时也是党的十八大以来新闻理论中的一个重要创新之举。这一创新既是中国共产党新闻理论的一个里程碑，也为新闻理论研究与创新提供了新的思路和视野。面对新的媒体环境和舆论生态，新闻舆论作为舆论阵营中的重要成员，如何更好地发挥作用，体现其在治国理政与推动党和国家各项事业的发展，并切实反映人民群众的需求、维护人民群众的利益，成为摆在新闻学术界和业界面前的一个重要课题。

（二）媒体观念转型：党媒理论的形成

人类对媒体的认知源于媒体形态的变化及其在社会系统的作用力度，从书籍到报刊再到广播电视的观念无一不遵循这一逻辑。当互联网及其基于移动端和新技术的各类新兴媒体开始涌现并改变传播模式和舆论生态时，媒体观念再次发生了转型，推动了新闻理论的创新升级。其中，从党报理论到党媒理论的变化，正是基于以报刊、广播、电视为代表的传统媒体及大众传播模式向以互联网为代表的新兴媒体及公共传播模式[1]的转型。

党的十八大召开正值微博、微信等新兴媒体勃兴和舆论生态巨变之际，拥有半个多世纪历史的党报理论已无法完整诠释新现象。"党报体制已经进入党媒体制的历史阶段""党报体制已经被党媒体制所替代"[2]，也标志着党报理论进入党媒理论时代。

党报理论向党媒理论的创新，绝不是简单的概念变化，而具有丰富的时代意义和理论内涵。首先，相比"党报"而言，"党媒"更能涵盖微博、微信、客户端、自媒体等众多新兴媒体形态，从而纳入党报党台旗下的新兴媒体。其次，党报理论更注重党报的作用，而对其他形态的媒体无法起

---

[1] 胡百精，杨奕.公共传播研究的基本问题与传播学范式创新[J].国际新闻界，2016，38（3）：61-80.

[2] 刘建明.习近平对党媒体制及其理论的重大创新[J].新闻爱好者，2017（7）：7-13.

到很好的阐释作用，而党媒理论可以涵盖所有形态的媒体，指导所有形态媒体的工作。最后，党媒理论涉及媒体形态的多样化，意味着党管媒体力度的增强，即要把党的意识贯穿于各类媒体中。

（三）传播观念转型：话语权的重视

新兴媒体的兴起，不仅改变媒体格局与舆论生态，更改变了持续数百年的新闻报道模式。有学者深刻指出，在新的媒体格局下，"'一元'职业传播主体演变为'三元'公共化传播主体"，即职业新闻传播主体、民众个体传播主体与非职业和非个人的传播主体，而收受主体结构亦出现分化，即"从一体化的大众到大众、分众、个体的共存"。与此同时，"传播收受关系"开始从主客体关系逐渐向主体间关系转变。①

媒体的重要性关键在于对舆论的影响，舆论的主导关键在于报道权的掌握，而报道主体多元化和传播去中心化打破了牢固的报道权，挑战了舆论主导权。新闻报道权理论已无法满足新形势的需要，舆论主导权理论及时补位，为党在新媒体格局和舆论生态中牢牢掌握舆论的主动权提供了理论支撑。

围绕舆论主导权，一系列的相关理论逐渐形成并完善。对内，提出了媒体融合，并通过媒体融合战略打造新型主流媒体，构建现代传播体系，确保媒体融合发展沿着正确方向推进②；对外，提出增强国家传播能力，增强国际话语权，集中讲好中国故事，同时优化战略布局，着力打造具有较强国际影响的外宣旗舰媒体。同时提出，遵循新闻传播规律，"高度重视传播手段建设和创新，提高新闻舆论传播力、引导力、影响力、公

---

① 杨保军."共"时代的开创：试论新闻传播主体"三元"类型结构形成的新闻学意义[J].新闻记者，2013（12）：32-41.
② 习近平主持召开中央全面深化改革领导小组第四次会议强调：共同为改革想招 一起为改革发力 群策群力把各项改革工作抓到位[N].人民日报，2014-08-19（1）.

信力"①。

由此可见，重视舆论主动权与话语权，是基于新兴媒体对传统舆论格局的重构，而媒体融合的战略、讲故事的传播观念、新闻传播规律的强调与传播手段的创新等，其重要目标是确保牢牢把握舆论的主动权和话语权。这是传播新技术倒逼传播观念转型带来的理论与实践层面的创新与发展。

三、新技术背景下新闻理论创新与发展

党的十八大以来，传播技术的突飞猛进是前所未有的，不仅有微博、微信、客户端的快速发展和壮大，更有一系列新传播技术的涌现与更迭。新传播技术的出现，不仅重构了传播格局，也直接推动了新闻理论的创新与发展。

（一）媒体格局变化推动融合理论成熟

面对新兴媒体的挑战，媒体融合成为全世界范围内媒体的共同战略选择。党的十八大后，党中央专门就此作出推进新兴媒体与传统媒体融合发展的指导意见，把媒体融合上升到国家战略高度，从而加快了媒体融合的进程，推动着融合理论的发展与成熟。

融合理论有着极为丰富的理论内涵。在融合理论之下，首先是不同媒体形态之间的媒体融合。各大媒体纷纷拥抱互联网，更新媒介技术，创新传播渠道、传播方式与报道形态，人民日报社的"中央厨房"模式和新华社的"现场新闻"模式成为其中的代表。其次是融合新闻的报道形态。一条新闻，再也不是简单的文字、图片、音频、视频，而是高度融合了一切

---

① 决胜全面建成小康社会 夺取新时代中国特色社会主义伟大胜利：习近平同志代表第十八届中央委员会向大会作的报告摘登［N］.人民日报，2017-10-19（1）.

第十章
中国特色新闻学：新时代新闻宣传的理论发展

可以运用的媒介和体裁，实现新闻的融合呈现。再次是融合传播的运用。传统单一形态的媒介报道继续存在的同时，综合运用各种媒介的融合传播模式正受到前所未有的关注，并给传统传播模式带来了巨大挑战。最后是融合文化的出现。由美国传播学者亨利·詹金斯提出的"融合文化"概念，意指存在着多重主体参与、文本生产开放、跨媒介叙事等特征。[1]随着融合媒体、融合新闻、融合传播的日常化，融合文化开始出现并给新闻业的生产方式、叙事方式以及主体关系带来了深刻的变革和影响。有学者对此做出研究并指出，融合文化构成了"共绘"新闻图景时代的文化基础，新闻业应该在保持开放心态、适应融合带来的全新变化的同时，认识到融合文化背后来自资本、技术和权力的控制问题，警惕新闻业边界模糊的危机，维系新闻职业权威和专业底线。[2]

在指导新闻实践的过程中，融合理论相应地对新闻人才提出了更高要求，"全媒型"[3]新闻人才应运而生。在新闻教学中，越来越多的新闻院校把培养掌握多种媒体采写技巧的人才作为目标，而在新闻实践中，也有越来越多的媒体着力打造"全媒体记者"。这些"全媒型"人才成为新闻界融合理论在新闻实践中的生动体现。

（二）传播生态演进催生"公共传播"探索

日新月异的媒介技术和不断涌现的新兴媒体，促使党的十八大以来传播生态发生巨大变化，且新媒体朝着智能化和视频化[4]趋势继续发展。互

---

[1] 詹金斯.融合文化：新媒体和旧媒体的冲突地带[M].杜永明，译.北京：商务印书馆，2012.

[2] 毛湛文，李泓江."融合文化"如何影响和改造新闻业？——基于"新闻游戏"的分析及反思[J].国际新闻界，2017，39（12）：53-73.

[3] 杜尚泽，鞠鹏，庞兴雷.习近平在党的新闻舆论工作座谈会上强调 提高新闻舆论传播力引导力 着力打造具有较强国际影响的外宣旗舰媒体[N].人民日报，2016-02-20（1）.

[4] 唐绪军，黄楚新，王丹.中国新媒体发展趋势：智能化与视频化[J].新闻与写作，2017（7）：19-22.

动、共享、低门槛是新兴媒体的共同特点,而这些特点营造的传播生态,催生了公共传播理论的探索。

公共传播是多元主体基于公共性展开的沟通过程、活动与现象,旨在促进社会认同与公共之善。[①]与传统的大众传播模式相比,公共传播的特点是打破了传统的新闻生产与新闻传播流程,呈现出"去中心化"的趋势。在此影响下,"新闻传播主体维度上表现为职业新闻传播主体、民众个体传播主体和非职业、非民众个体的组织(群体)传播主体的'三元'类型结构的初步形成",开创了新闻学的"共享资源""共产文本""共绘图景""共同主体"的"共"时代。[②]与此同时,"传–受"的单向关系朝着多渠道、多元化演进。

在实践中,如何保证普通人参与公共传播的权利,受到了广泛关注。参与式新闻等概念正式进入新闻理论范畴,并成为探索性的前沿话题。当下,越来越多的媒体在推出融媒体产品的过程中,把如何调动民众的参与作为产品的重要元素,从而使得受众理论逐渐转向用户理论。

(三)传播技术更迭助推"技术+"新闻涌现

自近代新闻事业诞生以来,媒介技术演进一直是缓慢发展的,从报刊到广播电视经历了数百年,广播电视到互联网经历了数十年,而互联网到新兴媒体只用了几年,至于新兴媒体中的种种新技术,更是几乎每年都在革新。这种更迭速度助推了众多新兴新闻报道形态出现,促使系列"技术+"的新闻形态涌现。

除了微博、微信、客户端等较为成熟的新媒体形态和知乎、抖音、网络直播等发展中的新形态,相继涌现的大数据、云计算、人工智能(AI)、

---

① 胡百精,杨奕.公共传播研究的基本问题与传播学范式创新[J].国际新闻界,2016,38(3):61-80.

② 杨保军."共"时代的开创:试论新闻传播主体"三元"类型结构形成的新闻学意义[J].新闻记者,2013(12):32-41.

虚拟现实（VR）、增强现实（AR）、H5、无人机等媒介技术带来了大数据新闻、AI新闻、VR新闻、AR新闻、H5新闻等众多"技术+"的新闻形态。这些新的新闻报道形态，不仅改变了传统新闻业务模式，也改变了新闻理论的存在环境。

在这些"技术+"新闻的推动下，新闻理论也由此得到创新发展。如"公共传播""智媒化""关系赋权""意义媒体""液态的新闻业"等一系列新概念、新理论的提出，无不是基于新媒介技术和新媒体环境。

四、新闻理论范式和理论体系的创新与发展

新闻理论创新的最终成果集中体现为理论范式与理论体系。党的十八大以来，在新闻理论创新与发展的同时，对新闻理论范式和理论体系的反思与建构也有较高热度。

（一）新业态重构新闻理论范式

在探索新闻传播规律的旅程中，新闻理论始终无法离开媒介技术、社会背景及在其基础上形成的新闻业。也正因如此，新闻业的变化，总是会第一时间影响理论创新，而当新闻业态发生巨变之时，理论研究就会遇到范式瓶颈，这时理论创新往往需要范式转型作为牵引。自2012年以来，以微博、微信、客户端为代表的新兴媒体突破了传统互联网范畴，并创造了一个全新的新闻业。理论范式的探讨在这一过程中成为新闻理论界关注的焦点话题。

新闻理论创新为何难有突破？新闻理论界首先把矛头指向了新闻理论范式。有学者提出，当前中国新闻理论研究遭遇的困境，根源在于研究范式，要在哲学范式的基础上，"引入包括政治学范式在内的多元范式"。[①] 有

---

① 刘海龙. 中国新闻理论研究的范式危机[J]. 南京社会科学，2013（10）：93-99.

学者针对当前新闻传播理论的研究现状指出，新闻传播学界一直在做"增量"研究，"没有将理论研究与实践的结构性转型对接起来，造成理论知识的繁殖与实践期待之间形成巨大的反差"，导致"新闻传播理论的结构性问题变得愈加突出"。[1] 也有学者反思指出，新闻学研究的学术场域权力关系复杂，学术关切的现实与问题又变化多端，新闻学研究的参与者鱼龙混杂，而"想要推进新闻学的研究水平，维护新闻研究在知识场的尊严，提升新闻学的学科地位，需要真诚、老实和科学的研究"。[2]

面对新闻业新业态，新闻理论该如何创新？理论范式如何转型？学术界对此做出了探索。有学者指出，新闻理论研究应着力"提升理论教材的理论水平"，"关注新闻活动的最新发展"，"抓住基础理论研究这个关键"，"倡导多元化研究的方法论观念"。[3] 也有学者指出，在传播革命所导致的"网络化关系"中，职业新闻传播出现了"有位置但不必然有效力""媒介与社会的界线消解""原有的职业理念将会重新遭到估量""衡量专业新闻传播机构的是接入点和到达点的数量转化数据的能力和水平"等变化，重造新闻学，"要从网络化关系这样一个传播平台重新理解新闻传播，同时将新闻学转变为一个经验性学科"。[4] 甚至有学者提出，要"走出新闻传播学，把它改造为传播学与传媒学"。[5]

（二）新格局重思新闻理论体系

面对当前新闻理论研究难以适应新闻实践发展这一现状，本文对目前新闻学研究的划分体系、内容设置、研究方法进行了反思，并通过对新闻

---

[1] 张涛甫. 新闻传播理论的结构性贫困[J]. 新闻记者，2014（9）：48-53.
[2] 吴飞. 重新出发：新闻学研究的反思[J]. 新闻记者，2015（12）：4-13.
[3] 杨保军. 关于新闻理论创新的几个问题[J]. 新闻记者，2015（12）：20-28.
[4] 黄旦. 重造新闻学：网络化关系的视角[J]. 国际新闻界，2015，37（1）：75-88.
[5] 谭天. 从"新闻学与传播学"到"传播学与传媒学"[J]. 新闻记者，2015（12）：38-42.

实践活动认识的双重性的揭示，从研究记者认识和反映事实的一般过程和规律出发，提出了建立新闻报道认识论的构想。[①]

自21世纪以来，随着传播学的迅速发展及其对新闻学的冲击，重思新闻学并构建新闻学理论体系一直是学界致力于研究的重要课题。如丁柏铨、陈作平、齐爱军等人曾先后以专著或论文形式，探讨构建新闻学理论体系的路径，初步建构起了较为科学的理论体系。[②]但由于新闻学的实践性极强以及极其容易受到媒介技术变革的影响，新闻学理论体系建构也因此一直在延续。

党的十八大以来，新闻学理论体系建构再次成为热点话题。这是因为几个方面的环境发生了变化：一是指导思想的更新，如习近平总书记对新闻学作为哲学社会科学支撑性学科的重视；二是媒介生态的变化，以微博、微信为代表的新兴媒体在2013年后发展迅猛，对传统媒体、传统新闻业务、传统新闻理论、传统新闻教育都提出了新的要求；三是媒体格局与舆论生态发生了变化，对认识新闻学的意义提出了更高要求。在此背景下，学界对新闻理论体系展开了新一轮的思考。如郑保卫[③]、童兵[④]对新闻学、传播学的学科建设作出了思考。丁柏铨就新的媒介技术、媒体格局、传播模式，对中国新闻理论体系提出了调整思路。[⑤]杨保军等论述了当前中国新闻理论研究的一些特征[⑥]，对新闻学理论体系建构具有参考价值。

---

① 陈作平.对新闻学学科体系研究的再认识：兼论关于建立新闻报道认识论的构想[J].现代传播，1999（3）：39-44.
② 齐爱军.新闻理论体系：问题、反思与建构[J].新闻大学，2006（4）：8-11.
③ 郑保卫.对当前我国新闻学与传播学学科建设的几点思考[M]//郑保卫.新闻学论集：第29辑.北京：经济日报出版社，2013：3-6.
④ 童兵.新闻传播学学科体系的观察与思考[J].南京社会科学，2017（1）：8-15.
⑤ 丁柏铨.中国新闻理论体系调整之我见[J].新闻大学，2017（5）：29-37，146-147.
⑥ 杨保军，李泓江.新闻理论研究的当代中国特征[J].新闻界，2018（2）：23-39，46.

五、新闻理论创新的动力、问题与方向

党的十八大以来新闻理论创新与发展的历程、现状与趋势表明，新闻理论创新既保持着中国特色哲学社会科学理论创新的基本动力，也有来自学界、业界的内在推动。同时，也存在着诸多的问题和创新门槛，有待新闻理论工作者的孜孜探索。

（一）新闻理论创新的动力来源

一是执政党的新闻思想转化为新闻理论。自 20 世纪 20 年代中国共产党诞生以来，党的新闻思想和新闻实践始终是新闻理论创新及其变迁的重要路径。其中，党的领袖的讲话、文章、批示等凝聚了党的集体智慧，往往成为新闻理论创新的重要来源，同时也会推动学术界的理论创新。党的十八大以来，习近平总书记关于新闻舆论工作的重要论述成为新闻理论创新的最重要成果，也推动了学术界理论研究创新与繁荣。

二是学术界的理论探索内化为新闻理论。新闻学作为一门科学，必然有其内在规律、知识体系、概念体系和理论体系，而这需要新闻理论界的学术贡献。党的十八大以来，新闻理论界本着问题导向研究、理论前沿把握、跨学科视角的基本路径，在研究方法和学术规范上有了长足进步，不断把研究成果内化为创新理论，成为新闻理论创新的强劲动力。

三是新闻界的丰富实践升华为新闻理论。理论来源于实践，又高于实践，并指导实践。党的十八大以来，新闻界的实践面临着前所未有的形势，技术日新月异，媒体形态多样化，报道形式多元化，新闻实践在新技术的推动下丰富多彩，为新闻理论研究、总结、升华提供了宝贵的实践动力。

（二）新闻理论创新的现实问题

尽管新闻自由、新闻伦理、新闻道德等新闻理论子领域的相关研究颇

第十章
中国特色新闻学：新时代新闻宣传的理论发展

多，也提出了不少新的观点和视角，如出现了隐匿权①、数字遗忘权②、后真相③等新概念，但这些概念都是海外植入的。总体来看，新闻理论创新还十分有限，存在系列问题。

一是原创理论少。总体而言，从现有新闻理论创新来看，新观点、新阐释、新视角、新思路较多，新理论、新概念、新范畴、新表述不多。在新闻理论创新中，基于已有理论的改造、重构或基于外来理论的移植、嫁接的创新类型较为常见，而基于新闻实践的研究、升华与基于本土经验的理论总结、凝练并不多见。背后的根本原因在于新闻创新需要思想作为基础，而一味热衷于热点跟踪、实证实验，难免会影响对思想的重视。

二是缺乏主动性。自"西学东渐"以来百余年间，"外来和尚好念经"在一些人心中根深蒂固，拿来主义的理论嫁接甚至成为一些人的研究习惯。在学术研究中，一些人对自己的文化传统、理论传统、实践传统不自信或不自知，未能予以高度重视，未能从中提炼精辟的理论和概念，而西方一旦出现某个新理论、新概念，立即拿来阐释中国问题。如"后真相"概念于2016年引入国内之后，2017年一年之间涌现近一百余篇相关文章。尽管这种阐释在某些时候因一些问题的共通性，的确能反映一些现实问题，但最终难免水土不服。

三是缺乏原生性。我们耳熟能详的5W模式、两级传播理论、议程设置理论、沉默螺旋理论、使用与满足理论、第三人效果理论等经典西方传播学理论，无不是学者们通过研究发现的新理论，是完全基于其本土实践而提出的本土理论，是纯正的原生理论。然而，自传播学引入中国以来，相关研究多如牛毛，无论是实证研究还是思辨研究，不少停留于理论验

---

① 单波，汪振兴.新闻隐匿权：未完成的理论表达及其思想困境［J］.现代传播（中国传媒大学学报），2015，37（12）：27-34，50.
② 郑文明.个人信息保护与数字遗忘权［J］.新闻与传播研究，2014，21（5）：25-40，126.
③ 王义.美国民主在"后真相时代"能存活吗？——蓄意破坏美国话语论述的假新闻和认知偏见［N］.中国社会科学报，2016-12-15（4）.

证、重组、运用层次，少有新理论发现和新知识供应。这种问题持续至今仍然在一定范围内存在。

（三）新闻理论创新的基本方向

一是新时代需要新理论。在中国特色社会主义迈入新时代之际，媒体格局正在重塑，媒介技术日新月异，新闻理论需要以扎实的学理阐释、更深刻的理论总结和更前沿的理论升华，才能更好地满足新闻业发展的需求，助力新时代新征程。

二是基于新概念的学理阐释。中国新闻理论学术史上并非没有新概念提出，而是有些概念提出来没有理论厚度和学理阐释，有些概念的提出要么套用，要么一笔带过，要么无法自圆其说，要么无法解释现象，故而很难得到学界的共鸣和认可。正如有学者提出的，"学术性的新闻理论研究仍然比较薄弱，理论疲软现象依旧存在"。[1] 在未来的新闻理论创新中，不仅需要提出新概念，更需要能够进行学理阐释且具有理论厚度和现实解释力。

三是基于新知识的理论总结。随着新闻学的发展以及新闻学作为哲学社会科学支撑性学科的提出，"新闻作为一种知识类型"且是"一种非系统性的知识"[2] 的理念受到重视。作为一种知识的理念，新闻理论不仅可以获得更广阔的创新空间，也可以为哲学社会科学提供更多的支撑性作用。鉴于此，有学者把"知识"作为新闻理论创新的重要路径，并强调"新闻理论创新不能满足于局部知识和表象知识的增殖，须经得起经验和逻辑的双重检验，打造理论的'硬度'，提炼出内生于中国新闻理论语境的话语语法"。[3]

---

[1] 杨保军.关于提升新闻理论理论性的几点思考［J］.现代传播（中国传媒大学学报），2014，36（1）：28-34.

[2] PARK R E. News as a form of knowledge: a chapter in the sociology of knowledge [J]. American journal of sociology, 1940, 45（5）: 669-686.

[3] 张涛甫.新闻学理论创新：问题与突破［J］.新闻记者，2015（12）：14-19.

> 第十章
中国特色新闻学：新时代新闻宣传的理论发展

四是基于新实践的理论升华。对新闻理论而言，新闻实践始终是创新的基础，没有实践的理论创新就没有源头和依托。面向未来的理论创新，新闻实践以及其随着政治、经济、文化、社会、技术而变动的动态环境都是重要依据。新闻理论创新要想获得其理论阐释力度、学术共同体认可、有效指导新闻实践，需要扎根于新闻实践。

在未来的新闻理论发展中，如何构建以及构建什么样的中国特色新闻学学科体系、学术体系、话语体系，将成为中国新闻理论创新的集中体现。在中国特色新闻学的建构和新闻理论创新过程中，我们既要有能够体现出"中国特色"的理论创新，更需要能与国际接轨的、普遍性的、符合新闻传播规律和新闻业发展规律的创新理论，真正做到源于实践并指导实践，使理论创新成为新闻学术界与业界互动的生动表现。

中国共产党自诞生以来，一直极为重视宣传工作。凭借着卓有成效的宣传工作，中国共产党通过"将自己的政治理想和主张变成了工农群众和先进知识分子的共识，从而获得有效的阶级基础、社会基础和支撑力量"。[①] 党的十八大以来，习近平总书记在多种场合发表讲话，深入阐释了新闻宣传的意义、理念、原则、方式与渠道，形成了一套新的新闻宣传观念。与传统宣传观念相比，党的十八大以来中国共产党新闻宣传观念具有一系列的新特点和新内容。

---

① 殷晓元.中国共产党政治传播研究［D］.长沙：湖南师范大学，2011：2.

第十一章

县级融媒体中心：新时代新闻宣传的基层实践创新

互联网已经深入政治、经济、社会、文化和人们日常生活的方方面面，成为"前所未有的公共讨论平台"，"在生活世界与政治系统之间开辟一个中介地带和表达、行动空间"[①]。在此背景之下，对话成为宣传、传播与沟通的一种主流观念，昭示着对话时代即将到来。即便在相对偏远的乡村，人们也能通过互联网与政党、政府和各类组织机构进行较为平等的对话交流，彼此倾听与互相理解成为可能甚至趋势。与此同时，媒介技术快速发展推动新闻业进入全媒体时代，为乡村地区的宣传与动员提供了更加丰富和便捷的路径。自2013年媒体融合战略提出以后，各大媒体在融合进程中显著提高了新闻舆论传播力引导力影响力，更好掌握了舆论主动权。基于这些探索，更贴近人们日常生活的县级融媒体中心建设受到重视。2018年8月，习近平总书记在全国宣传思想工作会议上指出，要"扎实抓好县级融媒体中心建设，更好引导群众、服务群众"[②]，为县级融媒体中心建设指明了方向。依托县级融媒体中心，政党和国家意识能够更快速、更全面地进入乡村地区，更好地开展意识形态宣传和乡村社会治理。县级融媒体中心建设成为新时代基层新闻宣传实践的重要创新之举。

---

① 胡百精，李由君. 互联网与对话伦理［J］. 当代传播，2015（5）：6-11.

② 习近平. 举旗帜聚民心育新人兴文化展形象 更好完成新形势下宣传思想工作使命任务［N］. 人民日报，2018-08-23（1）.

▶ 新闻宣传论：观念史的研究

一、对话主义与新宣传

对话理论有着悠久的历史渊源，在中国文化和西方文化的早期奠定时期就已出现。《论语》就是用对话形式写成的，柏拉图的《文艺对话集》记载了苏格拉底对话，通过这些对话可见，先哲们推崇和主张通过对话来探究真理和知识。这种对话在小威廉·E.多尔看来，"是以回忆为导向的……意在获取存在于外部的和先前已知的真理"[①]。对话不仅在教育学中有所运用，还在哲学、社会学、文艺学等多个领域中被广泛运用并有各自不同的内涵。作为对话主义的开创者，文艺理论家巴赫金认为，人类情感的表达、理性的思考乃至任何一种形式的存在都必须以语言或话语的不断沟通为基础，对话无处不在，广泛而深入，"在每一句话、每一个手语、每一次感受中，都有对话的回响（微型对话）"，人"不仅以自己的思想，而且以自己的命运、自己的全部个性参与对话"，在这个过程中，人"是作为一个完整的声音进入对话"。[②]巴赫金的对话主义强调，思想的本质即对话，人的想法要成为真正的思想，必须置于同他人的积极交往之中。英国思想家戴维·伯姆提出，"对话仿佛是一种流淌于人们之间的意义溪流，它使所有对话者都能够参与和分享这一意义之溪，并因此能够在群体中萌生新的理解和共识"[③]。对话之所以重要，是因为其追求的结果不是单方面的胜利，而是"一赢俱赢"，是基于平等交流和互利共赢的新型关系。

在宣传领域，在经历两次世界大战的"宣传战"及意识形态"冷战"之后，宣传陷入污名化与贬义化的学术氛围和思潮中，学术界为此开始探索"新宣传"的可能性。话语、观念和方法的转型成为新宣传的重要方

---

① 多尔.后现代课程观[M].王红宇，译.北京：教育科学出版社，2000：33.
② 巴赫金.诗学与访谈[M].白春仁，顾亚铃，等译.石家庄：河北教育出版社，1998：241.
③ 伯姆.论对话[M].王松涛，译.北京：教育科学出版社，2004：6.

第十一章
县级融媒体中心：新时代新闻宣传的基层实践创新

向，如传播学的兴起、社会科学方法的应用[①]、隐性宣传的普及等都为宣传的正当性与合法化寻找到新的生存空间，而这些正是新宣传的表征。而从观念的实质和实践来看，新宣传最为突出的特点正是对单向度的灌输和控制进行反思，而主张采用对话和沟通的平等姿态，并对宣传中的权力进行一定的制约。

新的技术革命改变了世界信息传播的格局，互联网的出现增加了对话的可能性，开启了对话时代，网络的多元传播将彼此的声音贯通起来。互联网尤其是社交媒体的互动分享，为对话实践提供了肥沃的土壤，现实空间与虚拟空间的边界变得模糊，现实中的社会关系可以很好地投射到虚拟空间中，同样虚拟空间内形成的社会关系也作用于现实空间。随之而来的是，权力、媒体、专家的话语权被削弱，普通民众获得新媒体的赋权，拥有更多平等对话与沟通的机会。

在互联网情境下，对话是达成共识的手段，这对中国共产党宣传方式的变革有重大意义，打破了过去单向度、支配式的宣传方式，取而代之的是一种寓宣传于对话、寓宣传于故事、寓宣传于娱乐的新宣传。互联网环境为新宣传的实践提供了生存与发展的沃土。在互联网上，新宣传更加注重传播者与受传者之间的沟通协商，宣传者不再是本位主义、权力至上，传播主体、客体的角色可转移性与边界的模糊化使宣传变得更易接受。新宣传改变了过去单向灌输、生硬说服、被动接受的宣传模式，而是通过大众主动参与、开展对话交流的方式，使其自主地认可和接受宣传者的主张。

不断涌现的新媒介技术成为社会发展的重要支撑力量，深刻改变了人们的生活方式，推进媒体融合并构建全媒体传播格局成为践行对话主义的现实需要。为推动互联网信息技术与经济社会发展深度融合，中国正在加快建设"数字中国"，全面推进传统媒体融合转型，构建全媒体传播格局。

---

① 刘海龙.宣传：观念、话语及其正当化[M].北京：中国大百科全书出版社，2013：151-171.

在这样的背景下，以计算机和智能手机为终端的新媒体在农村地区得到了广泛的应用，并帮助这些农村地区进入数字化社会，改变了大部分农村地区群众获取外界信息的途径。新媒体技术的发展消解了大众对传统媒体权威性的认知，新旧媒体共同发展演变而来的融合媒体平台既有传统媒体的可信度又有新媒体技术的便捷性，融媒体最终走向农村地区并收获了忠实的用户群体。与此同时，人们越来越依赖手机客户端，获取信息的方式也逐渐转向社交媒体，互联网使用俨然已经成为人们的一种生活习惯。尤其是随着传统主流媒体逐步开通微博号、抖音号、快手号、微信公众号等新媒体平台账号，以及政务新媒体的快速发展，尝试构建全媒体的传播格局，为新宣传创造了先期条件，宣传者与宣传对象之间有了更加便捷的对话通道和可能性。对于宣传者来说，这不仅可以更好地开展宣传，还能通过这种形式实现新型的宣传动员。从支配式宣传到平等对话，国家在对话中化解风险、克服危机、维系认同[1]，政党也通过对话减少了与民众之间的误解，同时满足了民众的表达欲望。互联网正是通过改造个体的基本生活方式来改造社会，同时深远影响着政治、经济、社会、文化的方方面面。

二、政党、国家意识与宣传下乡

作为执政党，中国共产党要巩固执政地位，必须赢取民心、获得民众支持，党的路线、方针、政策的宣传是让民众认识和支持党的基础；作为执政党，中国共产党要治国理政，需要民众的国家意识作为基础，使其能够在家国情怀、爱国主义中捍卫国家利益。因此，在"政党-国家"一体化的党政[2]体制中，通过宣传使民众意识到政党与国家、人民的利益高度

---

[1] 胡百精.风险社会、对话主义与重建现代性："非典"以来中国公共关系发展的语境与路径［J］.国际新闻界，2013（5）：6-15.
[2] 吴爱明，朱国斌，林震.当代中国政府与政治［M］.北京：中国人民大学出版社，2010：序.

第十一章
县级融媒体中心：新时代新闻宣传的基层实践创新

一致，是中国共产党巩固执政地位和治国理政的重要基石。

"得民心者得天下"，中国共产党需要运用各种方式来赢得民心，获得民众对政党和国家的认同。作为乡土中国的核心部分，乡村地区由于经济、文化水平的普遍落后，很多大众传播手段无法深入，"宣传下乡"便具有了必要性。以乡村地区大众为传播对象的宣传下乡，旨在通过一系列手段使乡村地区大众接受和认同党的执政地位和施政方针，并加入组织的统一行动之中。通过宣传下乡，中国共产党在乡村地区开展广泛的社会动员，将广大而分散的农民组织到自己的旗帜下，使其成为中国共产党领导下的强大力量；将政党意识带到乡村社会，通过各种形式的宣传活动将党的思想、方针、政策传递给基层，让农民意识到党、政府和个人利益的统一性，从而形成"跟党走"的意识；使家族意识大于国家意识且有强烈的自我生产与自我消费的农民意识的农村地区强化了国家意识和集体意识先于个体的意识。

随着现代化进程的加速，乡村社会治理作为国家治理体系现代化的议题受到重视，宣传下乡有了新的使命，即通过下乡的宣传、基层化的宣传、通俗的宣传，开展乡村社会动员，并提升乡村治理水平。这种社会动员首先是某一社会形态中社会成员的全面变化。正如美国政治学家卡尔·多伊奇提出的，社会动员包括"一些特定的变化过程，如居住的，职业的，社会环境的，人与人交往的，制度、作用和行为方式的，感受和期望等方面的变化，最后还有个人的记忆、习惯和需求的变化……这些变化单独的或几个共同的作用影响，甚至改变政治行为的倾向"。[1] 同时，社会动员也蕴含动员主体的工具性目的，如林尚立指出的，社会动员的本质是政治团体利用所拥有的政治资源，以实现经济、政治及社会发展为目标而充分发动社会力量广泛参与的政治行动。[2] 中国共产党通过宣传下乡实现

---

[1] DEUTSCH K W. Social mobilization and political development [J]. The American political science review, 1961, 55（3）: 493-514.

[2] 林尚立. 当代中国政治形态研究 [M]. 天津：天津人民出版社，2000：271.

"乡村动员",将广大的农民群体纳入国家体系,改造乡村千百年以来形成的乡土意识形态,建构起新的意识形态,并实现乡村社会治理的现代化,某种程度上是社会成员变化与动员主体目的性的统一体。

在传统媒体时代,中国共产党为了推进宣传下乡,采用了各种非大众传播的宣传模式。如标语口号、黑板报、读报组等形式,都曾在中国共产党宣传下乡过程中发挥了显著的作用,但很多信息依然要靠农民口口相传才能传递给更多的人。随着大众媒体的发展,大众传播工具逐渐进入传统的乡土社会,大众传播工具成为宣传下乡的重要载体。广播媒体时代,在国家统一布局之下,农村的有线广播快速发展起来,在大多数农村地区,每家每户都有广播喇叭。广播内容除了少量当地农业生产活动安排,有大量的党和各级政府的"声音"。正是通过一个个广播喇叭,将党和政府的"声音"传递到农民耳朵当中,深入农民的内心。改革开放以后,电视媒体迅速发展,国家通过建立"村村通工程"让每一个村庄都可以接收到电视信号,电视成为党和政府的新"喉舌",承载着宣传教育的功能,将政党和政府的意志以更加便捷的方式迅速传递给农民。

互联网新媒体环境下,县级融媒体中心的建设为开展新型的宣传下乡提供了渠道基础。县级融媒体中心通过整合县级广播电视、报刊、新媒体等资源,开展媒体服务、党建服务、政务服务、公共服务、增值服务等全方位业务,其目的很大程度上是"为了疏通基层宣传工作的道路,立足于打通国家治理体系和能力现代化的'最后一公里'这个基本路向"[1],系统地提升本地舆论引导乃至整个宣传思想工作的总体成效。从2008年开始,随着微博、微信等移动互联网平台的飞速发展,县级融媒体逐步走向移动端,正式走进"两微一端"(微博、微信、新闻客户端)、"两微一抖"(微博、微信、抖音)的新时代。不同于广义的融媒体建设,县级融媒体更强

---

[1] 朱春阳,曾培伦."单兵扩散"与"云端共联":县级融媒体中心建设的基本路径比较分析[J].新闻与写作,2018(12):25-31.

调融媒体建设的地方性，是一种"基层媒体形态"[①]。在思想多元化的环境下，面对媒体格局与舆论生态的变化，主流意识形态的传播与建设已成为"凝聚国家力量、引领思想风尚和提供文化支撑的关键环节"。[②] 在移动互联网时代，新兴媒体高度发达，社交媒体融入人们的生活，且人人都可以拥有自媒体，主流媒体在舆论宣传"最后一公里"上长期处于"失声"状态。尤其是在县区一级，主流声音更加难以传达，多元化的社会思潮、"三俗化"的内容传播等对主流意识形态产生着巨大影响。基于主流媒体遭受的挑战和"夺回"舆论主导权的需要，党的领导人明确提出，"推动媒体融合发展、建设全媒体成为我们面临的一项紧迫课题。要运用信息革命成果，推动媒体融合向纵深发展，做大做强主流舆论，巩固全党全国人民团结奋斗的共同思想基础"。[③] 郡县治则天下安，县级融媒体中心可以说承担了新时代宣传下乡的重要职能，在很大程度上是改善基层治理效果和基层舆论生态的举措。

三、县级融媒体中心与宣传下乡新范式

中国的传统社会难以实现上层与底层的密切沟通，在国家政策实施与社会公共事件中，乡村社会的意识行为容易与国家层面相阻隔。基于此，中国共产党通过宣传下乡来建立起与乡村的联系，从而构建统一的意识形态。县级融媒体中心作为基层的重要宣传组织，突出的特点是将宣传工作延伸到乡村社会、延伸到人的日常生活之中，从而打通上层与基层、国家与社会的精神通道，建立起相互联系的精神意识网络。以县级融媒体中心

---

① 朱春阳.县级融媒体中心建设：经验坐标、发展机遇与路径创新[J].新闻界，2018（9）：21-27.
② 李明德，李巨星.主流意识形态传播力评估体系研究[J].西安交通大学学报（社会科学版），2019（3）：91-98.
③ 习近平.加快推动媒体融合发展 构建全媒体传播格局[J].求是，2019（6）：4-8.

为核心的宣传下乡机制，在乡村社会抗击疫情中发挥了什么作用，如何发挥作用，作用效果如何，可以在一定程度上反映出全媒体时代宣传下乡的转型成效。

（一）渠道壁垒消解，传播主体多元化

宣传是通过一定的渠道达到影响大众思想和心理的行为。回顾中国共产党宣传工作的历史进程，中国共产党历来重视农村的宣传工作，建立起了较为成熟的乡村宣传体系。如今，全媒体时代的到来以其全程、全息、全员、全效的特性为乡村宣传提供了全新的宣传渠道，进而为新时期党在农村的宣传动员提供了有效的途径。县级融媒体中心作为媒体融合战略布局的"最后一公里"，在开展主流意识形态宣传的同时，承载着乡村宣传、宣传动员与乡村治理的多重使命，为在乡村地区凝聚社会共识、引领社会风尚提供关键支撑。实践中，县级融媒体中心尊重农民信息需求、贴近农村发展实际、关注农民生活现状，积极构建扎根农村现实与基层实践的宣传话语和方法体系，为宣传下乡探索出了新的传播体系。

县级融媒体中心作为乡村宣传的传播渠道体现出了其宣传功能和潜在的基层治理功能，很好地发挥了"引导群众，服务群众"的作用。借助APP、微博、微信公众号、抖音号等宣传载体，县级融媒体中心俨然已经成为基层社区信息枢纽，为党、政府和人民搭建起一个基于互联网的对话交流平台。

（二）宣传下乡与民意上达，宣传内容全面化

在中国共产党宣传观念中，宣传工作是党的工作的一部分，宣传工作既要服务党的工作大局和中心工作，也要坚持为最广大的人民群众服务。正因如此，县级融媒体中心不仅被视为"打通媒体融合的最后一公里"，也被视为服务群众、引导群众的抓手。通过县级融媒体中心，党和政府的各项政策可以及时传递到乡村、社区、企业、学校，也为民众的呼声、意

见、需求提供了表达渠道。而为了实现这一功能，县级融媒体中心的内容不再局限于新闻、政策的传播，而把新闻、政务、商务、服务融为一体。媒体宣传不再是新闻宣传，而是融信息服务与其他服务于一体的服务式宣传。其背后逻辑是优质的服务，本身也是一种宣传方式，而且可以为县级融媒体带来并留住大量用户，为网上宣传工作奠定群众基础。

（三）传播技术创新，宣传形式社会化

全媒体时代的信息传播嵌入人们的日常生活之中，宣传下乡不再是传统的宣传栏、大喇叭、横幅标语，更要有贴近民众信息接触习惯的新型宣传形式。作为融媒体阵营的一部分，又是宣传下乡的"枢纽"环节，县级融媒体中心作出了很多创新。

短视频作为一种低语境的传播语言，具有门槛低、可视化、互动性强等优势，能够以简单易懂、清晰直观的方式将重要的事实性信息传达给受众。同时，不同于有着完整叙事结构的长视频或者图文形式，短视频要求在尽量短的时间内突出关键信息，因而具有极高的传播效率和快速传递要点的能力。以短视频传播疫情信息，能够帮助受众快速抓住主要信息，给予其即时报偿的满足感。

微广播剧是在传统广播剧基础上发展演变而来的一种新的创作形式，由于微广播剧带有剧情，相比于短视频纯事实叙述更容易带动大众的情感共鸣。县级融媒体中心联合多个渠道对微广播剧的循环播放，能够起到"议程设置"的作用，对公众舆论进行有效引导，鼓动大家的情绪，产生"螺旋"效应，使整个社会被卷入抗击疫情的情绪旋涡中，从而起到动员全民团结一致、共赴国难的作用。微广播剧取材于现实生活，与剧中原型人物展开了超时空的对话，与此同时给予广大受众以鼓舞，让大众情感得以释放，推动宣传动员工作顺利进行。

现场直播成为宣传下乡的重要载体。大众知识背景之间存在很大的差异性，这导致信息在传播过程中极易产生传播盲点或信息鸿沟，大众在

不了解事实信息的情况下会产生犹疑的情绪,为谣言的传播提供了可乘之机。作为一种现场报道的优势方式,现场直播与事件进程同步传送,时效快、保真度高、可信性强、覆盖面广,可以让民众看到事件发生的全过程,避免大众误解,同时能够增强对主流媒体的信心。无论是自上而下的政策解读与答疑解惑,还是自下而上的信息提供,直播都在其中发挥着作用。乡村地区从来都不是孤立的存在,直播技术的双向交流形式消除了传播过程中的盲点,让其与乡村之外更广阔的社会产生了良好的互动。

四、全媒体时代的宣传下乡与乡村动员新机制

宣传下乡与乡村动员是一个全面而系统的过程。随着乡村振兴战略的实施和深化改革的不断推进,要求党和国家不断创新和完善社会主义主流意识形态宣传工作机制,进一步发挥社会主义主流意识形态的主导作用和引领功能。尤其是在全媒体时代,信息的发布呈现出愈发复杂多元的态势,媒体作为政府与大众之间的沟通传输媒介,对两者能否进行良好的互动交流发挥着至关重要的作用。可以说,全媒体时代的到来既为党和国家的宣传下乡工作提供了机遇,也带来了挑战,一种新的宣传动员机制应运而生。

第一,搭建公众表达平台,完善公众参与机制,提高乡村社会动员的自觉性。

县级融媒体中心依托互联网技术的普及,初步建起全媒体矩阵,也搭建起公众表达的平台,为乡村地区群众带来了更多公开表达的机会,进而提高了乡村社会动员的自觉性。一方面,突发性公共卫生事件与人民群众的生命安全息息相关,满足人民群众的诉求,调动人民群众参与的积极性,是宣传下乡获得效果的重要条件,也对基层社会治理的顺利进行具有重要价值。公众参与机制的建立有助于实现这些目标。另一方面,在全媒体时代,公众表达平台的建立实现了乡村地区群众的表达权与话语权需

求。群众借助网络表达疑惑、陈述观点、提出建议，完整地表达自身的利益诉求，可以更广泛地参与疫情相关政策的执行、反馈与完善工作，进而推动宣传工作顺利进行，彰显"主人翁"地位。

第二，搭建公共对话平台，建立公共沟通机制，提升乡村社会动员的科学性。

互联网新媒体的迅速普及，加快了对原有传播权力中心的消解。新媒体平台的影响力逐渐扩大，极大地冲击了传统媒体的中心地位，也迫使传统媒体进行融合转型。同时，新技术带来的媒体合作关系模式倒逼政府从单向信息控制转向双向信息互动模式。[①] 在此背景下，县级融媒体中心结合了传统媒体以及新媒体的优势着力打通不同的舆论场，搭建公共对话平台，从而建立公共沟通机制，促进双方可以通过对话达成共识。在宣传下乡过程中，通过公共沟通可以实现信息互换、增进了解、化解矛盾，从而有效克服传统意识形态宣传的弊端，增强宣传效果，实现广大乡村群众对主流意识形态的高度认同。从"独白"到"对话"，公共沟通模式扭转了宣传下乡曾经的灌输模式，有效提升了宣传效果。

第三，搭建公共服务平台，建立群众需求和评价反馈机制，提升乡村社会动员的群众基础。

县级融媒体中心既是疫情期间宣传下乡的主要渠道，也是帮助乡村群众解决实际需求的公共服务平台。疫情期间，县级融媒体中心为群众提供便民服务，助力复工复产，打通农产品销售渠道。一方面，通过全媒体平台上用户的反馈全面了解群众需求，并为用户提供内容产品和多元化的服务。如，面对一"罩"难求的困难，有的县级融媒体中心开设赠送口罩的活动，用户在上面注册就可以免费领取一定数量的口罩。另一方面，县级融媒体中心发挥信息枢纽功能，在增进与群众沟通的同时，吸收社情民意，并及时反馈给相关管理部门，跟进问题解决进度，提升乡村社会动员

[①] 朱春阳.政治沟通视野下的媒体融合：核心议题、价值取向与传播特征[J]. 新闻记者，2014（11）：9-16.

的群众基础。这些做法有效回应了群众关心的问题，初步形成一个群众需求和评价反馈的机制，有助于提升乡村社会动员的群众基础。同时，面对严峻复杂的疫情形势，广大县级融媒体中心在中央和地方之间、在政府和群众之间，切实、迅速、高效和全面地报道了国家、省市以及基层相应的决策、举措和成效，在网上政务服务及其他综合服务方面发挥了重要作用，促进了疫情期间社会的有序运行，成为基层社会治理的有力助手。

结 语
从新闻宣传到新宣传——新闻宣传的观念走向

在中国的语境中，新闻宣传是一个中性词乃至褒义词，但在世界范围内尤其是西方国家语境中具有较强的贬义色彩；与此同时，新闻宣传在实践中出现的一些问题，也导致国内对新闻宣传有些争议。在当前全媒体语境下，互动、沟通与对话意识日益强烈，如何突破传统新闻宣传观念的制约，实现新闻宣传的观念转型，从而更好地提升新闻宣传的传播力引导力影响力，是新闻宣传研究和实践必须思考的重大课题。"新宣传"的观念是其中一条可行的探索路径。

在美国，早在20世纪20年代就设立了宣传奖学金，但始终未能解释到底"什么是宣传"，奖学金也因此断断续续。至今为止，美国学者仍未停止探索对宣传的重新阐释。在国内，在传统以研究宣传方法和领导人宣传思想为主的基础上，也开始出现从观念、话语及宣传的正当性入手，对宣传观念进行反思的研究。直面宣传是学界的勇气与担当，研究宣传的正当性是真正解决宣传问题的途径所在。然而，仅仅从正当性角度重思宣传的观念是不够的。宣传的无所不在和污名困境，要求学界对宣传观念反思的同时，必须建构起全新的宣传概念，理顺宣传与其他类似宣传行为之间的关系。作为一种尝试，本文提出"新宣传"概念，将回归"宣传的本意"，从宣传的概念本身及关联主体之间的关系入手，结合社会科学发展多元化的现状，予以重新建构。

一、新宣传提出的背景及理论溯源

提出"新宣传"概念，基于这样一种现实：只要有权力的存在，人类就无法回避宣传。同时，又基于这样一个假设：明确宣传的概念与其他行为之间的关系，并对宣传关联主体进行伦理约束，可以实现全球的宣传对话。这些都是基于宣传正当化之后的理论畅想，也是正当化的必要途径。

（一）尴尬的宣传：新宣传的提出

宣传正处于一个尴尬的境遇，这是任何从事宣传工作和研究宣传的人所意识到的严峻形势。这种尴尬在于：宣传无所不在，又不知其所在；宣传无法回避，又无地自容。这一切起源于宣传概念的贬义化。

宣传本是褒义的，甚至是神圣的，这在学界已有广泛共识。自17世纪罗马教会设立信仰宣传委员会和宣传学院后，现代意义的宣传便逐渐进入公众视野。实践领域，宣传先后在法国大革命、美国独立战争和南北战争及20世纪的两次世界大战中发挥了重要作用。尽管宣传实践硕果累累，但谎言满天飞的宣传行径，以及一些违背西方现代自由、民主、平等精神的宣传行为在战争之外继续存在，使得宣传在学界难以得到共识，宣传的贬义色彩日益浓厚。

宣传的贬义化原因是复杂的，学术界对宣传的态度并不一致。一战之后，学界对宣传的态度出现了三种趋势。一是以杜威为代表的人文学者对战争宣传及战后政府的宣传行为进行抨击与反思。向来主张民主、推崇教育的杜威，站在民主的立场，提出应通过教育"让公民具备理性的判断能力，识别宣传和事实"。[①] 二是以伯内斯为代表的社会学者试图澄清宣传的清白，挽救宣传的命运，认为"宣传活动有利于告知公众，有利于消解敌

---

① 刘海龙.西方宣传概念的变迁：起源与早期的争论［J］.国际新闻界，2007（4）：10-14.

结 语
从新闻宣传到新宣传——新闻宣传的观念走向

意"[1]。此时的宣传,在商业领域尚未引起足够重视,作为公关之父,他是基于战争宣传及政府宣传而作出的判断。三是青年学术新星拉斯韦尔,本着"价值中立"的立场,对一战中的宣传行为进行了实证研究,以发现其中的符号、价值、主体等宣传的具体内容。应该说,如果事情仅止于此,西方宣传或许不会沦落到被弃用的下场。关键在于,随着社会主义与资本主义两大阵营的对立,意识形态的"冷战"使西方最终抛弃宣传。由此可见,西方宣传危机的根源不是宣传本身,而是披上了过多的意识形态和政治包袱。正如美国学者坎宁安所言,宣传面临的两大挑战,一个是宣传概念被意识形态所取代,另一个则是陷入"宣传就是宣传本身"这样无谓的争论之中。[2]

"冷战"结束,意识形态冲突呈现出缓和趋势,这不仅使得以美国为首的西方国家失去了斗争的对象,使其在民众之凝结上出现了精神空虚,更使宣传陷入尴尬的境地。当宣传不再是"敌方"所专属所有,而"我方"亦广为使用之时,宣传究竟该不该存在?该不该恢复其原有之意?西方学者在冷战时期创造的"传播学"不能完全解决宣传的问题。破解宣传的尴尬局面已不得不引起重视。"新宣传"的提出,就是源于这一背景,意图解决这一困惑。[3]

(二)重思旧宣传:新宣传的理论溯源

何为旧宣传?如果只从宣传方法及其表现形式而言,显而易见,"旧的宣传"是旗帜鲜明地广泛使用各种符号来控制意见,以实现意见统一或洗脑目的,为战争或权力运行提供民意基础。而"新的宣传"不再大张旗

---

[1] 伯内斯. 舆论的结晶[M]. 胡百精,董晨宇,等译. 北京:中国传媒大学出版社,2014:45.
[2] CUNNINGHAM S B. The idea of propaganda: a reconstruction [M]. CT: Praeger, 2002: 248.
[3] 叶俊. 新宣传的历史溯源、概念重构与关系治理[J]. 国际新闻界,2019(3):42-54.

鼓，转而以传播、公关、公共外交、教育等各种面貌出现。[①]

这种形式"新旧对比"的研究，学界早已有之。早在一战结束后不久，伯内斯为了实现其为宣传正名的宏愿，就提出了"新宣传"的概念。此时的伯内斯已意识到宣传给很多人带来了不愉快的暗示，而他认为，"在任何事情上，宣传之好坏取决于它所推动的事业承载的价值以及所发布信息的正确性"。[②]在伯内斯看来，"现代宣传是一种持续一贯的努力，旨在制造形成或行塑事件，以影响公众与特定事业、观念、团体之间的关系"[③]，而战后的宣传手段已与以往大不相同，他把这些新手段称为"新宣传"。[④]在他看来，新宣传不仅考量个体和大众思想，尤其要剖析整个社会中相互交织、错综复杂的组织形态及其忠诚度；不仅将个体看成社会有机体中的一个独立细胞，更视之为有序融入社会共同体的一分子；将社会结构视为一个整体，持续聚焦并致力于实现大众的意志。[⑤]在此基础上，他还提出了一个"舆论的塑造者"即所谓"新宣传家"的概念。[⑥]

美国学者阿什德和约翰逊于1980年提出，旧宣传由国家操作，而新宣传由组织通过公共关系学操作，并把新旧宣传的区别概括为：旧宣传的受众是无差别的，新宣传的受众是细分化的；旧宣传直接使用媒体，新宣传是控制媒体信源；旧宣传的目的是改变受众态度、信仰和行为，新宣传的目的是保持组织的正当性；旧宣传致力于保持自己的可信度，新宣传偏

---

① 叶俊.新宣传的历史溯源、概念重构与关系治理［J］.国际新闻界，2019（3）：42-54.

② 伯内斯.宣传［M］.胡百精，董晨宇，译.北京：中国传媒大学出版社，2014：47.

③ 伯内斯.宣传［M］.胡百精，董晨宇，译.北京：中国传媒大学出版社，2014：50.

④ 伯内斯.宣传［M］.胡百精，董晨宇，译.北京：中国传媒大学出版社，2014：53.

⑤ 伯内斯.宣传［M］.胡百精，董晨宇，译.北京：中国传媒大学出版社，2014：53-55.

⑥ 伯内斯.宣传［M］.胡百精，董晨宇，译.北京：中国传媒大学出版社，2014：56.

结 语
从新闻宣传到新宣传——新闻宣传的观念走向

向用事实说话。[①] 在美国，这种试图发现新旧宣传之间区别的研究还有很多。正如刘海龙所言，他们形成了一个共识，新宣传"离人们的刻板印象越来越远，越来越不像宣传"。[②]

这些所谓的"新宣传"，并非概念上的新宣传，而只是对比新旧宣传之间的异同而已，宣传的概念本身并无突破。事实上，他们也发现，新旧宣传之间在本质上并无改变，变化的只是方法而已。这种新旧之间的对比，不但没有解决宣传的尴尬处境，反而使宣传更加尴尬。因为，这些研究让人们发现了宣传的广泛存在，即便改头换面，也难以掩盖宣传者的操纵意图。[③]

事实上，在政治生活系统中，作为一种信息输出行为，宣传的存在是完全有必要的。戴维·伊斯顿把信息输出视为政治生活系统中的一个重要部分，认为政治系统的信息输出是"一个系统之内及这个系统与其环境之间的交动"。[④] 实际上，宣传就是政治系统中的信息输出行为，政府在系统内部及其与环境之间进行信息交互，以实现其政权合法性、政党合法性或其他政治目的。可以说，宣传是无法避免的。正因如此，一些学者才会尝试从宣传与民主的关系入手，以帮助人们理解宣传在民主社会中的贡献和效果。[⑤]

重思旧宣传，绝不是进行简单的对比，发现新的宣传行为而已，而是

---

① 刘海龙.宣传：观念、话语及其正当化［M］.北京：中国大百科全书出版社，2013：318.

② 刘海龙.宣传：观念、话语及其正当化［M］.北京：中国大百科全书出版社，2013：320.

③ 叶俊.新宣传的历史溯源、概念重构与关系治理［J］.国际新闻界，2019（3）：42-54.

④ 伊斯顿.政治生活的系统分析［M］.王浦劬，等译.2版.北京：华夏出版社，1999：412.

⑤ MANDZIUK R M. Propaganda and democracy［J］. Critical studies in mass communication，1988，15（4）：452-455. SPROULE J M. Propaganda and democracy：the American experience of media and mass persuasion［M］. London，UK：Cambridge University Press，1997.

要重构"新宣传"的概念。这就需要从宣传的概念本身入手,进行重新的思考。

二、范式与理论:新宣传的可能及理论突围

坎宁安曾经做过很大的努力,试图重新建构宣传的概念,但用他自己的话说,这些努力只是试图解决学术界的困惑,而不是去阐明宣传的本性和已支离破碎的概念。[①] 然而,如果不重新定义宣传,规范宣传的概念,就无法解决学术界的困惑。"新宣传"概念的提出,绝非不着边际的幻想,而是基于对旧范式的超越,对新理论的深思熟虑。宣传只有在概念重构之后,才能真正获得解放,而不只是获得形式上的正当化或解释而已。

(一)超越旧范式:新宣传的可能性路径

在发现宣传难以澄清诸多疑惑之后,坎宁安本人已经意识到,"只有用哲学语境对宣传进行重新解释,宣传理论才能获得重要的进展"。[②] 如何解释?坎宁安并没有给出明确答案。本文尝试从宣传的范式予以重构。所谓"范式",实际上是一种危机引发的科学革命,而不是几个新概念可以解决的。真正的范式超越,应该是哥白尼式的革命,而非托勒密式的发现而已,后者是旧瓶装新酒,在原有理论上添加了新的观念,有时反倒徒增烦恼。本文探讨的宣传的范式,不是简单的新旧宣传行为对比,而是在新的理论环境下,对旧有概念进行重新建构。[③]

旧有宣传的概念是权力、金钱视角下的理论体系。在旧的概念下,宣

[①] CUNNINGHAM S B. The idea of propaganda: a reconstruction [M]. CT: Praeger, 2002: 248.

[②] CUNNINGHAM S B. The idea of propaganda: a reconstruction [M]. CT: Praeger, 2002: 248.

[③] 叶俊. 新宣传的历史溯源、概念重构与关系治理 [J]. 国际新闻界, 2019 (3): 42-54.

▶ 结 语
从新闻宣传到新宣传——新闻宣传的观念走向

传的主导者，可以是权力精英，也可以是商界大腕和金融大鳄，他们凭借手中的权力或金钱，肆意操纵公众意见，以达到自身的目的。这种不顾及被宣传者心理，不给予被宣传者尊重的宣传行为直接让自己陷入了危机。旧宣传的最大弊病在于，它的本意不只是输出政治信息，而是要操纵民众意见甚至对其进行洗脑，方法上采取了制造谣言的欺骗式宣传，而非以事实说话。这在法西斯的宣传中尤为明显。正如史密斯所言，"对于旧有宗教道德信仰的缺失和未能成功培育世界范围内大众诉求的理性现实道德标准，使得成千上万的人毫无认同感"，"更深的担忧和无益源自过去一直被欺骗的确信，即今天地位高的人继续诉求的这种欺骗"。① 可想而知，这种宣传在国内民众间都难以获得共识，想得到全球范围的认可就更难了。

旧的概念之下，宣传的概念被无限扩大是使其陷入尴尬的致命原因，导致了宣传始终无法翻身。自一战后，宣传的威力被成功发现，到20世纪三四十年代间，全球范围的"宣传意识"高涨。之后，宣传的概念在实践中逐渐被无限扩大。其中典型者，如商业的公关行为，这本不属于原有宣传概念；又如，发展到后来，甚至有人提出"人只要开口说话，他就是在做宣传"。这种无限扩大宣传概念的行为，使得社会大众处于一种危机状态：他们始终觉得自己的价值观、心理、生活、工作等都是在别人的操纵之下，而没有独立自主的人格发展。这必然会带来社会大众的反抗。②

新宣传之所以可能，就是要超越这种旧的概念范式。在反思宣传观念时，学者们把目光聚焦于宣传的正当性及其正当化表现上，而忽视了一个关键问题：无论是宣传的正当性还是宣传行为的正当化的前提，就是必须重新理解宣传。如果停留于对旧宣传的理解上，那么，旧宣传在一定程度上早已与谣言、洗脑、操纵、控制等贬义词牵连，无论宣传采取什么形式

---

① 史密斯，等.宣传、传播和舆论指南［M］.王海，胡帆，宋长青，译.广州：中山大学出版社，2008：30-31.
② 叶俊.新宣传的历史溯源、概念重构与关系治理［J］.国际新闻界，2019（3）：42-54.

或宣传者如何承担起责任，都无法避免公众对宣传的刻板印象。

（二）宣传、传播与公关：新宣传的理论突围

在宣传贬义化之际，一些新理论、新概念，如传播、公关，冠冕堂皇地取而代之。在重构新的宣传理论时，不可能像传播与公关研究回避宣传一样，回避这些新的宣传符号。一种新的理论突围的可能性在于，重新确定宣传的概念，厘清宣传与传播、公关之间的界限，让宣传的归宣传，传播的归传播，公关的归公关。

宣传与传播、公关之间是什么关系？如果按照传播学、公共关系学创始者的本意，或许它们可以代替宣传，或许可以成为宣传的一些新形式。但这样做，无非是给宣传本身徒增烦恼与尴尬。那么，宣传与传播、公关之间究竟该如何定位呢？基于新范式的建构，本文认为宣传与传播、公关之间应有以下明确界限。

利益的关系是考察宣传与传播关系的核心元素。这首先得回到宣传学与传播学的创始者话语中去。在宣传研究的开创者拉斯韦尔看来，宣传"起始于或者利用了社会中潜在的环境体系"，宣传者试图影响的受众，"是那些在相似环境中社会化的人"。[1] 传播学创始人施拉姆认为，传播源于人们"试图共享某种信息"[2]的欲望，视传播为"一种自然而然的、必需的、无所不在的活动"，人类建立传播关系，"是因为我们要同环境，特别是我们周围的人类环境相联系"。[3] 从两个创始者的话语可见，宣传目的是"影响受众"，传播目的是"共享信息"；宣传是"特定环境"下的行为，传播是"周遭环境"下的行为。换言之，两者之间最显著的差异在于利益

---

[1] 拉斯韦尔.世界大战中的宣传技巧[M].张洁，田青，译.展江，校.北京：中国人民大学出版社，2003：5.

[2] 施拉姆，波特.传播学概论[M].陈亮，周立方，李启，译.北京：新华出版社，1984：5.

[3] 施拉姆，波特.传播学概论[M].陈亮，周立方，李启，译.北京：新华出版社，1984：13.

> 结 语
> 从新闻宣传到新宣传——新闻宣传的观念走向

的关系，宣传活动是利于宣传者的传播行为，传播则是共享信息的平等关系，没有明确的利益关系。政治传播学的兴起，在一定程度上使得宣传更不知所措。事实上，基于西方选举制度而产生的政治传播在政治学话语里属于政治沟通范畴，其沟通本质的概念与宣传具有很强目的性的品质并不等同。[①]

权力关系是宣传与公关区别的关键。在伯内斯之前，尽管商业经济已经高度发达，但公关话语并未产生，宣传亦未纳入商业视野。20世纪初的"扒粪运动"使美国各大企业陷入名誉危机，商人为摆脱危机，借助了一战中已被证实有效的宣传，宣传由此才与公关之间纠结不清。伯内斯虽然想要为宣传正名，认为政治家、商品和社会思想通过浮夸的宣传来渗透和控制意见，尽管"的确存在被滥用的危险"，但宣传"对良序生活却是必要的"[②]。"宣传在其真正的意义上乃是一种具有完全合法性的人类活动形式。"[③] 遗憾的是，伯内斯把宣传纳入商业公关之中，本身却增加了宣传的复杂性与合法性危机。随着公关概念的发展，政治领域公关得以发展，更是进一步挑战了传统宣传的地位。然而，不管如何，宣传与公关并不能画等号，两者的核心区别在于权力关系：宣传是自上而下的或单向灌输的，而公关则是基于平等的权力关系。

厘清宣传与类宣传概念的边界之后，下一步就是对宣传概念本身进行制约。宣传概念被无限扩大的现象早已引起学者注意，李良荣提出，"不管何种宣传，都是从影响人们的思想、引导人们的行动出发去传播一定的观念、主张，离开了这些基本特征的传播行为，并不能称为宣传"。[④] 沃

---

① 叶俊.新宣传的历史溯源、概念重构与关系治理［J］.国际新闻界，2019（3）：42-54.

② 伯内斯.宣传［M］.胡百精，董晨宇，译.北京：中国传媒大学出版社，2014：37.

③ 伯内斯.宣传［M］.胡百精，董晨宇，译.北京：中国传媒大学出版社，2014：48.

④ 李良荣.宣传学导论［M］.福州：福建人民出版社，1989：15.

纳·赛佛林等人则认为:"只有当行为对信源而不是对接受者有益时,这种行为或消息才被称为宣传。"[①]本文认为,看一个传播行为是否是宣传,有以下几个重要因素。

第一,有无权力参与。一种传播行为,如果只是人与人、组织与组织或组织与人的交流,并无权力因素参与,就不可被视为宣传。比如,召开一个学术会议,学者们的学术讨论无论如何也不可能是宣传。

第二,利己还是利他。一种传播行为,只有当传播信息有利于宣传者而非被宣传者时,或宣传者以利于自己的目的出发进行传播但也有可能利于被宣传者,才可被视为宣传。

第三,主体的地位。一般而已,宣传中的宣传者与被宣传者之间是不对等的,尽管被宣传者的反映和反馈有时也会被纳入下一步宣传计划中,但这无法改变彼此关系。

第四,观点、事实还是谣言。宣传的内容应该是观点或者事实,而不应该是谣言。一切把谣言作为宣传内容的形式不应视为合法的宣传,只能是"欺骗性宣传"。

同时,我们要排除那些不是宣传而似宣传的行为。刘海龙在研究宣传观念时提出了一系列多变的"宣传话语",如洗脑、灌输、再教育、思想改造、思想(政治)教育、新闻管理、公共关系、危机管理、形象管理、政治营销、公共外交、心理战、大众说服、意识形态霸权、社会动员、心理操纵、共识制造、意识操纵、国际传播、文化侵略等。[②]这恰好反映出了宣传的无限扩大趋向。构建新宣传,就要重新理顺这些概念间的关系。这些概念可以通过本文后述内容得到一定的约束,也还需要更加系统深入的比较研究。比如,在公共外交领域,美国学者主张用公关手段,而非宣

[①] 赛佛林,坦卡德.传播理论:起源、方法与应用[M].郭镇之,孟颖,赵丽芳,等译.4版.北京:华夏出版社,2000:107.

[②] 刘海龙.宣传:观念、话语及其正当化[M].北京:中国大百科全书出版社,2013:6.

> **结　语**
> 从新闻宣传到新宣传——新闻宣传的观念走向

传，可见在美国学界宣传与公关、公共外交等概念之间是有所区别的。总体而言，厘清新宣传与这些概念关系的基本原则是，欺骗的、洗脑的行为不能视为政治宣传，或者说可以冠之以一个定语（如"欺骗性宣传"），以此把这些行为和合法的宣传行为区别开来。

通过这种明确，一个新的宣传概念就呈现出来了。在这个新概念中，宣传行为是可以判断的。概括而言，新的宣传概念是：权力主体有目的地运用符号传播观点和事实以影响人们的行为或信仰的政治信息输出行为。当然，如果仅是如此，宣传很难获得正当性。这需要对宣传主体之间的关系加以约束和规范。

三、权力与权利：新宣传的主体协商

理论的突围如何影响并应用于实践，被广泛认可，并得以延续，这并非理论本身能够完成的，而需要从实践角度进行理论设计。在新宣传中，必须对宣传的两大主体——宣传者与被宣传者——的角色予以充分的考虑，对他们作出严格的约束或保障，建立彼此之间的对话机制。只有这样，新宣传才能避免沦落到旧宣传的悲惨下场。

（一）权力的束缚：新宣传的生存空间

在政治活动中，权力一旦失去约束，就犹如脱缰的野马，不仅会殃及社会大众的利益，有时甚至断送了自己的公信力。宣传就是其中一个典型代表。如果没有宣传者在宣传活动中恣意造谣、随性操纵民众意见等行为的发生，如果政治活动家们没有把意识形态严重对立起来，旧宣传或许就不会几乎丧失合法性，以致沦落到今天之下场。因此，新宣传首先需要对权力予以约束，这才能给新宣传提供生存的空间。

一是法律的"底线"约束。作为保障社会运行的"底线"，法律在宣传行为中应发挥应有的作用，强化对权力的约束。这种权力约束一方面来自法律对整个政治体系中权力的约束,另一方面更来自对宣传行为中权力的约束,使得权力不能肆无忌惮地宣传。这是旧宣传时代所不重视的。

二是伦理的"高线"约束。一战结束之后的20世纪20年代,在宣传污名化的美国就已有观点指出:"只有当宣传者蓄意传播谎言,或当他们知道自己的行为后果将伤害公众之善时,宣传才是邪恶和应被谴责的。"[1]换言之,宣传的底线是不能造谣,或造谣不是宣传。传播不实的消息不是新闻已是共识,同样传播不实的事实不可视为宣传行为,而是造谣行为。可惜的是,这一试图对宣传进行伦理约束的观点,尽管通过大众媒体予以传播,但未能扛得住意识形态对宣传的冲击。今天,当意识形态冲突已不再是世界政治的主流时,正是让宣传回归本位的时候。

权力的约束是政治学领域的核心议题。宣传与行政、司法、立法等一样,都是政府行为的一部分。作为宣传的核心要素,权力必须得到约束,才可能使宣传不被滥用,维护宣传形象应如同维护政府形象一般。正如学者王怡红所言,宣传正当性"能从宣传的权力起源上解释宣传所含有支配性及其关系结构",宣传必须追求正当性,"才会保持宣传的合法性并产生宣传效力",因此,"宣传依靠权力所创造的传播关系需要受到宣传义务与责任的正当化的约束"。[2]就此而言,法律的"底线"与道德"高线"是保证权力承担起义务和责任的具体约束。

再深一步,宣传如果具有合法性,就必然面临宣传自律的问题。反观宣传的历史,自律的缺失是使宣传者不但没有通过宣传达到政治目的,反而落得民心向背的重要原因。宣传该如何自律?这是一个有待深入探讨的问题。但无论如何,宣传的自律之基础是权力的约束。

---

[1] 伯内斯.宣传[M].胡百精,董晨宇,译.北京:中国传媒大学出版社,2014:49.

[2] 王怡红.宣传研究的概念考察:兼评刘海龙的宣传研究[J].新闻界,2014(20):31.

（二）权利的保障：新宣传的可持续性

新宣传要获得可持续的保障，就不得不重视被宣传者的权利。由于权力因素的参与，在宣传者与被宣传者两大宣传主体中，被宣传者显然处于弱势地位。当弱者面对强者之时，就涉及正义问题。约翰·罗尔斯认为，正义有两大原则：每个人对其他人所拥有的最广泛的基本自由体系相容的类似的自由体系都应有一种平等的权利；社会和经济的不平等，应该被合理地期望适合每一个人的利益，且依附于地位和职务向所有人开放。[①] 在宣传活动中，每一个人面对宣传时，接触与否，接触多少，受影响多少，都是不一样的。本着社会正义的原则，包括社会精英与社会大众在内的所有社会成员，在宣传中都应被平等看待。

在实际宣传活动中，由于普通大众文化素质较社会精英低，在接触宣传之后所受到的影响自然不一样。这一类由于接受教育、社会地位不同而不同的不平等现象，罗尔斯称之为"差别原则"。在罗尔斯看来，如果重视天赋高者可以改善不利者的长远期望，"差别原则"是允许存在的。[②] 针对由此造成的不平等现象，罗尔斯提出了"补偿原则"，以此使任何人"不会因为他在自然资质的分配中的偶然地位或者社会中的最初地位得益或受损"。[③] 本着这样的平等与公正原则，新宣传中的被宣传者起码应有以下两个权利。

一是接受教育的权利。通过民主教育、媒介素养教育等，提高被宣传者判断宣传信息的能力。教育是杜威一向主张的公民权利。杜威认为，"一个民主的政府，除非选举人和受统治的人都受过教育，否则这种政府

[①] 罗尔斯.正义论［M］.何怀宏，何包钢，廖申白，译.北京：中国社会科学出版社，1988：60-61.

[②] 罗尔斯.正义论［M］.何怀宏，何包钢，廖申白，译.北京：中国社会科学出版社，1988：101.

[③] 罗尔斯.正义论［M］.何怀宏，何包钢，廖申白，译.北京：中国社会科学出版社，1988：102.

就是不能成功的"。① 在他看来，外部权威是民主社会所否定的，取而代之的是通过教育获得的公民的自愿的倾向和兴趣。他更注意到了，教育不被一个阶级积极用来作为更加容易剥削另一个阶级的工具，且学校提高效率以便"在事实上减轻经济不平等的影响"。② 杜威这里所说的教育反映的是教育与宣传之间的纠纷。他所说的被一个阶级用来作为工具的教育，在此后的实践与宣传研究中往往被视为宣传行为的一部分。揭示这种以教育面貌存在的宣传，正需要真正的教育予以保障。

二是反宣传的民主权利。新宣传可以被视为政府的合法行为，但与此同时，被宣传者的反宣传权利也应得到保障。反宣传的存在，可以弥补权力单方面宣传带来的"洗脑""操纵"等有可能存在的负面宣传行为，使得被宣传者处于更加多元的信息环境之下。如果宣传可以作为合理的政治行为，那么反宣传同样可以作为一种政治行为存在，这是现代政治中权力制衡的要义。针对无法避免的宣传，美国学者克鲁克伯格就指出，公众"应被告知并适应宣传的使用"，以便做出"防守"或"进攻"的选择。③

上述权利中，第一个权利可以保障全体公民能够更加平等地面对宣传，并且能够拥有在宣传面前自我判断的能力；第二个权利使被宣传者能够在意识到利益受到宣传者侵害时，主动进行自我保护。当这两项基本权利得到保障之后，新宣传才会具有可持续性。

（三）主体的协商：新宣传的新生命

宣传是一种传播行为，宣传者、被宣传者、宣传目的、宣传渠道、宣

---

① 杜威.民主主义与教育[M].王承绪，译.北京：人民教育出版社，1990：92.
② 杜威.民主主义与教育[M].王承绪，译.北京：人民教育出版社，1990：104.
③ KRUCKEBERG D, VUJNOVIC M. Public relations, not propaganda, for US public diplomacy in a post-9/11 world: challenges and opportunities [J]. Journal of communication management, 2005, 9 (4): 4296-4304.

> 结　语
> 从新闻宣传到新宣传——新闻宣传的观念走向

传效果是其中几个重要因素。作为政治生活系统中不可缺失的一部分，新宣传需要维持其长久的生命力，就需要寻求宣传主体间的沟通与协商，并充分考虑宣传中的每一个要素。

其一，给予新宣传新的生命，就要树立宣传的相互性观念。王怡红认为，"相互性和沟通优先概念可为宣传的关系治理提供理论或研究概念上的支援"[①]，沟通的动机是共享利益，由此可以保证宣传的稳定性。本文认为，所谓"相互性"，即宣传者与被宣传者之间并非一成不变的主动与被动关系，一旦宣传内容不被认可时，宣传者就会陷入尴尬处境，难以取得宣传目的。宣传者对此应有足够认识，必要的时候甚至可以把宣传的目的向公众解释清楚，以获取支持。

其二，要明确宣传主体间的对话、沟通与协商的机制。宣传者与被宣传者之间往往是不对等的，维护这种不对等的信息"传受"关系，就需要有充分的对话、沟通与协商。在一个民主的政府中，公民的知情权、参与权、监督权、表达权是基本权利，这些权利为宣传的对话、沟通与协商提供了法理基础。对话、沟通与协商机制，实际上是对宣传中的权力进行约束，以宣传效果或宣传的最终效果是否有利于公共利益为导向。

其三，新宣传的概念需要新的宣传观念与新的宣传形式。新的概念需要新的观念支撑，如，宣传者的宣传目的是否是恶意的，一般而言以公共利益为主；宣传的效果是有反作用的，能够制约下一步宣传行动的开展。从宣传方式而言，新宣传需要新方式，如宣传者在宣传渠道的使用上是非直接的，而只是间接地使用。这种转变能够使宣传以更为温和的姿态与公众见面，从而使宣传最大限度地获得社会认同。

总体来看，宣传主体间的对话、沟通与协商，是新宣传生命力所在。这种机制实际上把宣传纳入了现代民主思想的范畴，它甚至可以作为民主

---

① 王怡红.宣传研究的概念考察：兼评刘海龙的宣传研究[J].新闻界，2014（20）：34.

政治的内容之一。尽管在中国共产党官方语境中,新闻宣传已经开始向新闻舆论话语转型,但新闻宣传作为一种客观存在的现象不可能消失,因此在新闻宣传话语转型的同时,还有必要转变新闻宣传观念,从而实现新闻宣传彻底的现代化发展。

参考文献

1. 普通图书

［1］斯诺.斯诺文集：第4卷［M］.新民，译.北京：新华出版社，1984.

［2］中国大百科全书出版社不列颠百科全书编辑部.不列颠百科全书：第13卷［M］.北京：中国大百科全书出版社，1999.

［3］蔡元培.蔡元培文集：第3卷［M］.台北：锦绣出版事业股份有限公司，1995.

［4］中央宣传部办公厅.党的宣传工作会议概况和文献（1951—1992）［M］.北京：中共中央党校出版社，1994.

［5］邓小平文选：1975—1982［M］.北京：人民出版社，1983.

［6］邓小平.邓小平文选：第1卷［M］.2版.北京：人民出版社，1994.

［7］冯契，徐孝通.外国哲学大辞典［M］.上海：上海辞书出版社，2000.

［8］李大钊文集：上［M］.北京：人民出版社，1984.

［9］中共中央马克思恩格斯列宁斯大林著作编译局.列宁全集：第4卷［M］.北京：人民出版社，1984.

［10］中共中央马克思恩格斯列宁斯大林著作编译局.列宁全集：第5

卷［M］．北京：人民出版社，1986．

［11］中共中央马克思恩格斯列宁斯大林著作编译局．列宁全集：第6卷［M］．北京：人民出版社，1986．

［12］列宁．列宁全集：第12卷［M］．2版（增订版）．中共中央马克思恩格斯列宁斯大林著作编译局，编译．北京：人民出版社，2017．

［13］列宁．列宁全集：第21卷［M］．2版（增订版）．中共中央马克思恩格斯列宁斯大林著作编译局，编译．北京：人民出版社，2017．

［14］列宁．列宁全集：第24卷［M］．2版（增订版）．中共中央马克思恩格斯列宁斯大林著作编译局，编译．北京：人民出版社，1986．

［15］列宁．列宁全集：第34卷［M］．2版（增订版）．中共中央马克思恩格斯列宁斯大林著作编译局，编译．北京：人民出版社，2017．

［16］列宁．列宁全集：第42卷［M］．2版（增订版）．中共中央马克思恩格斯列宁斯大林著作编译局，编译．北京：人民出版社，1986．

［17］中共中央马克思恩格斯列宁斯大林著作编译局．马克思恩格斯全集：第1卷［M］．北京：人民出版社，1956．

［18］中共中央马克思恩格斯列宁斯大林著作编译局．马克思恩格斯全集：第2卷［M］．北京：人民出版社，1957．

［19］中共中央马克思恩格斯列宁斯大林著作编译局．马克思恩格斯全集：第5卷［M］．北京：人民出版社，1958．

［20］中共中央马克思恩格斯列宁斯大林著作编译局．马克思恩格斯全集：第10卷［M］．2版．北京：人民出版社，1998．

［21］中共中央马克思恩格斯列宁斯大林著作编译局．马克思恩格斯全

集：第 17 卷［M］．北京：人民出版社，1965．

［22］中共中央马克思恩格斯列宁斯大林著作编译局．马克思恩格斯全集：第 18 卷［M］．北京：人民出版社，1964．

［23］中共中央马克思恩格斯列宁斯大林著作编译局．马克思恩格斯全集：第 25 卷［M］．2 版．北京：人民出版社，2001．

［24］中共中央马克思恩格斯列宁斯大林著作编译局．马克思恩格斯全集：第 29 卷［M］．北京：人民出版社，1972．

［25］中共中央马克思恩格斯列宁斯大林著作编译局．马克思恩格斯全集：第 32 卷［M］．北京：人民出版社，1975．

［26］中共中央马克思恩格斯列宁斯大林著作编译局．马克思恩格斯全集：第 42 卷［M］．北京：人民出版社，1979．

［27］中共中央文献研究室．毛泽东文集：第 5 卷［M］．北京：人民出版社，1996．

［28］毛泽东新闻工作文选［M］．北京：新华出版社，1983．

［29］毛泽东选集：第 2 卷［M］．北京：人民出版社，1967．

［30］毛泽东选集：第 3 卷［M］．北京：人民出版社，1953．

［31］中共中央文献编辑委员会．毛泽东著作选读［M］．北京：人民出版社，1986．

［32］任建树，张统模，吴信忠．陈独秀著作选：第 2 卷［M］．上海：上海人民出版社，1993．

［33］斯大林全集：第 5 卷 1921—1923［M］．北京：人民出版社，1957．

［34］中国社会科学院近代史研究所中华民国史研究室，中山大学历史系孙中山研究室，广东省社会科学院历史研究室．孙中山全集：第 7 卷［M］．北京：中华书局，1985．

［35］习近平．摆脱贫困［M］．福州：福建人民出版社，1992．

［36］《张闻天选集》编辑组．张闻天选集［M］．北京：人民出版社，

1985.

[37] 中共中央党史研究室.中国共产党历史：第2卷1949—1978（下册）[M].北京：中共党史出版社，2011.

[38] 中央档案馆.中共中央文件选集：第5册（1929）[M].北京：中共中央党校出版社，1990.

[39] 中央档案馆.中共中央文件选集：第11册（1936—1938）[M].北京：中共中央党校出版社，1991.

[40] 中共中央文献研究室，新华通讯社.毛泽东新闻工作文选[M].北京：新华出版社，2014.

[41] 中共中央宣传部.习近平总书记系列重要讲话读本[M].北京：学习出版社，人民出版社，2016.

[42] 中共中央宣传部办公厅，中央档案馆编研部.中国共产党宣传工作文献选编（1915—1937）[M].北京：学习出版社，1996.

[43] 中国大百科全书总编辑委员会《新闻出版》编辑委员会，中国大百科全书出版社编辑部.中国大百科全书：新闻 出版[M].北京：中国大百科全书出版社，1990.

[44] 中共中央马克思恩格斯列宁斯大林著作编译局.资本论：第1卷[M].北京：人民出版社，1975.

[45] 维特根斯坦.逻辑哲学论[M].贺绍甲，译.北京：商务印书馆，1996.

[46] 埃默里，埃默里.美国新闻史：大众传播媒介解释史[M].展江，殷文，主译.8版.北京：新华出版社，2001.

[47] 伯内斯.宣传[M].胡百精，董晨宇，译.北京：中国传媒大学出版社，2014.

[48] 杜威.杜威全集·晚期著作（1925—1953）：第12卷（1938）[M].邵强进，张留华，高来源，等译.上海：华东师范大学出版社，2015.

［49］杜威.民主主义与教育［M］.王承绪,译.北京:人民教育出版社,1990.

［50］多尔.后现代课程观［M］.王红宇,译.北京:教育科学出版社,2000.

［51］拉斯韦尔.世界大战中的宣传技巧［M］.张洁,田青,译.展江,校.北京:中国人民大学出版社,2003.

［52］李普曼.公众舆论［M］.阎克文,江红,译.上海:上海人民出版社,2006.

［53］罗尔斯.正义论［M］.何怀宏,何包钢,廖申白,译.北京:中国社会科学出版社,1988.

［54］罗杰斯.传播学史:一种传记式的方法［M］.殷晓蓉,译.上海:上海译文出版社,2005.

［55］赛佛林,坦卡德.传播理论:起源、方法与应用［M］.郭镇之,孟颖,赵丽芳,等译.4版.北京:华夏出版社,2000.

［56］施拉姆,波特.传播学概论［M］.陈亮,周立方,李启,译.北京:新华出版社,1984.

［57］史密斯,等.宣传、传播和舆论指南［M］.王海,胡帆,宋长青,译.广州:中山大学出版社,2008.

［58］詹金斯.融合文化:新媒体和旧媒体的冲突地带［M］.杜永明,译.北京:商务印书馆,2012.

［59］巴赫金.诗学与访谈［M］.白春仁,顾亚铃,等译.石家庄:河北教育出版社,1998.

［60］马西尼.现代汉语词汇的形成:十九世纪汉语外来词研究［M］.黄河清,译.上海:汉语大词典出版社,1997.

［61］伯姆.论对话［M］.王松涛,译.北京:教育科学出版社,2004.

［62］马礼逊.马礼逊回忆录［M］.影印版.郑州:大象出版社,2008.

［63］陈力丹.马克思主义新闻观思想体系［M］.北京:中国人民大

学出版社，2006.

[64] 陈鹏.制度与空间：中国媒介制度变革论［M］.北京：中国书籍出版社，2011.

[65] 陈信凌.江西苏区报刊研究［M］.北京：中国社会科学出版社，2012.

[66] 丁济沧，苏若望.我们同党报一起成长：回忆延安岁月［M］.北京：人民日报出版社，1989.

[67] 樊凡.中西新闻比较论［M］.武汉：武汉出版社，1994.

[68] 范长江.通讯与论文［M］.北京：新华出版社，1981.

[69] 方汉奇.中国新闻传播史：第2版［M］.北京：中国人民大学出版社，2009.

[70] 方汉奇.中国新闻事业通史：第1卷［M］.北京：中国人民大学出版社，1992.

[71] 冯天瑜，何晓明，周积明.中华文化史：上［M］.上海：上海人民出版社，1990.

[72] 甘惜分.新闻论争三十年［M］.北京：新华出版社，1988.

[73] 高郁雅.国民党的新闻宣传与战后中国政局变动（1945—1949）［M］.台北：台湾大学出版委员会，2005.

[74] 丁俊萍.马克思主义中国化史：第1卷 1919—1949［M］.北京：中国人民大学出版社，2015.

[75] 顾潜.中西方新闻传播：冲突·交融·共存［M］.上海：复旦大学出版社，2003.

[76] 郭廷以.近代中国的变局［M］.北京：九州出版社，2012.

[77] 胡辉华.合理性问题［M］.广州：广东人民出版社，2000.

[78] 胡乔木.胡乔木回忆毛泽东［M］.北京：人民出版社，2003.

[79] 黄河清.近现代辞源［M］.上海：上海辞书出版社，2010.

[80] 黄瑚.中国新闻事业发展史［M］.2版.上海：复旦大学出版社，

2009.

[81] 金观涛，刘青峰.观念史研究：中国现代重要政治术语的形成［M］.北京：法律出版社，2009.

[82] 李君如.观念更新论［M］.沈阳：辽宁教育出版社，1988.

[83] 李良荣.宣传学导论［M］.福州：福建人民出版社，1989.

[84] 李颖.从一大到十七大：上册［M］.北京：中央文献出版社，2008.

[85] 李智勇.陕甘宁边区政权形态与社会发展：1937—1945［M］.北京：中国社会科学出版社，2001.

[86] 杨春华，星华.列宁论报刊与新闻写作［M］.北京：新华出版社，1983.

[87] 林尚立.当代中国政治形态研究［M］.天津：天津人民出版社，2000.

[88] 林之达.中国共产党宣传史［M］.成都：四川人民出版社，1990.

[89] 刘海龙.宣传：观念、话语及其正当化［M］.北京：中国大百科全书出版社，2013.

[90] 刘建明.宣传舆论学大辞典［M］.北京：经济日报出版社，1993.

[91] 刘正埮，高名凯，麦永乾，等.汉语外来词词典［M］.上海：上海辞书出版社，1984.

[92] 钱穆.国史大纲［M］.修订本.北京：商务印书馆，1996.

[93] 人民日报报史编辑组.人民日报回忆录（1948—1988）［M］.北京：人民日报出版社，1988.

[94] 邵培仁.政治传播学［M］.南京：江苏人民出版社，1991.

[95] 沈国威.近代中日词汇交流研究：汉字新词的创制、容受与共享［M］.北京：中华书局，2010.

[96] 童兵.理论新闻传播学导论[M].北京：中国人民大学出版社，2000.

[97] 汪晖.现代中国思想的兴起：下卷 第2部 科学话语共同体[M].北京：生活·读书·新知三联书店，2008.

[98] 王韬.弢园尺牍[M].北京：中华书局，1959.

[99] 王韬.弢园文录外编[M].楚流，书进，风雷，选注.沈阳：辽宁人民出版社，1994.

[100] 汪英宾.中国本土报刊的兴起[M].王海，王明亮，译.广州：暨南大学出版社，2013.

[101] 王健英.中共中央机关历史演变考实[M].北京：中共党史出版社，2005.

[102] 王力.汉语词汇史[M].北京：中华书局，2013.

[103] 王培智.观念更新论[M].南宁：广西人民出版社，1993.

[104] 王醒.中国古代传播史[M].太原：山西人民出版社，2004.

[105] 吴爱明，朱国斌，林震.当代中国政府与政治[M].北京：中国人民大学出版社，2010.

[106] 谢岳.当代中国政治沟通[M].上海：上海人民出版社，2006.

[107] 徐宝璜.新闻学[M].北京：中国人民大学出版社，1994.

[108] 杨保军.新闻观念论[M].上海：复旦大学出版社，2014.

[109] 伊斯顿.政治生活的系统分析[M].王浦劬，等译.2版.北京：华夏出版社，1999.

[110] 俞家庆，等.中国教育口述史：第2辑 罗列教授等亲历新闻教育往事回忆[M].重庆：重庆大学出版社，2013.

[111] 张之华.中国新闻事业史文选：公元724年—1995年[M].北京：中国人民大学出版社，1999.

[112] 郑邦俊.宣传学概论[M].沈阳：辽宁大学出版社，1989.

[113] 郑保卫.马克思恩格斯报刊活动与新闻思想研究：上[M].北

京：高等教育出版社，2002.

［114］郑保卫.新闻学导论［M］.北京：新华出版社，1990.

［115］郑保卫.中国共产党新闻思想史［M］.福州：福建人民出版社，2004.

［116］郑谦，庞松，韩钢，等.当代中国政治体制发展概要［M］.北京：中共党史资料出版社，1988.

［117］CUNNINGHAM S B. The idea of propaganda：a reconstruction［M］. CT：Praeger，2002.

［118］SCHILLER D. Digital capitalism：networking the global market system［M］. Cambridge，MA：The MIT Press，1999.

［119］WILKE J. Propaganda in the 20th century：contributions to its history［M］. New Jewsey：Hampton Press，1998.

2.学位论文

［1］陈慧.中国共产党政治宣传方法研究［D］.徐州：徐州师范大学，2011.

［2］殷晓元.中国共产党政治传播研究［D］.长沙：湖南师范大学，2011.

3.专著中析出的文献

［1］吴冷西.对新闻写作的八条要求［M］//党报与新闻采写.重庆：重庆日报社编辑部，1981.

［2］邓拓.怎样改进报纸工作（1954年）［M］//中国社会科学院新闻研究所.中国共产党新闻工作文件汇编：下卷.北京：新华出版社，1980.

［3］张昆，胡玲.1978—2008：中国新闻传播观念的变迁［M］//郑保卫.新闻学论集：第21辑.北京：经济日报出版社，2008.

［4］郑保卫.对当前我国新闻学与传播学学科建设的几点思考［M］//郑保卫.新闻学论集：第29辑.北京：经济日报出版社，2013.

［5］杨保军.新时期中国主导新闻观念的演变及启示［M］//《新闻学论集》编辑部.新闻学论集：第30辑.北京：经济日报出版社，2014.

4.期刊

［1］迪耶兹.新闻是什么？——对新闻工作者职业身份与意识形态的再思考［J］.周俊，李玉洁，译.国际新闻界，2009（12）：33-38.

［2］陈昌凤，虞鑫."家国"与担当：中国特色新闻学的使命［J］.青年记者，2017（25）：67-69.

［3］陈力丹，姚晓鸥.源于俄文的马克思主义新闻观名词原文、中译文和英译文比对分析［J］.新闻与传播研究，2017，24（5）：103-125.

［4］陈力丹.恩格斯论证现代报刊起源的五因素［J］.新闻界，2015（19）：67-68.

［5］陈力丹.减少宣传味 学会用事实说话［J］.采写编，2000（6）：15-16.

［6］陈力丹.论中国新闻学的启蒙和创立［J］.现代传播，1996（3）：25-29.

［7］陈力丹.用事实说话不是新闻写作规律［J］.采写编，2002（4）：4-5.

［8］陈学明.论中国道路对马克思主义阶级斗争理论的继承和发展［J］.马克思主义研究，2015（5）：27-35，159.

［9］陈寅.时度效的内涵、应用及着力点［J］.新闻战线，2014（7）：23-26.

[10] 陈作平.对新闻学学科体系研究的再认识：兼论关于建立新闻报道认识论的构想[J].现代传播，1999（3）：39-44.

[11] 程曼丽，赵晓航.马克思主义在中国的早期传播及其新闻思想的形成[J].兰州大学学报（社会科学版），2018，46（5）：26-32.

[12] 程曼丽.研究马克思主义新闻观不可忽视列宁主义：兼谈从马克思主义的苏俄化到马克思主义的中国化[J].新闻与写作，2019（11）：65-70.

[13] 单波，汪振兴.新闻隐匿权：未完成的理论表达及其思想困境[J].现代传播（中国传媒大学学报），2015（12）：27-34，50.

[14] 邓绍根，张文婷.马克思主义在华早期传播与马克思主义新闻观中国化萌芽[J].新闻与传播评论，2018，71（3）：5-16.

[15] 邓拓.马克思主义哲学和新闻工作[J].新闻战线，1959（9）：1-10.

[16] 邓卓明.中国古代宣传活动初探[J].上饶师专学报（哲学社会科学版），1988（6）：41-46.

[17] 丁柏铨.习近平新时代中国特色社会主义思想的创新性与新闻舆论工作创新[J].编辑之友，2018（1）：5-11.

[18] 丁柏铨.中国新闻理论体系调整之我见[J].新闻大学，2017（5）：29-37，146-147.

[19] 董广安，周立顺.马克思恩格斯新闻宣传思想的当代启示[J].新闻爱好者（理论版），2008（1）：4-5.

[20] 樊亚平，刘静.舆论宣传·舆论导向·舆论引导：新时期中共新闻舆论思想的历史演进[J].兰州大学学报（社会科学版），2011，39（4）：6-13.

[21] 范铁权，孔祥吉.革命党人戢翼翚重要史实述考[J].历史研究，2013（5）：173-182.

[22] 付建成，任晓伟.用民生建设统领经济建设：陕甘宁边区经济建设的历史经验新探［J］.中国延安干部学院学报，2010（5）：89-94.

[23] 宫策.新闻与实践［J］.新闻业务，1957（1）：1-8.

[24] 郭松.试论现代宣传观念的形态与嬗变［J］.传播力研究，2017，1（11）：29-30.

[25] 何光珽.论"用事实说话"：与陈力丹等同志商榷［J］.新闻记者，2003（2）：38-39.

[26] 何光先.我国新闻学研究的现状及发展趋势（三）［J］.新闻与写作，1989（6）：35-36，34.

[27] 胡百精，李由君.互联网与对话伦理［J］.当代传播，2015（5）：6-11.

[28] 胡百精，杨奕.公共传播研究的基本问题与传播学范式创新［J］.国际新闻界，2016，38（3）：61-80.

[29] 胡百精.风险社会、对话主义与重建现代性："非典"以来中国公共关系发展的语境与路径［J］.国际新闻界，2013（5）：6-15.

[30] 胡维华.开展中国共产党宣传史的研究［J］.东方论坛·青岛大学学报，1994（2）：29-35.

[31] 胡勇.五四时期报刊的发展及其在五四运动中的作用［J］.中共珠海市委党校珠海市行政学院学报，2014（5）：49-55.

[32] 胡钰，虞鑫.构建中国特色新闻学：何以可能与何以可为［J］.国际新闻界，2016，38（8）：92-115.

[33] 黄大熹，周娟，田松柏.政党组织结构的基本要素解析［J］.中共浙江省委党校学报，2009，25（5）：38-41.

[34] 黄旦.中国新闻传播的历史建构：对三个新闻定义的解读［J］.新闻与传播研究，2003（1）：24-37，93.

[35] 黄旦.重造新闻学：网络化关系的视角［J］.国际新闻界，2015，37（1）：75-88.

[36] 季为民，叶俊.论习近平新闻思想［J］.新闻与传播研究，2018，25（4）：5-16，126.

[37] 季为民."用事实说话"是宣传方法而非新闻规律［J］.新闻记者，2003（7）：43.

[38] 季为民.中国特色社会主义新闻学"三大体系"的建构［J］.新闻与传播研究，2019，26（9）：16-25，126.

[39] 季为民.中国特色新闻学的历史、使命和方向：关于中国新闻学创立百年的回顾思考［J］.陕西师范大学学报（哲学社会科学版），2018，47（3）：145-154.

[40] 焦中栋."新闻"一词首次出现时间新考：兼论"新闻"词义的历史演进［J］.国际新闻界，2009（7）：108-111.

[41] 赖新蜀.用事实说话：新闻写作的基本规律——读《用事实说话不是新闻写作规律》与尹连根商榷［J］.新闻界，2000（4）：30-31.

[42] 雷乐街.陈独秀早期工人运动思想浅议［J］.内蒙古农业大学学报（社会科学版），2014，16（4）：145-148.

[43] 李彬，黄卫星.从去政治化到再政治化：读赵月枝《传播与社会：政治经济与文化分析》［J］.新闻大学，2012（1）：1-9，27.

[44] 李彬.把"政治"带回来［J］.新闻大学，2017（4）：1.

[45] 李大强.事实与真："事实"的哲学用法分析［J］.社会科学研究，2013（3）：120-127.

[46] 李东朗.八路军宣传活动述论［J］.理论月刊，2012（4）：27-33.

[47] 李恩良.对学科发展规律的认识［J］.科学学与科学技术管理，

1988（9）：22-25.

［48］李开军.松本君平《新闻学》一书的汉译与影响［J］.国际新闻界，2006（1）：70-73.

［49］李良荣，袁鸣徽.论报纸再造：从"信息媒体"到"意义媒体"［J］.现代传播（中国传媒大学学报），2017，39（8）：1-5.

［50］李明德，李巨星.主流意识形态传播力评估体系研究［J］.西安交通大学学报（社会科学版），2019（3）：91-98.

［51］李鹏，陈答才.《解放》周刊与马克思主义中国化［J］.马克思主义研究，2014（1）：42-48.

［52］林溪声."以先知觉后知，以先觉觉后觉"：论孙中山的报刊思想［J］.中国广播电视学刊，2011（10）：40-42.

［53］刘贯宇.中央苏区经济政策过程中的经济动员及其策略论析［J］.黑龙江史志，2013（19）：13，15.

［54］刘海龙.汉语中"宣传"概念的起源与意义变迁［J］.国际新闻界，2011，33（11）：103-107.

［55］刘海龙.西方宣传概念的变迁：起源与早期的争论［J］.国际新闻界，2007（4）：10-14.

［56］刘海龙，张盖伦.毛泽东论红军宣传工作［J］.新闻界，2013（5）：79-80.

［57］刘海龙.中国新闻理论研究的范式危机［J］.南京社会科学，2013（10）：93-99.

［58］刘建明.习近平对党媒体制及其理论的重大创新［J］.新闻爱好者，2017（7）：7-13.

［59］刘涛.新概念 新范畴 新表述：对外话语体系创新的修辞学观念与路径［J］.新闻与传播研究，2017，24（2）：6-19，126.

［60］刘学濬.苏联的报纸［J］.独立评论，1933（69）：17-19.

［61］毛泽东.民众的大联合［J］.湘江评论，1919（2）.

[62] 毛湛文，李泓江."融合文化"如何影响和改造新闻业？——基于"新闻游戏"的分析及反思[J].国际新闻界，2017，39（12）：53-73.

[63] 梅琼林，郭万盛.中国新闻传播对宣传之偏重的文化探源[J].上海大学学报（社会科学版），2007（1）：88-94.

[64] 潘玉民.重在用事实说话[J].新闻知识，1987（10）：46.

[65] 彭兰.智媒化：未来媒体浪潮——新媒体发展趋势报告（2016）[J].国际新闻界，2016，38（11）：6-24.

[66] 齐爱军.新闻理论体系：问题、反思与建构[J].新闻大学，2006（4）：8-11.

[67] 邵天松.也说"新闻"一词首先出现的时间及词源[J].国际新闻界，2013，35（4）：32-37.

[68] 史安斌，廖鲽尔."去政治化""去意识形态化"的神话：美国媒体价值观传播的历史脉络与实践经验[J].新闻记者，2016（3）：4-9.

[69] 史安斌，王沛楠.隐性宣传：概念·演进·策略[J].对外传播，2016（1）：22-24.

[70] 谭天.从"新闻学与传播学"到"传播学与传媒学"[J].新闻记者，2015（12）：38-42.

[71] 唐绪军，黄楚新，王丹.中国新媒体发展趋势：智能化与视频化[J].新闻与写作，2017（7）：19-22.

[72] 童兵.新闻传播学学科体系的观察与思考[J].南京社会科学，2017（1）：8-15.

[73] 汪洪亮."政治与军事搅在一起的战争"：抗战时期中共宣传思想工作述评[J].文史杂志，2005（6）：6-9.

[74] 王峰.《解放》周刊对马列理论的传播与普及[J].理论界，2013（2）：10-12.

［75］王利红，宋浩.实用主义的基本精神与中国传统文化的实用理性［J］.安徽农业大学学报（社会科学版），2002（2）：62-65.

［76］王树荫.中国共产党民主革命时期宣传工作思想述论［J］.马克思主义研究，2005（5）：73-79.

［77］王怡红.宣传研究的概念考察：兼评刘海龙的宣传研究［J］.新闻界，2014（20）：34.

［78］王中.论宣传［J］.新闻大学，1982（3）：5-10.

［79］吴飞.重新出发：新闻学研究的反思［J］.新闻记者，2015（12）：4-13.

［80］吴廷俊.对"学习苏联新闻工作经验"的历史考察［J］.国际新闻界，2011（7）：102-107.

［81］习近平.加快推动媒体融合发展 构建全媒体传播格局［J］.求是，2019（6）：4-8.

［82］向芬.新闻学研究的"政治"主场、退隐与回归：对"新闻论争三十年"的历史考察与反思［J］.清华大学学报（哲学社会科学版），2018，33（1）：183-192，197.

［83］谢桃坊.评新儒学派"文以载道"观念［J］.社会科学研究，1995（5）：128-134.

［84］杨保军，李泓江.新闻理论研究的当代中国特征［J］.新闻界，2018（2）：23-39，46.

［85］杨保军."共"时代的开创：试论新闻传播主体"三元"类型结构形成的新闻学意义［J］.新闻记者，2013（12）：32-41.

［86］杨保军.当前我国马克思主义新闻观的核心观念及其基本关系［J］.新闻大学，2017（4）：18-25，40，146.

［87］杨保军.关于提升新闻理论理论性的几点思考［J］.现代传播（中国传媒大学学报），2014，36（1）：28-34.

［88］杨保军.关于新闻理论创新的几个问题［J］.新闻记者，2015

（12）：20-28.

[89] 杨保军.论"新闻观"[J].国际新闻界，2017，39（3）：91-113.

[90] 杨保军.事实·真相·真实：对新闻真实论中三个关键概念及其相互关系的理解[J].新闻记者，2008（6）：61-65.

[91] 杨保军.试论"按照新闻传播规律办事"的内在要求[J].今传媒，2008（9）：20-21.

[92] 杨荣，王劲.试论于右任的新闻实践及新闻思想[J].西北师大学报（社会科学版），1996（2）：73-80.

[93] 叶俊.浅论十八大以来党的新闻宣传理念[J].新闻论坛，2017（2）：7-9.

[94] 叶俊.新闻宣传概念的历史及其终结[J].全球传媒学刊，2016（4）：97-109.

[95] 叶俊.新闻学作为支撑性学科的基础、问题与方向[J].新闻爱好者，2018（1）：31-34.

[96] 叶俊.新宣传的历史溯源、概念重构与关系治理[J].国际新闻界，2019（3）：42-54.

[97] 叶俊.宣传的概念：多维语境下的历史考察[J].新闻与传播研究，2015（8）：107-116.

[98] 叶俊.治国理政：理解新时代中国共产党新闻思想的关键钥匙[J].青年记者，2019（25）：40-41.

[99] 易小明.关于阶级和阶级斗争问题的新思考[J].清华大学学报（哲学社会科学版），2017，32（5）：89-98，197.

[100] 尹连根.用事实说话不是新闻写作规律[J].新闻传播，1999（3）：36-37.

[101] 尹韵公.习近平新闻舆论思想新理念[J].新闻与写作，2016（4）：1.

[102] 余伯流.中央苏区经济建设的历史经验及其启示［J］.江西财经大学学报,2008（3）：67-73.

[103] 喻国明,马慧.互联网时代的新权力范式:"关系赋权"——"连接一切"场景下的社会关系的重组与权力格局的变迁［J］.国际新闻界,2016,38（10）：6-27.

[104] 喻国明.正面宣传:判别标准与操作性定义［J］.新闻记者,1990（4）：12-15.

[105] 张冰清,芮必峰.马克思关于新闻规律的思考［J］.合肥师范学院学报,2015,33（2）：123-126.

[106] 张龙,王佳.蔡和森担任《向导》主编的宣传思想［J］.党史文苑,2015（10）：35-36,51.

[107] 张树庭,李未柠,孔清溪.中国开始进入互联网"新常态":2014中国网络舆论生态环境研究报告［J］.现代传播（中国传媒大学学报）,2015,37（3）：1-9.

[108] 张涛甫,丁茜菡.列宁与马克思主义新闻思想的苏俄化:基于思想建党的视角［J］.当代传播,2020（3）：4-6,17.

[109] 张涛甫.新闻传播理论的结构性贫困［J］.新闻记者,2014（9）：48-53.

[110] 张涛甫.新闻学理论创新:问题与突破［J］.新闻记者,2015（12）：14-19.

[111] 张志安.从新闻传播到公共传播:关于新闻传播教育范式转型的思考［J］.暨南大学学报（哲学社会科学版）,2016（3）：77-84,131.

[112] 赵祥彬,赵磊.党的创立和大革命时期中央宣传部的演变历程［J］.山西煤炭管理干部学院学报,2013,26（4）：60-62.

[113] 赵月枝.为什么今天我们对西方新闻客观性失望?——谨以此文纪念"改革开放"30周年［J］.新闻大学,2008（2）：9-16.

[114] 郑保卫,李玉洁.真实,一个被追求与被操纵的新闻观念:基于美国新闻史的考察[J].国际新闻界,2013,35(5):84-93.

[115] 郑保卫,叶俊.从宣传研究到传播研究:对拉斯韦尔宣传定义的知识社会学考察[J].国际新闻界,2016(2):84-94.

[116] 郑保卫,叶俊.从印刷、电报到互联网:论马克思主义媒介技术观的历史演变[J].新闻大学,2016(2):20-28.

[117] 郑保卫.坚持以马克思主义为指导 构建中国特色社会主义新闻学:学习习近平总书记哲学社会科学工作座谈会讲话[J].新闻战线,2016(23):2-5.

[118] 郑保卫.列宁的经济宣传思想与我国当前的经济报道[J].郑州大学学报(哲学社会科学版),1994(2):4-11.

[119] 郑保卫.使命与担当:保卫、创新、发展中国新闻学[J].新闻爱好者,2018(1):26-30.

[120] 郑保卫.新闻与宣传关系浅探[J].新闻知识,1991(1):9-11.

[121] 郑文明.个人信息保护与数字遗忘权[J].新闻与传播研究,2014,21(5):25-40,126.

[122] 中宣部政策法规研究室.宣传思想工作创新的理论依据和现实依据[J].党建,2005(2):27-28.

[123] 周光明,孙晓萌.松本君平《新闻学》新探[J].新闻大学,2011(2):37-43,36.

[124] 周衍.用事实说话:简论新闻必须真实[J].新闻通讯,1984(9):1-6.

[125] 朱成甲.五四时期马克思主义传播与李大钊历史作用问题的探讨:兼评石川祯浩《中国共产党成立史》的有关论述[J].中共党史研究,2009(8):87-96.

[126] 朱春阳，曾培伦."单兵扩散"与"云端共联"：县级融媒体中心建设的基本路径比较分析[J].新闻与写作，2018（12）：25-31.

[127] 朱春阳.县级融媒体中心建设：经验坐标、发展机遇与路径创新[J].新闻界，2018（9）：21-27.

[128] 朱春阳.政治沟通视野下的媒体融合：核心议题、价值取向与传播特征[J].新闻记者，2014（11）：9-16.

[129] 朱灵.讲好中国故事 做好国际传播[J].求是，2016（15）：56-58.

[130] 朱至刚."我们"为何以"新闻"为起点：试析《我们对于新闻学的基本观点》的理论构造[J].四川大学学报（哲学社会科学版），2020（2）：106-113.

[131] KRUCKEBERG D, VUJNOVIC M. Public relations, not propaganda, for US public diplomacy in a post-9/11 world: challenges and opportunities[J]. Journal of communication management, 2005, 9（4）: 4296-4304.

[132] DEUTSCH K W.Social mobilization and political development[J].The American political science review, 1961, 55（3）: 493-514.

[133] PARK R E. News as a form of knowledge: a chapter in the sociology of knowledge[J]. American journal of sociology, 1940, 45（5）: 669-686.

[134] MANDZIUK R M. Propaganda and democracy[J]. Critical studies in mass communication, 1998, 15（4）: 452-455.

[135] ZHANG J, CAMERON G T. The structural transformation of China's propaganda: an ellulian perspective[J]. Journal of communication management, 2004, 8（3）: 307-321.

5. 报纸中析出的文献

[1] 杜尚泽，鞠鹏，庞兴雷.习近平在党的新闻舆论工作座谈会上强调 提高新闻舆论传播力引导力 着力打造具有较强国际影响的外宣旗舰媒体［N］.人民日报，2016-02-20（1）.

[2] 霍小光，李斌."与党和人民同呼吸，与时代共进步"：习近平总书记主持召开党的新闻舆论工作座谈会并到人民日报社、新华社、中央电视台调研侧记［N］.人民日报，2016-02-21（1）.

[3] 发刊词：我们的任务［N］.红旗日报，1930-08-15.

[4] 本报一周年的自我批评［N］红色中华，1932-12-11（4）.

[5] 发刊词［N］.新华日报，1938-01-11（1）.

[6] 电讯要简练［N］.人民日报，1946-05-27（1）.

[7] 提高新闻质量 新华总社指示各总分社分社支社［N］.人民日报，1949-02-26（4）.

[8] 胡乔木.人人要学会写新闻［N］.解放日报，1949-09-01（4）.

[9] 编者的话［N］.人民日报，1950-01-04（5）.

[10] 中央人民政府及中央级人民团体.四十二单位建立新闻秘书制度保障了新闻宣传的统一性与真实性［N］.人民日报，1950-06-30（6）.

[11] 让毛泽东思想占领报纸阵地［N］.人民日报，1967-01-19.

[12] 实践是检验真理的唯一标准［N］.光明日报，1978-05-11（1）.

[13] 胡锦涛.坚持用"三个代表"重要思想统领宣传思想工作 为全面建设小康社会提供科学理论指导和强大舆论力量［N］.人民日报，2003-12-08（1）.

[14] 胡锦涛.唱响奋进凯歌 弘扬民族精神［N］.人民日报，2008-06-21（1）.

[15] 共同为改革想招一起为改革发力 群策群力把各项改革工作抓到

位［N］.人民日报，2014-08-19（1）.

［16］唐绪军.由"宣传"到"舆论"意味着什么［N］.中国社会科学报，2016-04-29（4）.

［17］叶俊.构建中国特色新闻学话语体系［N］.中国社会科学报. 2017-4-20（3）.

［18］陈家琪.哲学与哲学意义上的事实［N］.社会科学报，2017-06-29（6）.

［19］石仲泉.新时代的历史方位与历史起点［N］.中国纪检监察报，2018-02-26（5）.

6.电子资源

田春.中外专家学者共议新闻的"建设性"中国社会科学论坛"建设性新闻：理念与实践"在京举行［EB/OL］.（2019-11-18）［2019-11-19］. http://www.cass.cn/yaowen/201911/t20191118_5043725.shtml.

后　记

本书是我主持的国家社科基金青年项目"中国共产党新闻宣传观念变迁与发展路径研究"的成果。在写作过程中，中国人民大学新闻学院博士生王青、上海大学新闻传播学院硕士生王苑奇和刘佳参与部分内容撰写，中国社会科学院大学新闻传播学院硕士生王晗参与部分校对。

2016年，我从中国人民大学新闻学院毕业，进入中国社会科学院新闻与传播研究所工作。这些年来，我一直把宣传研究作为重要研究方向，发表过系列学术论文，并申请了国家社科基金项目。此次出版专著应该说是学术生涯的一个重要事件。希望这能成为过去研究的一个检验，也为未来研究提供新的动力。

借此机会，感谢我的导师中国人民大学新闻学院郑保卫教授，给予我悉心指点，开启了我的学术生涯。

感谢中国社会科学院新闻与传播研究所的同事们，以及师门的兄弟姐妹，一直鼓励我、激励我。

感谢我的母亲、妻子，是你们的支持，让我能够在冷板凳上坐下去。祝福我的女儿安安健康快乐成长。

感谢我远在天堂的父亲，给予我内心深处源源不断的动力。

2024年4月12日于北京